张荣奎(1885—1947)

张荣奎剧照

（修订版）

老伶工

張榮奎

上海京剧院 编

宋妍 编著

上海世纪出版集团
上海文化出版社

图书在版编目（CIP）数据

老伶工张荣奎：修订版 / 宋妍编著. -- 上海：上海文化出版社，2018.1
　ISBN 978-7-5535-1009-5
　Ⅰ.①老… Ⅱ.①宋… Ⅲ.①张荣奎（1885-1947）-生平事迹 Ⅳ.①K825.78
　中国版本图书馆CIP数据核字(2017)第302893号

上海文化发展基金会资助项目

发 行 人：冯　杰
出 版 人：姜逸青
责任编辑：黄慧鸣　毛小曼
装帧设计：王　伟

书　　名：老伶工张荣奎（修订版）
编　　著：宋　妍
出　　版：上海世纪出版集团　上海文化出版社
地　　址：上海市绍兴路7号　200020
发　　行：上海文艺出版社发行中心
　　　　　上海绍兴路50号　200020　www.ewen.co
印　　刷：上海天地海印刷设计有限公司
开　　本：890×1240　1/32
印　　张：7.875　　插页1
印　　次：2018年1月第一版　2018年1月第一次印刷
国际书号：ISBN 978-7-5535-1009-5/K.131
定　　价：35.00元
告 读 者：如发现本书有质量问题请与印刷厂质量科联系
　　　　　T：021-64366274

序 | 期望书写公众的历史渐成风气

我与演艺界一向无缘，但生活中总是不乏偶然性。例如史界至交唐力行教授，系评话名家唐耿良的公子，前几年写出了他父亲的长篇自述性传记（分别由大陆与港台相继出版），又组织汇编了卷帙浩繁的江南评弹史料、史评系列，我都有幸先睹为快，还勾起了对评弹历史寻胜的兴致。宋妍这本京戏老伶工的传记，也属于意外邂逅，但读得有滋有味。或许因京昆连档，她找到了我这个昆山人。故乡在早年确实不乏调琴唱咏昆曲的邻居友朋，但当时的我尚不解其中情味。这次我之所以对演艺界史事突生阅读的兴趣，仍不脱行业偏好，完全是把它们看作历史人物传记类的作品。由此，我就想在这种话头说上几句，以不辜负作者的诚意，同时又兼与读者分享感受，觉得也未尝不可。

史书叙事述人，借以保存并传播业已消失的历史信息。史事的主体是人，中国历史记载的浩繁绵长罕有其匹，人物传记也因此不可胜计。要论凸显个性、情理并茂，当推司马迁笔下的人物，不少故事被后世衍化采入戏剧。想不到110年前，梁启超首揭"新史学"大旗，倡导"史界革命"，犀利的批判也是从历史传记入手开刀的，真是有胆量。他声称"二十四史"为二十四姓家谱，一堆堆帝王将相墓志铭的集成。此话狠则狠，不免有些过头。例如司马迁就特别为农民、商人、优伎、游侠立过传记，被称作"千古绝唱"，你能说《史记》不属"二十四史"？真所谓一闷棍打杀老师傅。继后官修正史的人物传记，一代不如一代也确是事实。以宋元明清的正史而论，梁氏"墓志铭"之讥非常形象贴切。其实，墓志铭也可以写得声泪俱下，非常感人的，例如张溥的《五人墓碑记》，描写的都是平民英雄。但这样的作品却不被容许进入官修正史；而写入的列传，多像是上供官家档案库的履历表，读来了无情趣。

梁启超在确立史学变革的目标方面，最具高远眼光的，是他看出了人民大众这一群体在正史传记中没有地位，并把这种缺失提高到整个民族文化需要变革的高度上立论。梁氏说道："夫所贵乎史者，贵其能叙一群人相交涉相竞争相团结之道，能述一群人所以休养生息同体进化之状，使后之读者爱其群、善其群之心油然生焉。今史家多于鲫鱼，而未闻有一人之眼光有见及此者。此我国民之群力群智群德所以永不发生，而群体终不成立也。"这一宗旨，后来我们把它归纳为变王朝帝王将相史为人民大众的历史，俾与社会转型的大变革相呼应。百年过去，我们收获到的体会是，树立高远的目标固然重要，但履践实现更是漫长的征程，需要一步一步地踏实做起。直到上世纪80年代社会史兴起之前，由于没有"新史料革命"的配合，严重短缺"普通人"的史料，以致"人民是历史的主人"、"人民群众创造历史"的宏旨，多多少少还脱不了空话、大话的色彩，在史学上一直没有得到完全的落实。

兹后，由社会史风气的推动，村社街区的田园调查、口述史的倡导、公私档案的发掘乃至个人自传、日记、书信、账册、照片等民间史料重见阳光……这一切被称为"史料革命"的举动，使史界重新树起了书写"人民大众历史"的自信心。前面说到的这两部书，不管作者是自觉还是不自觉，我都把它们看作史学变革环境下新生的产物。正是在梁氏所说的借此提高"国民之群力群智群德"的意义上，我推荐它们，并希望通过这些努力，唤起社会各界"爱其群、善其群之心"，再由心动变而为行动，使书写公众历史的活动渐成文化风气。

关于目前史学状态，学界与社会各界多有批评。有些批评是对的，有些则不然，须好好思辨。譬如指摘史学研究有严重的"碎片化倾向"，我以为批评者不太了解历史学的学科特性，以论代史的旧好仍在其中作怪。什么叫"碎片化"？这样严重的批评，却不先认真在概念界定上下功夫，帽子一飞，不问青红皂白地就乱箭齐发，这称得上正当吗？历史学与理论性的社会学科之不同，就在于史学乃是通过史料记忆的激活，从历史事实里寻求"意义"。对史学工作者而言，求真求实，不落空言，言必及义，义不离事，既是史德，更是史识得以成立的根本。舍此，又何必需要历史学？今天绝对不缺在公共空间以一己之论发表"意见"的人群，满天下都是"意见派"在显威风。这些人拍砖敲墙，议论风生，毋需考订，不须实证，是何等地轻松！

反观史学的境况，则颇为尴尬，他们很难具有这等人的狂放潇洒劲。历史既然是已经过去的事实，留下的记忆必然像是秋寒之季，枯叶凋败，撒落一地，随风飘零。请问，有谁见到过、拥有过"完整的历史"？估计再牛也无人敢这样自吹自擂。史学从来都是苦活，须从无数碎片的捡拾过程中，细心串连，慢慢拼组，归纳综合，分析比较，才可能对某段历史的大体面貌在头脑里形成逐渐清晰的概念，以局部聚汇整体，再从整体考量局部。否认个案搜集与研究的价值，轻视历史细节的披露，不强调资料的长期积累，不讲究史料的相对厚度，这样的史学"宏大议论"，只能是作者借历史之名发表个人的"意见"。空泛大言倒在其次，怕的是用主观"意见"构建的"历史逻辑"取代真实客观的历史逻辑，欺世害人，其患岂可轻忽？！

什么是优秀的人物传记？史界前辈曾说，通过一个人物写出一个时代最难，也最有价值。朱东润的《张居正大传》、黄仁宇的《万历十五年》，都算得上这样的上乘之作。但有疑者曾质询于我：代表一个时代的人物能有几个？此项标准岂非太狭窄？仔细想来，确实应该把人物与时代的关系想得更宽泛些，更开阔些。本书作者曾来信致意于我，说道："从张荣奎的一生经历可以体会到，一部中国京剧发展史是由无数演戏人和看戏人共同写就的。从乾隆年间徽班进京到京剧生、旦、净、丑艺术高峰的形成，这是一条充满艰辛的路。一代又一代的艺人前仆后继探索和实践，为之付出了青春甚至全部人生；一代又一代观众以他们的掌声和批评声，砥砺艺人图强奋争，他们共同构筑起了一座艺术高峰。如果我们能够有机会静下心来，了解和研究这些过程，就会对京剧艺术备增敬意，对今天如何传承与发展京剧艺术会有不少启发。"这不也是对人物与时代关系的一种理解吗？

古往今来，人人都处在历史之中，人人都在书写历史。仅有少数人风光的历史，不是真实的历史。集合所有人的历史，才可能接近于复原"人的历史"——大写的，而非小写的人的历史。把许多"普通人"排除在历史书写范围之外，是没有道理的。大约从明代中叶开始，早有明智之士意识到书写"普通人"历史的正当性。王阳明因激愤于当时狂奔仕途之人的言行相舛,虚伪做作,"礼失求诸野",遂倡言"人人皆可为尧舜"。他认为,即使"闾井、田野、农工商之贱,孝其亲,弟其长,信其朋友,惟以成其德行为务",这样的人就应该得到尊重,拥有写入史传的权利。别以为孝、悌、信为细行,多少年的经历阅识,教会我懂得一种识别人的方法:不讲亲情,不爱乡土,不重信义,即使高唱爱国主义、民族复兴,也不可相信这等人所言为真、为实。清代章学诚也说:"巫医百工之师,固不得比于君子之道,然亦有说焉。技术之精,古人专业名家,亦有隐微独喻,得其人而传,非其人而不传者。是亦不可易之师,亦当生则服勤,而没则尸祝者也。""尸祝者",后人当焚香纪念之意。这些话说在数百年之前,却已经近乎现代意识:所有的人在历史评判面前都是平等的,都要经历"德行"的历史拷问,没有人可以例外。无论生前贵贱荣辱如何不同,其人没后,善德流芳百世,恶行遗臭万年,历史是最严厉的审判官。

章学诚说"巫医百工"不得比于"君子之道",虽残留有士人的莫名优越感,但也并非在"道"的意义上将前一类人排斥在外。他是从角色不同上比较立论的:"君子"为讲道传道者,而"百工"则是"道"的亲身实践者。继后孙星衍的发挥就说得比较明白:"艺者,道之所寓,而适于用者也。专其事者术必精,世其业者名必显。"(嘉庆《松江府志》"艺术列传"序)这里,值得我们注意的是,孙氏对"艺"与"术"是分别释义的。"艺者,道之所寓","艺"的境界高于"术";而术精名显者,其内必有"道"之存焉。章学诚因此而感叹地说:艺术界人士"所争在道,则技曲艺业之长,又何沾沾而较如不如哉"？

　　古来演艺界入史传的命运最为不济。除了太史公独具胆识，敢于将诙谐讽刺时政的"单口相声"演员（"优人"）载入列传之林，以后的《方技传》、《艺术传》多是指"医巫百工"，并无演艺界人士。以我有限所见，元代的《录鬼簿》可能是最早为戏剧艺人立传的一部书。王国维所作《宋元戏曲考》，特在书后附录"元戏曲家小传"，《录鬼簿》正续编即是其主要参考书，旁搜文集笔记等零星记载，终于汇成一代戏曲家的群体传记，填补了正史之阙失。王国维是个奇才，领融通中西美学风气之先，其鉴识品评令人拍案叫绝，足以慰藉古戏曲家于九泉之下。他们闻观堂先生之言当叹曰：真行家，吾之知己知音者是也。我因此也感叹，为戏剧家、演艺家写传不易；不得其门，不通其意，难有佳作。

　　演艺界与史学界都重故事的展开；所不同的是，前者致力于表演"情"，后者专注于抉发"理"。汤显祖的"临川四梦"，《牡丹亭》最被昆曲界垂青，至今常演不衰。其夫子自道曰：如丽娘者，乃可谓有情人耳。情不知所起，一往而情深，生者可以死，死可以生。生而不可与死，死而不可复生者，皆非情之至也。嗟夫，理之所必无，安知情之所必有耶？！（《牡丹亭记题词》）

　　许多年过去，读汤氏这段话时的震撼尚未完全散去。时时咀嚼，总觉得他不是单纯谈戏，或许他是对着我们所有的人说的：情即理，无理必无情；反之，凡"至情"之所及，必有深合人情之"理"存焉。如张荣奎这样的艺人，一辈子把演戏、授戏看作自己生命的寄托。我读《为师不含糊》、《提携张文涓》两小节时，很为张氏授徒用情至深而感动。无论艺术还是学术,能世代传承者,必赖师生传授间有"至情"相连,一则非其人不传,一则必从其人而受。其间有一秘密:艺术与学问之道,书不尽言,言不尽意,别有心传,心心相印,方能得其真谛。这种用情于内心,用心去爱其所爱,就像克尔凯戈尔所说,是一种作为精神性的自我尊重,既非有形物质性的占有,亦非声色犬马的感官情爱,"它本质上是一种信仰"。如果没有对其所爱有一种内在的精神性的信仰,也就不可能产生像汤氏所推崇的"一往而情深"的故事。嗟夫,老一辈的教授精神及其师徒传授方法已经很难复制了,但过往的"至情"及其感人故事,仍值得后人流连三思。如今教授、研究生多如牛毛,然具此种情怀者又有几何?!

史传之作,行文或丽或质,各展其长,然作文之宗旨则一,曰:"申以劝诫,树之风声。"(《文史通义》)史家下笔,乃传道育人,激浊扬清,攸关一代教化,"笔削岂可不慎之乎"!笔述其传,非只叙其事实,更须揭其内在的精神风貌,准之于"大道之行",暗寓褒贬扬弃。"道可道,非常道","大道"均隐涵于委曲微细之人事之间。作史者应以小见大,反复咏叹,俾抉发其中之微言大义。譬若张荣奎之授《战太平》:此为张氏若干拿手戏之一,是靠把老生中最难演的剧目,对武功、唱腔要求极高。徐以礼登门学艺,先生接连三天讲历史故事、剧情与人物性格,没有哼一句腔、走一个身段。几十年之后,此"门生"方恍然省悟,"声由情生,情由声转"是一条艺术规律(即"道"之外化)。演员天赋很高,演技也有功底,却往往"传神不足",原因就在于对所演人物缺乏思想感情的内在体验与共鸣,仅仅是照本子演戏而已。这出戏弘扬的是烈士殉节、壮夫重气,宁为兰摧玉折、不为瓦砾长存的精神。张氏用情至深至微，此即为"艺者，道之所寓，而适于用者"。张氏深谙艺术之道，且身体力行。此等道行，后人味其意旨，怀其德音，三复忘返，其善可以示后，其术足以久存。艺术界有此等人与事，死后无传，名不得与闻，此谁之过欤？赖张氏后人有孝心，艰难玉成一段文字，俾其传记得以行世，幸哉幸哉！

　　　　　　　　　　　　王家范识于丽娃河之西岸
　　　　　　　　　　　　2013年5月15日

自序

一部中国京剧发展史，是由无数演戏人和看戏人共同写就的。从乾隆年间徽班进京到京剧生、旦、净、末、丑艺术高峰的形成，这是一条充满艰辛的路：一代又一代的艺人前仆后继探索和实践，为之付出了青春甚至全部人生；一代又一代观众以他们的掌声和批评声，砥砺艺人图强奋争，他们共同构筑起一座人类艺术高峰。如果能够有机会静下心来，了解和研究这些过程，就会对京剧艺术备增敬意，这对传承京剧艺术无疑是有极大裨益的。

长期以来，我们习惯于把关注的目光更多地停留在声名卓著的那些角儿的身上，不断试图从他们那里深入持久地探寻感兴趣的点点滴滴，目前在民间传播的故事和已经取得的艺术研究成果，绝大多数聚焦于一小批人，而有意无意地忽略了发生在其他人身上的更多细节和精彩，尤其是忽略了一大批术有专攻，站在角儿的侧面和身后，以大做小的优秀人才，这就在一定程度上造成了京剧史资料和内涵整体感的缺失，造成了历史评价的某些不全面，这不能不说是一种遗憾。

当今历史学界，对家族史和口述史的研究方兴未艾。这种潮流的出现，极大地丰富了我们对历史以及历史研究的认识和理解，它也为京剧研究提供了普及性和操作性较强的重要方法：就是不仅仅从艺术本身，也可以从当事人的社会生活层面去观察和描述，使人物和事件更加完整和丰满。因此，本书试图选择一个小的视角，从家庭和社会生活的侧面，把一些看似无关、零碎的事件和人物有机串连起来,把演戏人和看戏人的眼光对接起来,从而打开一扇窗户,去看一个更加立体的空间。

本书主要的描述对象张荣奎是19世纪末、20世纪上半叶京剧界一位文武老生。他出身于戏曲艺人家庭,因为历史机缘,他的前辈成为扎根在皇城根下的梨园百姓。荣奎学在京城,出科后辗转京津沪演戏,青年时期迁居上海,中年赴天津教戏,四十多岁就淡出了舞台,他的一生,是那个时代梨园众生的写照。

张荣奎所处的时代,是京剧艺术繁荣发展的黄金期:可谓上有所好,下有承应,高峰林立,群英荟萃,灿若星河。如果以其在民间的影响论,可以说,张荣奎是一位未临绝顶的登山者。正因为如此,在京剧史资料中,关于张荣奎的记载不多,对他几乎没有完整的描述,在一些涉及同时代、同好、同道的记录中,他的名字常被有意无意地省略掉,许多和他有关的细节都与他擦肩而过,以致今天要全面地了解张荣奎成为一大难事!以荣奎学艺的背景、努力程度和艺术成就而论,这不得不说是一件憾事。而在当时整体水准很高的京剧梨园群体中,这样的憾事不止于张荣奎。今天,我们只能从同时代人和后人的零星记录中,粗略地还原这位杰出伶工的艺术生涯。

徐慕云先生1928年出版了《梨园影事》,书中依据演员在当时的声誉,列出《生旦净丑各部人名表》。其中,武老生10名,有杨月楼、王福寿、李顺亭、刘春喜、沈韵秋、李鑫甫、李寿峰、张荣奎、马德成、陆金奎。同书还选用了"生部名伶小影",涉及45位生行名角及其戏照便装照。有程长庚、徐小香《镇潭州》，余三胜《黄鹤楼》，汪桂芬道装，谭鑫培所饰诸葛亮，孙菊仙便装，王玉芳便装，许荫棠便装，俞菊笙、余玉琴《青石山》，王鸿寿《扫松》，杨小楼《连环套》，刘鸿声《上天台》，贾洪林便装，瑞德宝便装，王桂官便装，沈韵秋便装，时慧宝《醉写》，余叔岩《定军山》，程继仙、余叔岩《镇潭州》，朱素云、王凤卿《群英会》，谭小培《八大锤》，王又宸《连营寨》，罗小宝便装，言菊朋《战宛城》，夏月润《古城会》，张荣奎《定军山》，李桂芳、尚小云《虹霓关》，金仲仁《探庄》，高庆奎、金碧艳《南天门》，贯大元、徐碧云《宝莲灯》，谭富英《定军山》，马连良《借东风》，麒麟童《皇甫少华》，盖叫天《莲花湖》，杨宝忠《骂曹》，杨宝森《珠帘寨》，姜妙香《八大锤》，李万春《摩天岭》，刘天虹《定军山》，王又荃《天门阵》，李桂春《凤凰山》，林树森《史文恭》，安舒元《珠帘寨》，王少楼《探母》。这是最早对张荣奎艺术追求的某种肯定。张荣奎50岁以后，抗日战争爆发，后又内战，社会动乱，菊坛多舛。当时有人曾在媒体上称他为"今日之靠把老生中，堪称南北第一人焉"。

  作为艺人，张荣奎的特点主要体现在以下几个方面。

  一是忠于艺术传统。京剧在发展过程中，曾经烙上了浓厚的带有政治色彩的程式化印记，在宫廷中受到肯定的一些表演方式，往往演变为不可更改的范式，或是成为艺人和民间自重、自赏的依据。由于有清一代，最高统治者对戏曲艺术的欣赏水平总体较高，所以上述现象极为有利于优秀艺术的传承。张荣奎自幼不仅打下了扎实的艺术功底，同样，也继承了深刻的维护传统的思维烙印，从某种意义上说，艺术传统是他的精神支柱和立身之本，改变传统就是否定自我。今天我们很难体会老一辈艺人的这种执着。

辛亥革命以后，求新求变的风气更为浓厚。上海是工商业最为发达的城市，也是东西方交流的桥头堡，在戏曲领域，观演双方同样有创新、变革的期许，上海堪称京剧改革的前沿。当时，大批京朝派演员云集在善开风气之先的上海，寻求和开辟艺术发展道路。当时南下的演员，首先面临的是京朝派和海派在艺术理念上的冲突，需要做出抉择。简言之，是泥古不变还是顺势求变。出于生存需要，当时即便是梨园公认的角儿不少也刻意求变，以顺应市场和观众的选择，如名净刘鸿声，唱工白口俱佳，惜沪上知音寥寥，于是试唱老生，大受欢迎。他如名丑罗百岁之学沪语，周信芳、梅兰芳之编创新剧等。荣奎是一位青年，有着青年人共同的特点：追求潮流、敢于探索，这可以解释他为什么很早就出京城，南下上海，又很积极地前往戏曲改革的试验区南通。有几年时间，荣奎努力融入海上舞台，参演过一批典型的海派京剧剧目，诸如《铁公鸡》和《狸猫换太子》等等。但是，本质上，自幼所接受的"老辈的规矩"对他的深刻影响，"不敢错了老前辈们的规矩，不敢乱动"，所以，他不能容忍对传统的恣意修改。荣奎和余叔岩有师生之谊，曾就余叔岩在《珠帘寨》中的对刀面非余叔岩。余叔岩的对刀，得之于钱金福，原是净行饰李克用时所用。余叔岩在上海应观众之邀，临阵磨枪，以此刀法演老生，遭到张荣奎的否定。张荣奎少年时受过刘春喜的传授，有人20年后观荣奎的戏，认为颇有刘之遗风，可见他的坚持。30年代初，张荣奎从天津回沪后，和女婿李德成等人在香港大戏院坚持组织演传统京剧，以此作为香港大戏院的经营特色，也是恪守传统的实践写照。他的学生张文涓多年以后回忆老师，对其极为遵守传统的教风印象深刻。

二是忠于艺术精神。老一辈戏曲演员不少人有根深蒂固、约定俗成的艺术信念，这是一种难能可贵的精神。张荣奎也是如此。比如，他认为，演员应"累死在前台"。因此，无时无刻不将之体现于他在舞台上的一招一式。当年陪老谭、黄润甫两大腕在曹汝霖家演出《空城计》，所饰王平一角虽为配工，却稳练工整，无懈可击。他可以做到"每戏皆有拼命之慨"，所谓"每观起霸，桓桓如虎如貔"。有人描述，他演《武昭关》，当旦角唱大段二黄时，武生在台口数分钟不能有丝毫施展，每演至此，荣奎"仿佛古庙中一尊塑像，不特不僵，且英气勃勃"。《镇潭州》荣奎演了一辈子，是其代表作之一，有人在其天命之年观看他演的此剧，叹曰："张饰岳飞，威仪凛然。祝告天地山川一场，气象肃穆，说白激昂。被杨再兴取笑时，种种懊丧神情，均极佳胜。痛斥岳云时，声色俱厉，而时时悲怆之容，尤为精到。"他教戏，一如在舞台上，兢兢业业，以至于有人觉得不可理解。

三是忠于艺术道德。张荣奎是受前辈精心教育的演员，有着那个时代公认的艺德传承。他把艺术看得很重，中年以后有登门求教的，凡学戏可以，陪玩则绝不随意，有时自傲得不近人情。他信奉"戏比天大"，为此，会戏毕甫到家，又出门救场替戏《斩渊》；作为演员，无论去里子还是扫边，均一丝不苟。他信奉"艺不压身"，他和戏院经理、也是实力派演员赵如泉关于包银的一段往事，即典型地反映出他的观念。作为教师和师傅，他从不为难学生，甚至在京津为学生文涓陪演，以大做小，甘作绿叶托新花。九旬老人张文涓每每提到老师荣奎便潸然泪下，称"老师待我好得不得了，从没有骂过我"。荣奎有些话，诸如，"演员不能滥串各角"，"老角不争牌，不取悦观众，台下叫好和不叫好一样得唱，不能因为取悦观众滥要彩，那便失了做戏的规矩"；"戏在人唱，无论是一出怎样的小戏，只要能把戏做到家便是一出好戏，哪怕是扮个院子，也要把院子的身份、年龄，做得入情入理，才能算是对"，等等，反映的是他的规则意识，今天读来仍有教益。

在和同辈优秀演员共同向事业顶峰攀援的时候，张荣奎某些特点也成为他的局限。主要是：

不事宣传。京剧在发展过程中，媒体的参与是很重要的推动因素。民国以后，大凡优秀演员的脱颖而出，都有媒体推波助澜，上海的媒体尤其功不可没。张荣奎是京剧演员中最早南下的一批人，有着良好的艺术发展背景。但是终其一生，张荣奎没有积极在宣传上为自己下过功夫，和同时代的一些优秀演员相比，这方面的意识和作为很不够。当年携徒张文涓赴京，媒体主动跟踪，充其量只是顺其自然，缺乏主动意识，以至于后来圈外"简直不知有他这个人"。

不善逢源。这是张荣奎的好友们比较一致的看法。无论是在艺界还是社会生活中，张荣奎都不够圆通，而是埋头艺事，直抒己见，恪守自我，甚至被认为脾气很坏。他也重脸面，耻于求人和受惠于人。据友人回忆，早年在天津，叶庸方念荣奎的教授和经商方面的联络之功，曾经提出为他置办房产，遭到荣奎坚决谢绝。身为教戏人，所收学生无论是否付费，均不事取索。晚年，荣奎生活困顿时，对朋友的资助大多拒之，宁受穷而不受惠，这种理念往往不能见容于某种社会圈。

不力鼎新。对比好友余叔岩和同时代的一些优秀京剧演员，张荣奎对待京剧传统的态度，常不能见容于不太在乎程式和传统的上海，这种根本上的对立，导致他在艺术上的孤独和寂寥。

张荣奎对京剧文武老生行，尤其是靠把老生行的传承和海派京剧的发展有过贡献。透过他的经历，可以窥见梨园这个万花筒的一角，对我们还原那个时代的千姿百态有着积极的意义，同时，对今天的人也不无启示。

中国的梨园界，曾经有着浓厚的家族和师承色彩，许多历史片断因此而仅仅流传或被封存在特定的社会圈子里，由于这个群体文化程度的局限和其他一些原因，特别是最近几十年来，随着这种色彩不断淡化，口耳相传能力的弱化，这些历史片断湮没的速度很快。新中国成立以来，在党和政府的关心支持下，有关方面曾经积极组织开展过很有成效的京剧"谈往"工作。改革开放以后，一些恢复起来的戏剧报刊，也在民间锲而不舍地采编了许多鲜为人知的轶事，为京剧艺术和京剧史研究积累了珍贵的资料。今天，特别需要进一步重视挖掘曾经存在过的文化痕迹，加强保存某种历史文化积累的力度和深度，特别需要我们以文化的名义，更加自觉地回首，努力把可能被湮没的记忆抢救出来。

是为序。

目录

第一章　南伶北上
一、上京城承应　1
二、栖身韩家潭　6
三、习山野之风　7
四、张家又添丁　9

第二章　学在京城
一、入门"小天仙"　16
二、转道福寿科　21
三、福寿班轶事　24

第三章　跻身梨园
一、起步喜庆和　31
二、参与"两下锅"　34
三、搭班进戏园　36
四、受恩大李五　41

第四章　随流南下
一、香自苦寒来　47
二、探路上海滩　50
三、初做嫁衣裳　60

第五章　勉力前台
一、舞台多面手　66
二、京朝派"下海"　71

第六章　戏曲姻缘
一、走进大观园　76
二、岳丈孙老元　77
三、梨园四连襟　85
四、结亲李百岁　88

第七章　转业津门
一、授徒叶庸方　96
二、翁婿灌唱片　103
三、义会老戏骨　108
四、寄情鸿连盛　111

第八章　孤岛谋生
一、和乐一家亲　115
二、辅佐松竹社　118
三、为师不含糊　120
四、提携张文涓　124

第九章　余音绕梁
一、闲游九河口　134
二、蜡炬终成灰　136
三、票友慰老情　138
四、撒手梨园界　141

第十章　评论选萃
一、荣奎论戏　146
二、人云荣奎　152

张荣奎编年简表　159
张荣奎演出记录　164
参考和引用资料　216

修订版后记　220

第一章

南伶北上

1885年12月30日（清光绪十一年，农历十一月二十五），在北京城韩家潭一座张姓艺人家的四合院里，有个男婴呱呱落地，几声清脆的哭喊，预示着这一家又多了一位吃戏饭的主，家里给他起名为荣奎。

一、上京城承应

荣奎祖籍苏州。祖父张德喜是苏州昆班里唱曲儿的，小有名气。[1] 张家是在张德喜这一代，从苏州迁往北京的。荣奎长大后听大人说，这是因为恭亲王奕䜣爱听昆曲，把祖父一班人召去了北京。

苏州是昆曲的发祥地。明代，南戏有四大声腔，[2] 其中影响最大的是昆曲。明中叶以后，苏州逐步成了昆曲中心。昆曲雅致、含蓄，相比其他戏曲，更为当时的文人雅士推崇。也因此，玩曲就成了品位和身份的象征。那时候，达官贵人、富绅巨贾竞相附庸风雅，还时兴花钱建立家庭昆班，用以自娱自乐或者酬请宾客。

清入主中原以后，统治者审时度势，对汉文化采取了全盘吸收的政策。昆曲作为汉民族重要而优秀的文化形式，受到关注乃至青睐。康熙时，宫里设南府负责戏曲演出事务，苏州织造负有选送名伶任内廷供奉和选呈戏班为出巡的皇帝承应的职责。

乾隆好昆曲。他在位期间，演戏风气最为盛行。宫廷中习艺太监和民间招选的演剧人员多达一千四五百人。就连办理制盐售盐业务的官方机构，也都备有专业演出团体，用以经常性的接待演出。上有所好，下必甚焉。乾隆四十八年（1783年），在昆班重要的汇聚地苏州，昆曲艺人发起重修老郎庙³，应者踊跃。弹丸之地参加捐款的本地和外地戏班有46个。当地民间学昆曲唱昆曲也是蔚然成风，所谓"家家收拾起，户户不提防"，就是借用李玉《千钟戮》和洪昇《长生殿》中的曲词，⁴描述了昆曲在民间普及的实况。

乾嘉之际，以钻故纸堆、引经据典为主要特征的"考据"学盛行，而精巧雅致、缠绵悱恻、文气十足的昆曲反而失去了黄金时代，受到严重挑战。被称为"乱弹"⁵的地方戏曲方兴未艾，梨园出现了花雅争胜⁶的局面。这时，不仅宫里演戏看戏是家常便饭，民间戏班和民间票房⁷也乘势迭出，引发各地大兴土木造戏台，草台班子混杂，上演的剧目则良莠互现。

按时间推算，荣奎的父亲张德喜成才的年代应在道咸之际。

虽然道咸两朝，朝廷都整肃过民风，明令禁止民间传播戏曲传读淫书，禁演戏等奢靡习俗，道光皇帝还革退民间艺人，只留习艺太监，降格南府为昇平署，但是，因为看戏实在是件有趣的事，清内廷同乐园里还是可以演戏看戏的。特别是，伴随昆曲的衰落，京城出现"时尚黄腔喊似雷，当年昆弋话无媒，而今特重余三胜，年少争传张二奎"⁸的局面。曾被朝廷贬为"挎腔"的"乱弹"在咸丰皇帝的赞许之下，融入承应行列，有的戏甚至逐本上演，历时几个月，曲声不绝于耳。而皇帝本人甚至会"按其节奏，自为校定；摘疵索瑕，伶人畏服"。天高皇帝远，民间戏曲热更是减不下来。比如，东海之滨的上海出现了最早的昆曲曲社庚扬集，后来又有姜局，在邻近地区及旧城一带活动频繁；第一家商业性质的昆曲戏园三雅园也在老南市四牌楼附近开张，边售茶，边演折子戏。那时，戏曲名角也和今天一样会受到追捧。比如，春台班台柱余三胜到天津演出时，时年18岁的著名泥塑艺人张明山专门为他塑像，表达尊捧之意。

在中国文化史上，道咸之际很值得一书，那是一个孕育戏曲大师的时代，一批日后扛鼎中国戏曲界的人物相继来到人间，他们当中有梅巧玲、谭鑫培、俞粟庐、杨月楼、王鸿寿、赵嵩绶、孙佐臣、汪桂芬、姚增禄、汪笑侬等。

把张德喜召去北京的恭亲王受封于咸丰年间。那时候，民间戏曲活动广泛深入，有几个方面的情况可以佐证。

一是戏曲在民间更为普及。首先是戏班的规模不小。比如，昆曲恒福、恒盛、三元、四喜四大班在杭州演出时，每班的演职员就有近百人，规模可敌今天重要的演出剧团。其次是看戏的人多。史载，苏州府庙桥搭台演昆曲娱神，第二天再演《刀会》，附近数县水陆两路观众蜂拥前来观赏，人数超过10万，盛况空前，这绝对不输于当下任何一场巨星演唱会。尤其是，毗邻苏州的上海开埠后，顺势兴起民间戏曲热，当时的富室子弟还建立了聚芳、集贤两个戏曲团体，都极尽豪奢，演出形式则昆乱不挡[9]，更有髦儿戏[10]登场。再就是形成了人数众多的戏迷群体。戏班演出，他们"盖往往转徙随入三四戏园，乐此不疲"；"每入园聆剧，一腔一板，均能判别其是非。善则喝彩以报之，不善者则扬声以辱之；满座千人，不悦而同"。[11]

二是戏曲成为军中主要娱乐手段。有的清军部队甚至在驻地建戏楼，邀各营队长及文吏观戏。那时，正值太平天国起事，太平军也是一路攻城略地，一路鼓乐承欢，莺歌燕舞。洪秀全在武昌过年时，带"汉口戏班子十余部，优伶两百人"连日演唱；太平军攻占金陵后，在利涉桥搜戏班衣箱，优伶二百余人,均送杨秀清点视,再行分配;石达开攻下安徽宿松,县城内连演三天花鼓戏;苏州太平天国忠王府建戏班,有男女童伶百二十人,专聘昆曲艺人教习。

三是内廷自娱自乐日盛。咸丰皇帝是禁止京师旗人演唱票戏的。但清廷升平署 12 却常从民间选民籍学生进宫当差,服务于帝王寿庆和平日娱乐。即便在英法联军占领了北京、咸丰帝逃往热河避难不到一年的时间里,仍陆续从民间挑选教习随手 13、场面 14、筋斗 15 成为乱弹主力,演出了弋腔、昆腔、乱弹三个剧种三百二十余出戏。于是,各地戏班晋京演出遂蔚然成风,活跃在京城的戏班逾百。

恭亲王和一帮王公贵族都是戏迷,常在府上办堂会。他们也以自办家班为荣,当时,王公贵族自办家班不在少数。16 推测一下,也许是某一次的恭王府自娱需求,也许是科班的教学需要,小有名气的张德喜和戏班一班人应召从苏州到了北京。这段历史,当时对张家来说,是体面的事情。所以,后来,荣奎和民国画报记者谈到此事时,不无自豪。17

从此,张家便在北京落了户。也由此,张德喜不可避免地经历了19世纪中叶以后戏曲变革的浪潮的冲击。

中国戏曲的发展,从元代以后,呈现北曲、南戏声腔相互影响,融会贯通的趋势。张德喜所处的年代,受民间喜好的左右,昆腔、弋阳腔、高腔、梆子、吹腔、徽调、京腔、汉调、秦腔等等各领风骚,又迅速相互嫁接,逐步凸显昆乱争胜,而后皮黄独大的局面。

基于生存需要,当时,张德喜这一代昆班艺人必须及时在艺术上作出适应性的调整。这一点,可以从他的从艺痕迹中窥见点滴:

如1863年(同治二年),张德喜搭周凤梧为班主的广和成班,列净行名册。该班始建于咸丰年间,同班主要演员有生行余三胜、占（旦）行谭志道等。余、谭的唱法皆源自汉调。

1864年（同治三年），张德喜改搭由张二奎和刘万义（大奎官）重整班底后报班的复出双奎班[18]，列老生名册。这个班创建于咸丰年间，为昆腔班，以武戏见长。当时，杨隆寿[19]曾在这个班坐科，张德喜的两位孙儿后来都成为杨隆寿的弟子。与张德喜同在班内演出的，还有胡琴圣手孙佐臣的父亲、名旦孙长桂（孙八）。张荣奎后来成为孙长桂的孙女婿。1864年此班复出时，仍以昆腔班具结。班中的主要演员、列老生名册的张胜奎，则源自京腔之奎派。

1866年（同治五年），张德喜又搭义顺和班，列老旦名册。此班为昆腔班。同班有昆行名角儿马天禄、张云亭（廷）等。

19世纪70年代，昆剧渐遭冷落。1874年（同治十三年），《申报》刊登吴门隐生的《前洋泾竹枝词》，其中描述当时沪上情景："共说京徽色艺优，昆山旧部倩谁收。一枝冷落宫墙柳，白尽梨园少年头。"

1875年（同治十四年），梆子腔在北京大受欢迎："起声至急而繁，有如悲泣，闻着生哀。""然士大夫人人好之，竟难以口舌争。"当时，横空出世的十三旦侯俊山，"以艳名噪燕台……至是靡然从风，争相倾倒"。随着昆曲的由盛转衰，上海十余座戏院还普遍实行了京徽合演。

1876年2月7日，《申报》刊载剧评《图绘伶伦》。文中出现"京剧"一词，为全国首见。从此以后，"二黄"、"黄腔"、"乱弹"、"乱弹二黄戏"、"西皮二黄戏"、"皮黄"、"京调"等五花八门的称谓，逐步统一。

这年5月，镇江驻军提督邀请著名京剧小生杨月楼到当地同乐戏院演出，戏院门口围聚四千余人，只有一千五百余人得以进入观剧。11月，上海丹桂茶园为聚人气，请杨月楼助演、三个夜场，"观众几无从插足"。

张德喜这一代昆伶晚年的艺术境遇可想而知。

1890年（光绪十六年），张德喜再搭班，这次是新出的宝顺和班，由原瑞胜和班改组后报班，和原先一样，以秦腔为帜，张德喜在班中列净行名册。

二、栖身韩家潭

张德喜一家到北京后住在韩家潭，这是梨园人士聚居处。

韩家潭位于今大栅栏地区西南部，东西走向，东起陕西巷，西至五道街，其西口与铁树斜街、堂子街、五道街汇合相通，全长360米。地名起于明代。当时，这里地势低洼，凉水河一条支流在这里积水成潭，故名寒葭潭。清康熙初年，戏剧评论家李渔寓居于此，建有芥子园。清代又因内阁学士韩元少在此居住，改名韩家潭。

梨园有个说法，叫做"人不辞路，虎不辞山，唱戏的不离百顺韩家潭"。四大徽班[20]进京后，以程长庚、徐小香、卢胜奎、杨月楼为主要演员的三庆班就驻在韩家潭。这里所说的百顺，是个胡同名。当时，春台班就在百顺胡同，四喜班在陕西巷，和春班在李铁拐街。韩家潭多有伶人私寓，其附近，私寓多的还有石头胡同、猪毛胡同、樱桃斜街等9处。[21]京剧大师谭鑫培的父亲谭志道从咸丰年间便在此居住，谭家前后在这里住了六代人，长达一百三十多年。1917年5月，71岁的谭鑫培就是在韩家潭病逝的。直到"文革"期间，谭家才从老宅搬出。

曾经住过韩家潭的京剧名角还有：名丑刘赶三、萧长华，名旦胡喜禄、吴巧福、杨朵仙、吴燕芳、孟金喜、李丽秋、孙心兰、张彩仙、张宝兰、王兰香、孙彩珠、朱桂元、杨韵芳、果湘林、王瑶卿及弟王凤卿，昆旦宋莲卿、朱双喜、朱霞芬、夏秀芬、张芳、张芷荃、陈杏云、钱桂蟾、章铭坡、王仪仙和其子王琴侬、花旦田桂凤、陈秦秦、唐彩芝、刀马旦陈桐仙、昆小生徐承瀚、昆生迟韵卿、李三宝、老生刘彩虹、佩香、小生陆小芬、朱素云、陆华云、武生茹锡九、花脸侯彩云，等等。[22] 他们中有些人因为姻亲关系，与张家沾亲带故。[23]

三、习山野之风

张德喜的儿子、荣奎的父亲张文亮是带艺随父进京的。他是学昆曲的底子，但是最终没有继承父业习唱昆曲，而是入了徽班。就像今天唱美声的父母听任子女唱通俗歌曲一样，张家也不可能摆脱时尚的裹挟。

自乾隆年间徽班进京到19世纪中叶，徽班在北京的影响逐步增强，成为民间和内廷戏曲演出的主力。作为源于安徽安庆地区的民间戏曲群体，徽班在长期艺术发展的过程中，积极扬弃北、南、中、西诸地方的戏曲声腔元素，促进皮、黄交融，开始向京剧转变。这类被称为"乱弹"的曲调，不仅盛行民间，也开始正式进入宫内演出。历史记载，同光年间，深宫中的慈禧命在内廷演出的昆曲艺人学习这类被称为"乱弹"的曲调，这些艺人为"捍卫"昆曲的神圣地位，始而消极抵拒，终而无奈合流。民间戏曲以势不可挡之势，迅速在大雅之堂占据了一席之地。醇亲王奕譞甚至在府内先后开办了安庆弋腔班和恩庆科班，培养了不少弋腔演员，宫里的太监们有开铺养班的，但遭到皇上明令禁止。

张德喜到北京后，本身已经顺势而为，改走"昆乱不挡"的路线了。文亮从小即进入徽班习"山野之风"，恐怕也是势所必然。文亮入京师梨园的时候，为咸丰皇帝所设的国丧期应该已满，戏班可以重新开业了。当时，老戏班连同新办的戏班，开业都必须呈报精忠庙[24]担保，并转呈清廷内务府升平署批准。那几年，京城里的戏班有三庆、四喜、春台、广和成等二十余个，其中的昆班已不占多数。

在民间，各种形式的地方戏演出其势如荼。有时，一台演出上场演员达百余人，有人曾描述当时一场演出的现场，称舞台四周灯光如海，观者抛掷金钱如雨，喝彩声几盖钲鼓。1867年，天津京班南下上海，沪人初见，趋之若狂。那段时间，上海的中国第一所近代剧场兰心戏院，近代上海租界内第一座中国戏院满庭芳，近代上海开办时间最长、变化最多、影响最大的京班戏院丹桂茶园先后开张。

在北京，有一位原来唱老生的艺人叫色福亭，顺应民间票戏需要，在王公厂创立了京城较早，也是较有影响的票房，名为"三箫一韵"。当时，去票房玩票是一种高端高雅消费：票友 25 的份儿都拿得十足，一律长袍马褂，且自带份金，决不蹭吃蹭喝蹭戏，极为清高。后来京城又出现了著名的赏心乐事票房和风流自赏票房。

张文亮年轻时也红过，但是，他的秉赋后来并没有在戏曲表演中持久出彩，而是转向了演出经纪和管理。1949年新中国建立以后，张文亮的孙辈们多次填写政治简历表，在家庭成分一栏，都把爷爷张文亮的成分写为"剧务"。这是在特定的历史环境下，一个可以淡化阶级特征的中性表述。实际上，张文亮中年即逐步淡出舞台，他先后在小瑞庆和班、复出瑞庆和班担任承班，在复出崇庆班、新天仙班、庆寿华班和福寿班等担任领班，成为中国梨园界早期的演出经纪人之一。

据历史记载，早期戏班中的领班也多兼任演出经纪人，后来，才逐渐由"管事儿"的专业人员负责接洽演出事务。领班和"管事儿"的，不少是演员改行而为，他们需要熟悉演员和观众，有良好的人际关系。也有名伶自己当领班和"管事儿"的，如杨小楼挑班永胜社，刘砚芳管事儿；梅兰芳挑班承华社，姚玉芙管事儿；程砚秋挑班秋声社，吴富琴管事儿；尚小云挑班重庆社，赵砚奎管事儿；荀慧生挑班留香社，王久善管事儿；马连良挑班扶风社，马四立管事儿；谭富英挑班同庆社（后改为扶春社），宋继亭管事儿；奚啸伯挑班忠信社，陈信琴管事儿。这实际上就是明星制的演出经纪人制度。[26]

张文亮从1896年起，担任福寿班领班人，其间，时常需要安排戏班进宫承应。这是他最重要的一段经历。他的"剧务"活一直干到民国初年。据他的大儿媳沈月常后来回忆：当时嫁在张家，日子过得不错。而张德喜进京留给张家后人最大的遗产，就是严格的家规和由里及表的"范儿"。

四、张家又添丁

荣奎的母亲怀上他不久，清将冯子材等在中法战争中取得了镇南关大捷。之后，中法双方签订了《中法新约》，战争结束。

这场战事从1883年12月（清光绪九年十月）进行至1885年4月（清光绪十一年二月）。战争远离京城，没有打乱清内廷的娱乐习惯，朝廷照例挑选民间教习和学生入宫，数月连演《忠义传》、《忠义璇图》。交通不便，信息闭塞得很，老百姓哪里听得见隆隆的炮声，既然皇上爱看戏，又可能有机会进宫承应，各地民间戏班戏台益发层出不穷。那时，后来"急公好义"、成为上海伶界传奇人物的潘月樵[27]，以"小连生"艺名登上了上海天仙茶园，一唱即响，红遍上海。

张文亮原已有一子，名永安。家里给大儿子起这个名，也许是希望这个孩子在飘泊不定的演艺生涯中，能够平平安安。永安打小学戏，少年即上台，工文武老生，在当时，是梨园一位玲珑学子。

张家三兄弟合影：张永安（左）、张荣奎（右）和张永林（中）

老伶工张荣奎

张家仲儿又出世,一门欢喜,取名荣奎,这是张家对下一代的新期盼,有一点光宗耀祖的意思。文亮后来又得了第三个儿子,但长大成亲后没几年便去世了。

荣奎出生那年,毛韵珂[28]、李桂春[29]也来到人间。他二人和荣奎后来在上海京剧舞台上成为黄金搭档。那年,昆曲曲社萧红集约、二弥集约、拍红集约先后建于上海;孙华亭所办的华兰习韵票房在北京建立;上海有30名童伶赴新加坡演出;上海的张园继前年徐园开张后,正式开放;在京剧史上享有特殊盛誉的梆子演员田际云在北京创办了河北梆子小玉成科班;在那一年恭亲王府的堂会上,名角谭鑫培[30]、陈德霖[31]、金秀山合演《战太平》。20年后,这出戏里的靠把老生应工成了荣奎的拿手绝活之一。

1.张荣奎1942年在接受天津《民国画报》记者采访时谈到:祖父张德喜,在苏州昆班小有名气。
2.南戏四大声腔是明代南曲系统海盐腔、余姚腔、昆山腔、弋阳腔的合称。四大声腔在嘉靖之前已经形成,并在江南地区广泛传唱。昆山腔振兴于海盐腔衰微之后,故有"旧凡唱南调,皆曰海盐,今海盐不振而曰昆山"之说。
3.老郎庙是中国历史上的戏剧行业组织,用以协调内部关系、加强团结、保护艺人的共同利益,起源于清代。据廖奔考证,早在清初,苏州老郎庙便已建立。清代中叶以后,北京、南京、广州、扬州、苏州、汉口、沙市、樊城等一些经济文化较发达的大中城市及全国各地的通邑普遍建立了老郎庙,又称"老郎庵"、"老郎堂"、"梨园会馆"、"梨园公所"或"梨园总局",实际上也是艺人借供神聚集议事的场所。
4."家家收拾起"说的是清初著名剧作家李玉(约1591—1671年)《千忠戮》中"收拾起大地山河一担装,四大皆空相"这句唱词,为戏中建文帝所唱。"户户不提防"说的是清初著名剧作家洪昇(1645—1704年)代表作《长生殿》中"不提防余年值乱离"的唱词。这两句唱词都是曲牌的第一句,用来形容昆曲在当地的普及和流行程度。

5.乱弹,指昆曲以外的各种地方戏曲,花部之别称,如京剧、秦腔、弋阳腔、梆子腔、罗罗腔、二黄调等,统称为乱弹。

6."花雅之争"是清乾隆、嘉庆年间发生的戏曲史事件,即"花部"与"雅部"戏曲声腔之间的较量,"花部"诸声腔向被称为"雅部"的昆曲的统治地位发起了挑战,并很快占据了优势。开始,统治者出于政治原因考量,人为地介入其中,贬抑"花部"诸声腔的发展。但最后,民间的审美需求和市场需要起到了决定性作用,"花部"诸声腔大放异彩,开创了中国戏曲史一个全新的局面和时期。

7.票房,京剧行话。戏曲爱好者的业余组织。

8.道咸之际,京剧第一代老生演员中有三位杰出人物程长庚、余三胜和张二奎,他们被称为"三鼎甲",分别是"徽派"、"鄂派"和"奎派"(又称"京派")的代表性人物。余三胜是湖北罗田人,其子为余紫云,孙子为余派老生创始人余叔岩。张二奎是北京人,他行腔吐字以北京的声调为主,与余和程的参以湖广、徽州方音来行腔吐字的唱法不同,声誉曾一时居程余之上,但早逝。

9.昆乱不挡,也有说"文武昆乱不挡",指演员技艺全面,戏路宽广,昆曲、乱弹都能演。

10.清同治末、光绪初年在上海出现女伶演唱京剧,俗称髦儿戏。髦者谓女性长发,引申为女伶。光绪中期,上海及江浙一带髦儿戏非常盛行,上海就有谢家班、林家班、朱家班、清桂班等数家班会,而且在上海徐园、张园等园林舞台公开献艺。

11.龚和德《试论徽班进京与京剧形成》,收入《京剧说汇》,北京:北京时代华文书局2016年版,第17页。

12.升平署,清代掌管宫廷戏曲演出活动事务的机构。乾隆时称南府,道光七年(1827年)改此名。其时,清宫将南府编制精简,撤销外学,艺人俱回原籍。宫廷演出则由北京民间各班之隽者承应,随传随到,不属宫中职名。另又将十番学并入中和乐内,所司职务与南府略同。嗣后又兼管召选官外艺人进宫当差演戏或教习等事务。宣统三年(1911年),随清王朝覆灭而告结束。

13.随手,指在舞台上充当武功配演的演员。

14.京剧乐队总称场面,或文武场。其中,管弦乐队称为文场,打击乐队称为武场。

15.筋斗,指在舞台上表演跟斗或跌扑的演员,有称翻扑武生或撒子武生的。

16.至1873年,恭亲王还出资,命著名昆旦杜步云开办过私人家班性质的昆腔科班,时称小学堂。

17.参见本章注1。

18.张二奎在咸丰年间曾建双奎班,附设同名小科班。咸丰国服停演。后来有王允和、曹法林用双奎名义组班,未几即散。新双奎班建后不久,张因病离世。

19.杨隆寿(1844—1900年),名全,字显庭,艺名双全,原籍安徽桐城,幼时入双奎班,工武生,擅短打,为程长庚之高足,后有"活武松"、"活石秀"之誉,善演能编。出科后,先搭阜成班,又入嵩祝成班。长期在四喜班为武生台柱。谭鑫培敬之如师。1883年4月,被选入升平署为内廷供奉。进宫承差后,极受光绪帝青睐,宫内排戏时,在帝王面前享有赐座之荣者,仅杨隆寿一人。杨隆寿早年在双奎班小科班坐科时,荣奎爷爷张德喜也搭此班,所以,杨是张家的熟人。

20.四大徽班,清乾隆五十五年(1790年)起陆续到北京,并活跃于北京剧坛的三庆、四喜、春台、和春四个著名徽班的合称。四大徽班进京拉开了京剧历史的序幕,在京剧发展史上具有重要意义。清宣统年间,四大徽班相继散落。

21.参见龚和德《京剧故里是城南》,收入《京剧说汇》,北京:北京时代华文书局2016年版,第24页。

22.参见刘嵩崑著《梨园轶闻》,北京:燕山出版社1998年12月版。

23.详见第六章陈金雀姻亲关系表。

24.精忠庙,是清代北京戏曲艺人团体,性质略似梨园公会,会首(或称庙首)数人,由清廷内务府加委,四品顶戴,带有半官方性质。高朗亭、程长庚、杨月楼等曾先后担任会首多年。由于机构设在精忠庙内,故以庙名作为会名。

25.票友,京剧行话,指非职业性的京剧演员和乐师。票友演出称票戏,票友转为职业演员称下海。

26.参见陈曼娜《天津近代戏曲经济运营中的"经纪人"研究——天津近代梨园的经励科、戏提调与约角人》,载《环渤海经济瞭望》2009年第6期,第48、49页。

27.潘月樵（1869—1928年），老生演员。9岁登台，16岁在上海以"小连生"之名与汪桂芬齐名。文武兼能，念白吐字有力，尤长做工，髯口、甩发、帽翅技巧均称绝妙，以演《扫雪打碗》、《乌龙院》、《桑园寄子》等剧著称。长期在上海从事戏剧活动，受民主革命思想影响，力主戏曲改革。1908年，与夏月珊、夏月润兄弟等集资在上海十六铺建造上海新舞台，这是中国近代第一个具有新式设备的京剧剧场，也是从事戏曲改良的演出团队。编演过很多新戏。辛亥革命中，与夏氏兄弟建立了伶界义勇军，参加攻打上海江南制造局的战役，又首创募捐义演，支援革命。孙中山曾手书"急公好义"匾额。晚年在上海创办天仙科班，培养了不少艺术人才。周信芳受其影响。

28.毛韵珂（1885—？年），乳名秋儿，名仲琳，字少珊，艺名七盏灯，清末民初京剧南派青衣毛海珊之子。工旦，与冯子和、贾璧云鼎足而立，时有冯党、贾党和毛党之说。毛韵珂戏路很广，除了本工花旦以及老生、雉尾生以外，还能兼串武生。在上海新舞台与夏月珊、夏月润、潘月樵、冯子和等人演出新戏，饰演时装京戏中的女学生，着西装，身段姿态玲珑活泼，无可比拟。

29.李桂春（1885—1962年），著名京剧文武老生，艺名小达子，河北霸县人。他幼年家境贫寒，13岁在"永胜和"梆子班坐科学唱老生，1908年后出科到天津、东北等地搭班演出，以唱河北梆子为主，兼唱京剧。1911年，再下天津，主演《凤凰山》，一炮走红。1916年以后，长期在上海演出，改演京剧老生。除经常演出《凤凰山》、《风波亭》等传统剧目外，还编有《孙庞斗智》、《二十八宿上天台》、《姜子牙卖面》等新戏，特别是连台本戏《宏碧缘》、《狸猫换太子》，极受上海观众欢迎。表演神完气足，唱做火爆卖力，极有南派特色，被誉为"活包公"。与周信芳、林树森、赵如泉等齐名，为南派文武老生代表人物之一。其子为著名京剧演员李少春。

30.谭鑫培（1847—1917年），京剧史上第一个老生流派——谭派创始人。程长庚曾预言："吾死后，鑫培必成大气候。"1890年被选为内廷供奉。1906年汪桂芬病故，孙菊仙滞沪未归，谭鑫培独踞北京剧坛，被誉为"伶界大王"。1912年任北京正乐育化会会长。1917年，被北洋军阀办堂会强迫演出，带病勉强演完《洪羊洞》后，不久去世。谭派弟子很少，但私淑者极多，当时几乎"无生(老生)不学谭"，代表人物是王又宸，还有谭小培(其子)、贾俊卿、孟小如、罗小宝、贯大元、贾洪林等。言菊朋、余叔岩、马连良以及稍后的杨宝森、奚啸伯等初皆宗谭派，后在谭派的基础上发展出各自的流派。

31.陈德霖（1862—1930年），名钧璋，号漱云，小名石头，满族。幼年入全福昆班习昆旦、京剧青衣兼刀马旦。19岁出科，从田宝琳学京剧青衣，曾与谭鑫培、王楞仙等组建三庆班。1887年三庆班解散后，又与余玉琴、贾丽川等成立福寿班。1890年入选内廷供奉。是光绪以来青衣演员代表人物，主要特色是继承老派青衣演唱传统，偏于阳刚一路，唱法上较前人略有变化，世称"陈派"。一生辅佐杨小楼、谭鑫培、卢胜奎、黄润甫、刘赶三、王楞仙、俞菊笙、孙菊仙、刘鸿声、梅兰芳、余叔岩、高庆奎等名家，成为得力助手。陈德霖收徒甚众，桃李满天下，有"老夫子"的称号。王瑶卿、梅兰芳、王蕙芳、王琴侬、姚玉芙、姜妙香并称为其六大弟子。余叔岩也得很多教益。尚小云、韩世昌、黄桂秋等曾得亲传，荀慧生、欧阳予倩等亦多有请益。

第二章

学在京城

一、入门"小天仙"

荣奎长得皮实精致,双目灵活有神,惹人喜爱。受家庭和环境影响,他小小年纪竟也爱上了京剧,能跟着大人哼唱、拉山膀、站丁字步,看起来倒像是一块好材料,说不定祖师爷会赏饭呢。

明清两代的定制,唱戏人的子弟是不得为官的。即使改行了,下三代也是不能考秀才的。不仅如此,直至辛亥革命以后,媒体上还有关于伶人是否应该有选举权的争议。所以,那时候,让儿子学戏是父亲张文亮最合理、可能也是唯一的选择。

荣奎六七岁,约1891年(光绪十七年),父亲张文亮便将他送入小天仙科班学艺。进科班,对想吃戏饭的孩子来说很重要,既能让师傅根据学生这块材料,在行当选择上加以引导,又有机会受到师傅较为系统、手把手的带教。而进一个有名的科班,或得到名师指点,就好比获得了日后在梨园发展的敲门砖。

那会儿,恰好发生了一些后来看起来很重要的事情:广东籍人士、后来被誉为启蒙思想家的梁启超入读万木草堂,协助康有为著书立说,做改革的理论准备;京剧大圣戏之祖郑长泰在苏州阊门外建成梨园祖师庙,收容无依孤苦艺人,又办菁莪学校,培育贫苦艺人子弟。田际云率小玉成班自沪回京,梆黄合演由此蔚然成风;在上海坚持数十年、唯一一家专演昆剧的三雅园关闭。

有研究者认为，荣奎出自"小荣椿"。上世纪40年代后期与荣奎过从甚密的票友何时希在回忆录中也将荣奎的开蒙归于小荣椿。之所以有此判断，可能是因为小荣椿和小天仙科班都和杨隆寿有关系。

小荣椿科班建于1882年（清光绪八年）[1]，承班人是杨隆寿，合作办班的有姚增禄、沈景丞、范福泰、沈易成、唐玉喜、裕云鹏、王求安、沈铭（明）、万春茂等9人。班址在京城宣南李铁拐斜街[2]。杨隆寿延请手把徒弟张淇林（张长保）、茹莱卿、董凤岩三位武生为科班授艺。入科弟子以"椿"（后多改为"春"）字排名，头科学生有蔡春桂（蔡荣贵）、程春德（程继仙）、郭春翠（郭际湘）、叶春善、刘春喜、方春仙、冯春和、孙春泉、郭椿山和杨隆寿的长子杨椿林（杨长林）等。小荣椿二科学生中有杨椿福（杨春圃，即杨小楼）、谭春富（谭小培）[3]等。

1887年（清光绪十三年）头科学生毕业前，杨隆寿呈报清廷申办小荣椿班，以便挂牌演出。领班人为沈铭（明），加结署名人为当时的精忠庙首时庆（时小福）、刘宝山、俞光耀、杨九昌。杨隆寿邀请了龙长胜、何桂山、钱宝峰、余玉琴、李紫珊、李宝琴、赵仙舫、刘吉庆、李顺亭、沈景丞、陆华云、范福泰等知名演员加入小荣椿班。此班一登台，便因为艺术精湛和舞美创新轰动京师，引发效仿。根据保留下来的剧目单，小荣椿班排演的剧目在180出以上。

小荣椿班成立，实际上形成了大班和科班一体制。据王芷章先生研究：当时杨隆寿要负担百余人的花销，压力很大。有人劝其放弃，但杨隆寿不忍班中老小因此失业，仍然多方筹措资金，勉力维持，终于支撑不下去。那么，此班何时报散的呢？

目前仍可见1890年（光绪十六年）小荣椿班每天排戏的剧目单。但是，这一年，原来搭在小荣椿班的演员王仙舟、余玉

琴、杨永元、陆华云、赵仙舫等集体加入了椿台班。⁴第二年初，小荣椿班领班人沈铭，成为宝顺和班的领班人。⁵

1891年，《点石斋画报》初刊寒食生（何桂笙）的《乘龙佳话》，寒食生在自序中提到："天津下天仙戏园，闻北京杨隆寿所组小荣椿、小天仙科班砌末'新颖'，派周喜奎、刘吉庆借来使用。"⁶寒食生文中所说的"新颖"，是指杨隆寿借鉴西方观念研制的砌末不同以往传统风格，使舞台上的山水草木逼真现实。据说杨隆寿曾重金聘李七，所制千余件。当时，杨隆寿慨然允诺下天仙戏园的请求，将砌末悉数送去。

再看荣奎的回忆："在下从六七岁学戏，在杨隆寿老前辈成立的小天仙科班学了两年半。"

荣奎是1885年年底出生的，六七岁应该是1891年和1892年间（光绪十七、十八年）。一个幼童，进科班学戏，首先要认门认祖认师，对所进科班的名称，一般不会记错。荣奎此言见诸当时的报端，以荣奎的为人，断不致错议杨隆寿和小天仙科班的关系。

上述借砌末的时间和荣奎回忆他进小天仙科班学戏的年份是吻合的。可见，当时已有了杨隆寿所组的小天仙科班。

此后，据清廷文件记载，1892年（光绪十八年），小荣椿班的承办人杨隆寿和其长子杨长林一起搭过谭鑫培与王楞仙、陈德霖集资承办的复出三庆班。而且，同年，杨长林还搭过同春班。以梨园不过班的规矩判断：这一年，作为演出团体的小荣椿班很可能已经不复存在。

史载，当年进小天仙科班学戏的，除了新学生，还有原来在小荣椿科班二科的学生，比如谭小培。据王芷章先生研究，小荣椿散后，杨隆寿亲眼见到其门人流落街头求乞，大悲。所以，基本可以判断，杨隆寿原来办的小荣椿班发生了问题，他又办小天仙科班，还把部分二科学生收进了小天仙科班。小荣椿报散和小天仙科班成立，在时间上应该相距不远。

为什么荣奎在小天仙科班只学了两年半呢？他的回忆是："大师哥杨长林病故了，长林是杨隆寿的少君，因为伤心，于是小天仙科也就报散了。"

以两年半计算，小天仙科班报散时间，应该在1894年。

据王芷章先生研究：1893年底，杨隆寿将小荣椿班转手给了迟玉泉（迟遇泉）[7]、刘吉庆[8]注资组建小天仙班。这主要依据清廷文件记载：光绪十九年十二月，有名为小天仙的戏班具甘结，报班文书呈请朝廷允许该班挂牌演出。如果时间推算精确到农历，则应该是1894年。此班承班人为迟玉泉，承、领班人中没有杨隆寿的名字。但花名册中的迟月亭等，倒是荣奎回忆中小天仙科班的同学。从荣奎的回忆推论，这里所说的转手相让的小荣椿班实际是小天仙科班。

史载，1894年6月（光绪二十年五月初四），小天仙班成立不久，曾被召去清宫纯一斋承差，与四喜、同春、玉成、丹桂等班平起平坐。这说明，此班具备较高演出能力，确实是一个演出班，不是荣奎学戏的那个小天仙科班。杨隆寿可能又一次采用了小荣椿模式，先是办起了小天仙科班，把小荣椿二科学生的学习延续下来，又召了荣奎等新生。之后，杨长林去世，才有迟、刘二位出面，办演出班，也把小天仙科班与它合二为一。

小天仙班（演出班）成立那年，即1894年（光绪二十年），慈禧六十万寿，中日甲午战争爆发，孙中山在檀香山成立了兴中会。在艺界，上海出现了全国第一家京剧女班戏园——美仙茶园，天津有了河北梆子女演员，"同光十三绝"[9]之一的刘赶三离世，梅兰芳诞生。

这一年，荣奎学戏可能碰到了问题：据记载，小天仙领班人周如泉当了承庆班领班人。如此，小天仙班（混合班）是不是散了呢？因为，这个时间和荣奎回忆的小天仙科班报散时间是基本吻合的。

再看荣奎的回忆：

小天仙科班解散后，"正赶上福寿科成立"，"在下又进去坐科，杨小楼老板当年同我在一个科里"。

史载：福寿科由余玉琴发起成立，时间是1893年（光绪十九年）。当年，就有该班外串堂会的记载。1896年底（光绪二十二年十月），有了新出福寿班。

到了1896年的下半年（光绪二十二年七月初五），原小荣椿班发起人和领班人之一的沈铭（明）又报庙当双奎班的领班。杨隆寿和出科后的杨小楼均在双奎班演员花名册上，只是名册上不见少君杨长林了。

当年荣奎坐科小天仙，师从杨隆寿、贾丽川[10]，工武生和武老生。他的同期同门师兄弟还有迟月亭[11]、张增民、鲍吉祥[12]、阎岚秋[13]、范宝亭[14]和杨隆寿的次子杨长喜（长福）等。这些人大多有家传渊源，后来都成为京剧界的名角，有的还和荣奎沾上了亲。

伶界的师承关系有着独特的意义，某种程度上这是一种互相依靠和提携的关系，它会决定艺人的艺术走向和前景。荣奎在小天仙科班的经历，成为"基本功扎实"的重要依据，这和杨隆寿等人的声望也是不可分的。当年，青年谭鑫培倒仓后，慕师名，曾转请杨隆寿和黄月山[15]教过武生戏，这也成为荣奎后来与老谭合作的渊源之一。

有意思的是：1908年（光绪三十四年），荣奎的父亲张文亮和陈春元一起，组建了新天仙班，并担任领班。为什么又使用这个名字不得而知，总觉得和杨老先生当年办班有那么一点呼应。比如杨隆寿很欣赏的高足、清升平署选入的最后一批供奉之一的董凤岩，就在新天仙班搭了三年。

杨隆寿去世较早。庚子年，八国联军打进北京城，到处骚乱，洋兵闯入杨隆寿屋内，用枪恐吓挑衅，隆寿哪里见过这样的架势，当时就受了刺激，一病不起，不久病殁，享年仅46岁。

二、转道福寿科

1893年，余玉琴（于庄儿）办起小福寿科班。余玉琴不仅艺能突出，也有接受新事物的敏锐意识和稳健的处世理事风格。当时物色了艺人子弟中一些愿意学戏、有点天赋的孩子，在小福寿科做学员。荣奎所在的"小天仙"报散后，正赶上小福寿科问世，父亲文亮便让荣奎转入福寿科继续学戏演戏，他的哥哥永安也在班中，兄弟两人都学习武生。同班小学员还有范宝亭、许德义、迟月亭、茹锡九、杨小楼、沈福山、沈杰林、孙棣珊等。其中，杨小楼1896年离班，随杨隆寿搭了双奎班。科班请范福泰等人从事教学。

这一年，潘月樵、王鸿寿、赵小廉领衔，在上海天仙茶园演出新编连台本戏《头本铁公鸡》，开京剧舞台上真械武打之风。

1896年底（光绪二十二年十月），迟韵卿[16]、余玉琴、陆华云、贾丽川、俞菊笙、陈德霖、胡喜禄、范福泰等人集资组建的新出福寿班报班获准，陈德霖、余玉琴担任承班人，荣奎的父亲张文亮和贾立川、迟玉（遇）泉、陈春元共为领班人。[17]

此班阵容强大，在当时的北京城里算是有得数的大班了。班里老生有贾洪林[18]、刘春喜、李春福，时年不足11岁的荣奎也名列老生花名册；青衣有陈瑞麟、王瑶卿，花旦有李宝琴、张彩林、梅竹芬，老旦有沈蕊香，花脸有唐永春、范福泰、吴和吉，丑角有唐玉喜、赵宝林、高四宝。后来又请了许荫棠、陈德霖、黄润甫、何桂仙等名家，可谓群星荟萃。

福寿班和福寿科所在地都是韩家潭百顺胡同34号。这里原是京剧鼻祖程长庚的宅子。长庚去世后,迟韵卿将房子买了下来。前院是戏班排戏的地方,后院则给科班小孩子学戏用。

那时候,凡是大班演戏需要娃娃生,就请科班帮忙,根据需要派学员过来,假如派来的孩子不是这么回事儿,上去一紧张砸了"锅",不仅对戏有损,对戏班的名誉也是有损害的,所以科班都是挑学习成绩优异、有悟性、不怯场,特别是在台上有眼力见儿的孩子给戏班里使用。荣奎哥俩学艺天赋极好,聪明懂事,深得前辈的喜爱。一次,陈德霖和贾洪林合演《桑园寄子》,荣奎和哥哥永安幸运地被挑选在剧中扮演娃娃生邓元和邓方。

这个戏生、旦的唱做都很繁重。登山逃难一场,唱腔独特,德霖、洪林两人一句一接,且行且唱。据说当年谭鑫培、余叔岩[19]、陈德霖合演过此剧,尤为精彩。

那次演出,张家兄弟俩和两位"腕儿"合了影,后来,这张照片几经流转被保存下来。梅兰芳先生的秘书许姬传记录了这段曲折的故事:

1966年冬,马连良先生被迫害而逝。1967年冬,梅兰芳夫人福芝芳邀请马连良夫人陈慧琏下榻四旧帘子胡同29号梅宅。有一天马夫人对我说:"温如(连良兄号温如)的全部戏曲资料都扫掉了,只剩下一张他亲笔题字的戏照,送你代为保管。"我笑着说:"我的大半个身子还在牛棚里,也不保险,但我愿保管到最后一分钟。"

"四人帮"粉碎后,我从箱缝里找到了这张历尽沧桑的《桑园寄子》剧照。我仔细看,正面是四个人,反面是马连良的亲笔题字:"此戏是《桑园寄子》,此老生是贾洪林,青衣是陈德霖。温如得此照,爱如珍宝。邓芳张永成。邓元张荣奎。"

贾洪林、陈德霖、张荣奎我都能辨认,就是张永成不认

《桑园寄子》剧照，左起：陈德霖、张荣奎、张永安、贾洪林

识，问了几个人都认不出来。最近专程拜访了老艺人李洪春，那天谈了三小时梨园往事，有的记在本子里。（李先生说）"我不知道张永成，从照片的面貌轮廓看，扮邓芳的小孩像张荣奎的哥哥张永安，可能是连良笔误。"李先生接着述说了张永安的经历："张永安是（福寿班）的徒弟，唱老生。出科后，拜（福寿班）管事李春福为师，到南方傍周信芳改小花脸。1935年，周信芳来京在第一舞台演出，张永安随来，返沪后，分开搭散班，不久逝世。"我们的话锋转向张荣奎，李先生说："他也是福寿班的徒弟，曾向刘春喜学靠把老生，《南阳关》、《战太平》、《下河东》功底很扎实。"

三、福寿班轶事

从乾隆朝起，清廷有向民间挑选教习和传班进宫承应的例制。极盛时是慈禧当太后时期。慈禧对戏的喜好是造极登峰的。比如，其五十、六十万寿庆典，都大肆开销银两，用于戏曲演出。准备六十万寿庆典，仅呈报制作已备承差的各类盔头就有1700余顶。连同其他相应工程和行头等等，预算银两1107111两。平时，宫里给津贴，轮流传唤北京的戏班进宫承应，经常被传唤的有一二十家，一次传两三个班也是常有的事。

福寿班初次进宫承差是光绪二十二年（1896年）十一月初一在颐年殿。清廷开支带戏津贴545吊（两），福寿班得360两。之后福寿班经常被老佛爷慈禧传唤进宫当差。十二月初十承差，带戏津贴545吊（两）。光绪二十三年正月里两次，带戏津贴各980吊（两）。这一年，最高的一次开支1157吊（两）。带戏津贴中，赏给演员的数额不等。高的如于庄儿（余玉琴），得过20两，陈得林（陈德霖）得过18两。低的得5两。 [20]

那时通讯传媒不发达，观众到戏园里看戏，如果见到戏院门口贴了一张小条，上面写着"传差"二字，那就算白跑了一趟。1901年（光绪二十七年）以后，才把这种很不以观众为本、即兴挑选整班进宫的做法改了，变为只挑选好角承差，据说最多的时候，一次达到140人，把京城里的好角一网揽进。从1902年2月（光绪二十八年）至1908年（光绪三十四年），宫内7年没有传外班进去演戏。最晚进宫当差的是王凤卿、朱桂芳。

民国以后，宫里还演过五次戏，1915年一次，1922年三次，1923年一次。最后一次余叔岩演了《定军山》，杨小楼和梅兰芳合演了《霸王别姬》，至此，梨园和清廷的关系就算彻底了了。

　　福寿班的陈德霖是慈禧喜爱的演员和编剧作曲。此话怎讲呢？原来，有清一代，爱看戏的皇帝、大臣大有人在。当年，乾隆皇帝爱看戏是有名的，所以才有四大徽班进京的盛举。同治皇帝也爱看戏，还经常和艺人讨论曲调。慈禧和光绪那就更是热衷此道了。慈禧不仅允许成立名为"普天同庆"的科班，让年幼太监学习皮黄戏，还对创作和改编兴趣浓厚，甚至亲自设计舞台布景道具。[21] 光绪曾师从沈宝钧学司鼓。一次时小福、孙菊仙合演《三娘教子》，光绪亲自司鼓助兴。1897年2月起，凡是外学戏在宫里演，都要准备两份剧本，慈禧、光绪各一份。有时，慈禧还对排戏下旨，提出具体意见。兴之所至，还当场改词编词，有时也创作唱词。只有在这个时候，演戏的和当皇帝的才有机会不分尊卑，说说笑笑。

　　当时，宫中乐部和声署都已裁撤，慈禧写了唱词，不去找翰林院的大臣校改，而愿意请陈德霖提意见。但是，意见提归提，改是不能改的，不但不能改，还要照原词配上曲，一旦曲谱得好听了，她就大为得意，认为是自己的词儿写得好。开始的时候，陈德霖常为唱词字音的不够规范难以配好曲而犯愁，也为此颇费心思。一日，德霖向谭鑫培诉说为难之处，老谭指点说，从前听昆曲，讲究字音，现在唱皮黄，谁还讲究啊，所以不必太顶真，别管韵脚对仗，曲子唱出来好听就成。这招果然奏效，从此德霖不仅放下了包袱轻装上阵，见机行事，还深得慈禧喜爱。后来，凡有王府庆贺演戏，德霖必被慈禧要求代办一切事项，对他很是放心，这个地位应该相当于今天的演出总策划和总监制吧。

　　福寿班还发生过一件事。清朝户部银库有位经丞名叫史松泉，他因事被参，通过行贿假报死亡，但又不甘就此做"黑人"，所以，想编戏讨得慈禧欢心，争取获得赦免。他将民间流传很广的小说《施公案》改编为京剧，托请福寿班排出来，鼓动陈德霖带入宫中演给老佛爷看。史松泉怕陈德霖不肯答应，就许以重贿。德霖本是良民，左思右想心里不踏实，纠结之下，他就向南府总管太监汇报了此事，两人合计一番，都怕惹事，便商量好婉拒此事，但谁也没有去告发。戏虽然没演成，剧本还是留传了下来。

在福寿班里，名角提携后生的风气很浓厚。陈德霖是梨园公认的青衣大腕，王瑶卿虽是后起之秀，但声名与陈德霖尚不可同日而语，陈德霖却能主动屈尊为瑶卿配演《落花园》中的邹月英、《金水桥》中的西宫、《打金枝》中的娘娘。当时，演《大登殿》，陈德霖一直是头路活儿去代战公主，瑶卿配演王宝钏。有一次，陈德霖因病不能出演代战，情急之下，班主迟韵卿就请王瑶卿替戏。这对瑶卿来说可是个好机会，他就乘势提出，替演可以，但以后这个戏就是他的了。陈德霖知道后，抱病前来看戏。散戏后，德霖老夫子到了后台，诚恳地对王瑶卿说，行，下次这个戏就是你的，我陪你演王宝钏。这些人这些事，对荣奎这一代小字辈影响是很大的，培养了他们的艺德。

福寿科、班的主持人迟韵卿和师兄弟汪桂芬[22]关系很好。汪因人事矛盾离京20年，1898年4月回到北京，住在迟家。陈德霖、余玉琴、迟韵卿都挽留他随福寿班演戏，但汪没有答应，却应当时风头正健的田际云之约参加演出，都说迟韵卿为此气得吐了血，一病不起，福寿班从此一蹶不振。迟韵卿去世后，余紫云接任福寿班主。在时年20多岁的王瑶卿等人的推动下，福寿班顺应戏曲改革的世风，接二连三上演新编历史剧连台本戏，计有8本《儿女英雄传》、8本《混元盒》、8本《雁门关》、16本《德政芳》、8本《五彩舆》、6本《得意缘》、4本《四进士》，这对培养科内演员的创造力、锻炼他们的演技起了积极的作用。后来，荣奎南下上海，与此不无关系。

八国联军入侵北京时，福寿班解散。班内武行迫于生计至天桥卖艺。1901年重组福寿班，当时吸纳了原三庆、四喜、春台班重要角色。

1.也有说小荣椿建于1883年，头科学生1887年毕业。

2.李铁拐斜街，《宸垣识略》称此街李铁锅斜街。后将升官巷、棚铺夹道并入。全长551米，宽约11米，呈东西走向，东接大栅栏街，西连五道街、堂子街等。1965年，改名为铁树斜街。梅兰芳祖父梅巧玲的故居位于铁树斜街101号。"小荣椿"成立那年，梅巧玲因病故于此宅，享年41岁。1894年（清光绪二十年）梅兰芳诞生于梅宅东厢房内。梅兰芳3岁时，梅竹芬又不幸病故于此宅内，年仅23岁。梅兰芳6岁，梅家变卖了老宅，举家迁至离此不远的百顺胡同居住。

3.谭小培（1883—1953年），京剧老生，谭鑫培之五子。长期为名角挎刀，与尚小云、程砚秋等合作多年。1917年，谭小培与谭鑫培在吉祥园同台演出《碰碑》，传为佳话。中年后在家课子传艺，谭富英享名时，小培傍其演出《捉放曹》，饰吕伯奢。后为其子组社搭班充任管事。天赋颇佳，唱念规范，所演剧目系其父常演如《二进宫》、《黄鹤楼》、《黄金台》、《碰碑》、《问樵闹府》、《卖马》、《失街亭》、《战蒲关》等。

4.参见王芷章《中国京剧编年史》，北京：中国戏剧出版社2003年10月版。

5.参见《京剧历史文献汇编·清代卷·续编叁》，南京：凤凰出版社2013年12月版。

6.《中国戏曲志·天津卷》，北京：文化艺术出版社1990年版，第16页。

7.迟遇泉，字春祥，韵卿大弟、迟月亭之父，著名京剧武老生。

8.刘吉庆，京剧花脸演员。曾建议王鸿寿改唱红生戏，并一同出演《水淹七军》，致王鸿寿一唱而红。

9.同光十三绝，指清同治、光绪年间十三位京、昆名伶的合称，他们均为技艺非凡的表演艺术家。光绪年间画师沈容圃把这十三位京昆名伶的彩色剧装画在一幅画面上，同光十三绝因此得名。画中人物：郝兰田扮《行路哭灵》中的老旦康氏，隶属三庆徽班，先工老生，后演老旦；张胜奎，老生，扮《一捧雪》中的莫成；梅巧玲，青衣，扮《雁门关》中的萧太后，曾为四喜班主，是梅兰芳的祖父；刘赶三演《探亲相骂》的乡下妈妈，工丑行，因其一天要连赶三个戏班唱戏，故称刘赶三；余紫云扮《彩楼配》中的王宝钏，工青衣兼花旦；程长庚，老生，扮《群英会》中的鲁肃，为三庆班班主、精忠庙庙首、京剧老生之鼻祖；徐小香，饰《群英会》中的周瑜，工小生，三庆班主要演员；时小福扮《桑园会》的罗敷，工青衣，隶属四喜班，曾为精忠庙庙首；杨鸣玉饰《思志诚》的明天亮，工昆丑；卢胜奎扮《空城计》中的老生孔明，隶属三庆班，因其"腹有诗书"，曾编演《三国演义》连台本戏；朱莲芬扮《琴挑》中的陈妙常，工昆旦，江苏人，擅长《思凡》、《刺梁》等戏；谭鑫培，武生，扮《恶虎村》中的黄天霸，先工武生，后为老生一代宗师，有伶界大王之誉；杨月楼，老生，扮《四郎探母》中的杨延辉，文武老生，隶属三庆班。

10.贾丽川（1851—1907年），字焕亭，京剧老生。其父昆腔小生贾增寿与梅巧玲、钱玉寿（阿四）同为陈金雀之婿。丽川之兄贾祥麟（淘亭）是春台班名旦，著名老生贾洪林之父。弟贾祥瑞，世称贾三，京胡宗师，曾为清内廷供奉。丽川是次子，胡喜禄的徒弟，长于教老生戏，世称贾二先生。其戏路渊博，能教汪、谭、孙三派。所授门徒甚众，最得意的是"三奎"：王啸奎（王凤卿）、高庆奎、赵砚奎（后嗓败改业操琴，傍尚王爷），还有许荫棠、刘春喜、陈葵香、张荣奎、陈秀华、贾大元、刘砚芳等高徒。丽川在内行中的威信堪比舞台上的谭鑫培，那时老生中的谭派，大半应算贾派，其规模和影响曾大于谭派。他很特别，凡向他求教的来者不拒，但按戏论价。他家墙上挂有一块水牌，上面写着各种戏码的标价。比如《失空斩》分为三出，"坐帐"、"空城"、"斩谡"各收4两银子，学全了就收12两。又如《四郎探母》分"坐宫"、"探母"、"回令"，也收3份钱。这就把交不起钱的拒之于门外了。张荣奎得到过贾家丽川、洪林叔侄二人的传授。

11.迟月亭（1883—1964年），京剧武生。出身梨园世家，祖父为武生迟财官（文英），"昆弋十三绝"之一。父亲为武老生迟遇泉。幼从崇富贵、丁俊练功，后入小天仙科班。先从贾丽川、沈全奎习老生，后从杨隆寿习武生，以短打戏见长，身上边式漂亮，武打严谨火爆，翻跌轻便敏捷。曾与杨小楼、俞振庭合作，杨倚重为左辅右弼，是不可须臾离开的得力搭档。与范宝亭、何佩亭在杨小楼班中有"一楼三亭"之说。

12.鲍吉祥（1883—1957年），京剧老生。祖父鲍秋文是和春班的昆旦，父亲鲍福山又名鲍黑子,为清末著名小生,曾入清升平署任民籍教习。吉祥幼入杨隆寿主办的小天仙科班学艺,从沈金奎、周长山、贾丽川等习老生。以演里子老生享名。先后搭杨小楼、郝寿臣、言菊朋、余叔岩、马连良、程砚秋的班社,与余叔岩合作时日最长,成为其重要辅弼,后又成为孟小冬的重要配演。1930年被中华戏曲专科学校聘为教师。1931年余叔岩、梅兰芳等组成国剧学会,附设的国剧传习所也聘他为教师。

13.阎岚秋(1882—1939年),艺名飞来凤、九阵风,武旦,出身于艺人家庭,著名武旦朱文英之婿。8岁入小荣椿科班学艺,演武旦,兼演花旦。他的腰功柔软,跷功稳健,武功出手迅疾,讲究表情,表演妩媚与刚健并重,深受观众爱重。擅演《泗州城》、《蟠桃会》、《取金陵》、《演火棍》、《娘子军》等剧,花旦戏《小放牛》亦十分著名。出科后入福寿班充当武行,后专演武旦,声誉渐长。先后与杨小楼、俞振庭、余叔岩、高庆奎、尚小云、程砚秋等人合作。

14.范宝亭(1887—1946年),北京人,著名京剧武净。父亲范福泰是著名武净。自幼坐科福寿班,和许德义、张荣奎同门,出科后在杨小楼班中演戏,武净行当中,位仅在钱金福、许德义之后。范宝亭善革新,跌打翻扑中常有个人的特技,同行难以匹敌。弟子中著名的有刘奎官等。

15.黄月山(1850—1905年),天津人,绰号黄胖。幼学梆子,后改习京剧武生及文武老生,曾得武生任七亲传,为著名武生三派(黄月山、俞润仙、李春来)之一。他文武兼擅,不但武功高超,且说白淋漓激昂,唱工悠扬动听,武老生戏中耍髯口技巧尤佳。先后搭保胜和班、玉成班。长期在上海演出,为丹桂茶园台柱,当时与俞菊笙齐名。传人有李吉瑞、马德成、瑞德宝、杨瑞亭、李桂春(小达子)等,均属黄派武生中的翘楚。曾排演诸多武生新戏,对丰富京剧武打剧目有重要贡献。

16.迟韵卿(1857—?年),名春泰,字章久,号韵卿,乳名喜儿。工老生,兼昆生,也善操琴司鼓。为迟月亭的二伯父。

17.福寿班报班时,所列承班人阵容强大,还有陆华云、孙藕香、许荫棠、胡素仙、俞振亭、王瑶卿、王凤卿、果湘林。

18.贾洪林(1873—1917年),外号贾狗儿,江苏无锡人。出身梨园世家。祖父贾增寿为昆曲小生演员,父亲贾阔亭,为京剧场面,叔父贾丽川、贾祥瑞(参见本章注10)。他12岁入春范堂习老生,早年嗓音清润,一度为小鸿奎班台柱,曾为王瑶卿、梅兰芳的左右手。变声后,专工老生，既能演主角(嗓子坏后在福寿班也充过台柱唱过大轴)又能演配角，有人认为他演的《洪羊洞》、《空城计》堪称空前绝后。常为谭鑫培配演《搜孤救孤》中的公孙杵臼，为杨小楼配演《长坂坡》中的刘备，当配角每次出场也都是满堂彩。民国初年，贾和谭鑫培同在同庆班，自愿担任《朱砂痣》里的小角吴大哥，在班内和圈内众口争传。谭鑫培曾赞："无锡贾，技艺真，天下一等名老生。"败嗓后致力于做工戏。马连良1917年磕头拜贾洪林为师，但贾第二年便去世了。贾洪林对老生艺术影响极大。

19.余叔岩（1890—1943年），余三胜之孙，余紫云之子。余叔岩全面继承了谭派（鑫培）艺术，又以丰富的演唱技巧对其进行发展与创造，成为"新谭派"的代表人物，世称"余派"。他充分发挥其学谭心得和本身特长，上演大量老生剧目，文武昆乱不挡，与杨小楼、梅兰芳并称"三大贤"，代表了20世纪20至30年代老生、武生、旦角的最高艺术水平。1928年后由于身体多病，除义务、堂会戏外，不再演营业戏。舞台生活时间虽然不长，但他在京剧老生界留下了久远的影响。十年所演剧目很多成为后学典范。

20.参见傅谨主编《京剧历史文献汇编·清代卷·续编壹、贰·清宫文件（上）》，南京：凤凰出版社2013年12月版。

21.1898年6月29日，升平署总管太监马得安面奉慈禧旨意，为改编的《昭代箫韶》添置布景：成做灰色布城二份，一画墨道，一画白道，高宽合样放尺寸。背后山片一份，平台一份，前面带山片一份，太和山式一份。萧后用黄龙床一份，活扇黄围屏一份。松树四株，李陵碑一座。鼓台一份，随乐器。钉板一块。活山片洞门一份。桃树四株，随山势平台一份。黄小帐一份。黄桌围一份。黄椅披、椅垫各四件。大运帐二块。

22.汪桂芬（1860—1906年），名谦，字艳秋，号美仙、叔坪、晏亭，小名惠成，绰号汪大头，京剧老生演员。原籍安徽潜山县（一说湖北汉阳府汉川县）。幼拜陈兰笙为师学老生，兼习老旦，变声后投樊景泰门下改习文场胡琴，曾代师为程长庚操琴。1880年嗓音恢复，搭春台班，有"长庚再世"之誉。汪桂芬嗓音高亢浑厚，善于运用丹田气和脑后音，歌声响遏行云，发音吐字饱满，韵味十足，极富立体感。其唱腔激昂雄劲，善于表达悲愤慷慨的情绪。汪桂芬与谭鑫培、孙菊仙并称程门三杰。

第三章
跻身梨园

一、起步喜庆和

荣奎出科后，在"喜庆和"搭班。喜庆和既是科班，也是戏班。光绪末年，"喜庆和"的承办人有周瑞彬、崔录春、李雅亭、黄启瑞等。班内生徒一律以"德"字命名，前后共有116名。当时和荣奎同在喜庆和班的有张毓庭[1]、钱金福[2]、龚云甫[3]等人。

目前看到的荣奎出科后最早的演出记录，是1907年8月在上海的春桂春记茶园，剧目为《鱼藏剑》。所见在北京最早的演出戏单是1908年（清光绪三十四年）9月11日，地点在文明茶园。

文明茶园在中国戏曲史上自有一席之地。它建于1907年，坐落在西珠市口路北的煤市街口。茶园主要经理人俞振庭，既是著名武生，也是早期著名演出经纪人。他思想新潮，敢于弄潮。文明茶园，正如名字所称，在当时大力倡导文明风尚：如专设女性观众席，开女性观演先河；首开夜场演出；实行男女同台；还顺应时代发展，倡导爱国、团结。茶园开张后，很多当时的梨园名角儿在那里演出过。

文明茶园建成之年，社会新风缕缕：

1月，秋瑾女士筹办《中国女报》，半年后被杀害，继有《神州女报》在上海创刊；数十位著名女伶为江北水灾助赈举行合演；上海南翔镇小学演出新剧《黑龙江》，反对沙俄占我领土，学生演剧在沪上成风。

2月，喜连成科班正式公演于北京前门外广和楼，带艺入科的梅兰芳、小益芳（林树森）、麒麟童（周信芳）参演；潘月樵和夏月珊、夏月润在上海集资创办艺人子弟学校上海榛苓学堂。

6月，春柳社在日本东京正式公演《黑奴吁天录》。之后，中国最早的培养话剧人才的通鉴学校在沪成立，不久，学校在兰心大戏院以《黑奴吁天录》作首次公演。

本年继续翻刻京城旅游指南《都门纪略》，刊剧目时，谭叫天正式以本名"谭鑫培"入载。有人称：这是他最为扬眉吐气的一年。

荣奎在文明茶园演出的那一年，剧界新奇的事儿也不少：

春，上海春仙茶园上演《迦茵小传》，标志着中国新兴话剧正式形成。

夏，上海新剧呈现蓬勃发展态势，"一社"、"乐社"、"天义社"等竞相演出新剧。湖北水灾，谭鑫培以伶界大王之望，率诸园演义务剧，演出三日，所获数千金，全部用于赈灾。著名老生汪桂芬病逝，当时有人评说，"此人驰声南北数十年，其技为当今独绝，谭伶（指谭鑫培）弗及也"。

秋，中国第一座镜框式舞台建成于上海十六铺，使用现代布景灯光，是为新舞台。冯子和[4]、林频卿改编时装京剧《妻党同恶报》（又名《莲花庵》）在新舞台上演，冯因饰演柳氏打动观众，被誉为"江南第一悲旦"。

冬，光绪、慈禧相继病殁，宫中停演。上海租界各戏园停演三日。湖南新昆文秀班竟大胆在临武照演不误，结果，艺人被捕，戏班解散。

民国前，荣奎还在父亲张文亮担任领班的新天仙班担任主要演员。与荣奎同班有王凤卿[5]、李顺亭、姜妙香[6]、王

张荣奎（右二）与陈德霖（左一）、叶庸方（左二）、龚云甫（左三）、王长林（右三）、钱金福（右一）合影

老伶工张荣奎

琴侬⁷、王长林⁸、裘桂仙、韦久峰、张宝昆、陈文启、梅荣斋、徐立堂、赵仙舫、董凤岩等演员，部分演员由承平班转班而来。

二、参与"两下锅"

荣奎后来又搭"玉成班"。玉成班是老一代京剧演员人尽皆知的，它在京剧发展史上有着特殊的地位。

光绪中叶后，昆曲进一步衰微，京城几乎已经没有昆弋班，内廷经常把原来的昆腔曲目翻成"乱弹"上演。在上海等地，时事新戏更是不断推出。

当时的京城戏曲舞台上，既演京剧，也唱梆子，二者各具特色，风头都健，争得不相上下。皇城根下的老北京人觉得梆子俗而张扬不雅气，而弄潮的山西老板们却觉得京剧程式拘谨不过瘾。这时，一位名叫田际云⁹的河北梆子演员观察到这个局面中所蕴含的机遇，1884年（清光绪十年），他大胆革新，创办了京剧演员和梆子演员共存的戏班，命名为玉成班。随后，他再出新招，买下了戏园子天乐园，让玉成班常年独占天乐园，演出不挪地方，天乐园也不再承接外来的演出。这种驻场演出形式，在当时被称为"呆转儿"，有别于过去戏班辗转演出的状况。在天乐园的舞台上，还实施了戏剧界的"维新变法"：将京剧和梆子演员放在一个台上演对手戏，一出戏里，既有京剧唱段又有梆子唱腔，满足了不同观众的口味。一时间，天乐园场场爆满，生意好得不得了。这种特指京剧和梆子混搭的形式在当时被称为"两下锅"，这个词后来才有了更加宽泛的含意。

1885年，田际云又创办了小玉成科班。1887年，他率领全班南下上海演出，不久，河北梆子剧团永胜和也到了上海，田

张荣奎（左一）与萧长华（左二）、郭仲衡（右二）、杨幼朵（右一）合影

际云主动联络，推动两班汇合，"梆黄合演"。之后，又将学生派往江南各地巡回演出。待小玉成科班班师回京后，梆黄合演开始蔚然成风。

"两下锅"极大地开阔了戏曲演出的天地，放大了受众群，也有利于戏曲的兼容并蓄，借鉴发展。这种形式迅速向北京以外的其他地区蔓延，吸引众多京剧和梆子演员参与其中。到民国初年，梆子式微，皮黄勃兴已成定局。在临近北京的山东济南，皮黄在戏剧市场上不仅胜出，还被尊称为"大戏"，受到民众的追捧。据著名京剧演员萧长华回忆，"除了俞润仙和谭鑫培，凡当时有名的演员都搭过玉成班"。10 荣奎在玉成班的京剧同仁有黄润甫、王惠芳、孟小如、贾洪林、谢宝云、龚云甫、田雨侬、瑞德宝、刘鸿声（刘鸿升）、罗寿山、朱素云等，均是红极一时的名伶。该班的梆子演员有侯俊山（艺名

"十三旦",清朝内廷供奉)、孙佩亭、杨宝珍等。

那时,荣奎家先是在笤帚胡同21号,后来又搬往牛血胡同。

三、搭班进戏园

清朝后期,不仅王公大臣太监嗜戏者众,建私班、办堂会盛行,建作戏园之用的茶园也成时尚。北京的茶园如雨后春笋一般纷纷兴建,一时多达四十多处,著名的有第一舞台、文明茶园、天乐茶园、同乐茶园、民乐茶园、三庆茶园、庆乐茶园、庆春茶园、广和茶园、东安茶园、吉祥茶园、中和茶园、广德楼、丹桂茶园、春仙茶园等。其中文明茶园开业当天,清廷禁止妇人进戏园看戏的禁令正好解除。据《金台残泪记》记当时茶园的情况:"听歌而已,无肆筵也,则曰茶园,园同名异,凡十数区,而大栅栏为盛。"茶园演出一般从中午开始,剧目分三段进行,即所谓"早轴子"、"中轴子"、"大轴子",11一直演到日落黄昏,才曲终人散。夜里是不演戏的。

荣奎出科后,在北京陆陆续续演出了10年,所涉茶园有以下几处。

日期	地点	戏码
1908年9月11日	文明茶园	不详
1908年9月12日	文明茶园	《定军山》
1908年9月20日	文明茶园	《战蒲关》
1908年10月8日	文明茶园	《战蒲关》
1909年	春仙茶园	《独木关》
1912年	春仙茶园	《镇潭州》
1913年12月21日	同乐园	《碰碑》
1913年12月22日	同乐园	《捉放曹》
1914年7月28日	第一舞台	《取金陵》
1914年10月19日	文明茶园	《莲花湖》
1914年10月20日	文明茶园	不详
1914年10月24日	文明茶园	《战樊城》

日期	地点	戏码
1914年11月7日	文明茶园	《桑园寄子》
1914年11月18日	文明茶园	不详
1914年11月19日	文明茶园	不详
1914年12月17日	天乐园	《雁门关》
1914年12月17日	吉祥园	《击鼓骂曹》
1915年2月21日	文明茶园	《战宛亭》
1915年6月22日	广德楼	《战樊城》
1915年7月6日	广德楼	《庚娘》
1915年7月7日	广德楼	《失·空·斩》
1915年7月9日	广德楼	《梅玉配》
1915年7月10日	广德楼	《梅玉配》
1915年9月14日	第一舞台	《演火棍》
1915年9月28日	第一舞台	《献鱼篮》
1915年9月29日	第一舞台	《龙凤呈祥》
1915年10月5日	第一舞台	《打金枝》
1915年10月6日	第一舞台	《雁门关·南北和》
1915年10月8日	第一舞台	《攻潼关》、《穆柯寨·穆天王》
1915年10月17日	那家花园	《失·空·斩》
1915年12月7日	第一舞台	《黄鹤楼》
1916年1月6日	第一舞台	《捉放曹》
1916年1月30日	中华舞台	《穆柯寨·穆天王》
1916年2月9日	中华舞台	《刺巴杰·巴骆和》
1916年5月2日	中华舞台	《取金陵》
1916年5月6日	中华舞台	《穆柯寨·穆天王》
1916年5月7日	中华舞台	《穆柯寨·穆天王·辕门斩子》
1916年8月6日	第一舞台	《穆柯寨·穆天王》
1916年8月11日	第一舞台	《晋阳宫》
1916年9月9日	丹桂茶园	《长坂坡》
1916年9月10日	丹桂茶园	《战太平》
1916年9月28日	庆乐茶园	《战长沙》
1916年10月21日	中华舞台	《穆柯寨·穆天王·辕门斩子》
1916年10月22日	民乐园	《黄鹤楼》
1916年12月22日	文明茶园	《请宋灵》
1917年3月16日	中华舞台	《花木兰》
1917年3月17日	中华舞台	《儿女英雄传》
1917年5月6日	中华舞台	《悦来店》
1917年5月20日	中华舞台	《战太平》

日期	地点	戏码
1917年9月23日	庆乐茶园	《胭脂虎》
1917年10月12日	庆乐茶园	《连环套》
1917年10月16日	庆乐茶园	《搜孤救孤》
1917年10月30日	庆乐茶园	《攻潼关》
1917年10月31日	庆乐茶园	《泗水关》
1917年11月3日	庆乐茶园	《木兰从军》
1917年11月11日	庆乐茶园	《铡美案》
1917年11月15日	庆乐茶园	《冀州城》
1917年12月1日	庆乐茶园	《八大锤》
1918年1月6日	第一舞台	《捉放曹》
1918年1月18日	第一舞台	《定军山》
1918年1月20日	天乐茶园	《穆柯寨·穆天王·辕门斩子》
1918年1月20日	第一舞台	《取金陵》
1918年1月28日	广和楼	《荀灌娘》
1918年4月19日	文明茶园	《黄鹤楼》
1918年4月20日	文明茶园	《九龙山》
1918年4月25日	文明茶园	《梅玉配》
1918年月5月4日	文明茶园	《悦来店》
1918年5月5日	文明茶园	《刺巴杰·巴骆和》
1918年5月7日	文明茶园	《失·空·斩》
1918年5月19日	丹桂茶园	《长坂坡》
1918年6月12日	丹桂茶园	《穆柯寨》
1918年6月16日	三庆茶园	《下河东》
1918年7月14日	三庆茶园	《碰碑》
1918年7月21日	三庆茶园	《鱼肠剑》
1918年8月3日	第一舞台	《荀灌娘》
1918年8月7日	三庆茶园	《战太平》
1918年8月9日	三庆茶园	《洪羊洞》
1918年8月12日	三庆茶园	《鱼肠剑·刺王僚》
1918年8月14日	三庆茶园	《长坂坡》
1918年8月22日	三庆茶园	《伐东吴》
1918年8月24日	三庆茶园	《取荥阳》
1918年8月	织云会所	《荀灌娘》
1919年2月12日	同乐茶园	《探母回令》
1919年2月25日	同乐茶园	《战长沙》
1919年4月20日	浙慈会馆	《盘河牧马》
1919年4月21日	浙慈会馆	《失街亭》

日期	地点	戏码
1919年5月9日	中和茶园	《搜孤救孤》
1919年5月15日	中和茶园	《美人计·回荆州》
1919年5月22日	中和茶园	《辕门斩子》
1919年5月23日	中和茶园	《战太平》
1919年5月26日	中和茶园	《樊城长亭》
1919年6月2日	中和茶园	《水淹七军》
1919年6月7日	中和茶园	《辕门斩子》
1919年6月11日	中和茶园	《文昭关》
1919年6月14日	中和茶园	《独木关》
1919年8月9日	中和茶园	《文昭关》
1920年9月18日	新明大戏院	《今古奇观》

戏园子对艺人而言，是重要的生活载体。八国联军入侵北京那年，北京戏园子集中的地区发生大火，戏院悉数焚毁，导致数千艺人无以生计，这是中国戏曲史上一段灾难性的记忆。

民国初年，荣奎又搭过好几个戏班。

1915年，搭群贤社，同演有吴堃芳、陈子田、陈玉林、阎兰亭。那年，梅兰芳搭了双庆班，在吉祥园演白天戏，与荣奎、俞振庭、何佩亭、梅荣斋、胡素仙、程继仙、王长林、路三宝、姜妙香、韦久峰、高庆奎、王毓楼、孟小如等人常在吉祥园交汇。

1916年，搭余庆和班，与马福山、范宝亭、王长林、郝寿臣、孟小如、沪苏仙、金仲仁、刘砚芳、王瑶卿、王惠芳、朱素云等同为主要演员。

同年，搭群益社，与高庆奎、白牡丹（荀慧生）、孙佩亭、陈子田、马俊山、沈华轩同为主要演员。

搭春台社，与陈桐云、朱桂芳、陈文启、尚小云、时慧宝同台演出。

搭福寿男班，高松亭领班，一起演戏的有小马五、金灵芝、五月鲜、郭宝臣、白牡丹。

搭春和社男班，与路玉珊、时慧宝、瑞德宝、吴彩霞、黄润甫、张宝昆、陈文启、郝寿臣、李敬山、李连仲、刘景然同演。

搭荣奎社男班，领班人周自新，与刘子余、许荫棠、刘景然、李顺亭、陈福寿、李福林、谭春仲、汪金林、徐春明同演。

1918年，搭诚庆班，与李顺亭、德珺如、刘景然、王长林、王瑶卿、王蕙芳、郝寿臣、王又宸、董俊峰、朱桂芳、龚云甫等人同为主要演员，曾与郝寿臣、董俊峰合演大轴《失街亭·斩马谡》、《打棍出箱》、《辕门斩子》。

同年，还搭过普庆社，同为主要演员的有吴彩霞、九阵风（阎岚秋）、张宝昆、陆凤琴、芙蓉草（赵桐珊）、郭仲衡、筱翠花（于连泉）、李寿山、马连良、沈华轩。

搭瑞庆社，与郝寿臣、周瑞安、尚小云同台演出。演出剧目有《冀州城》、《过五关斩六将》、《琼林宴》、《鱼肠剑》。

清末民初，堂会盛行，多在私宅举行。荣奎偶尔也应邀唱堂会，和诸名家同台。

1915年10月，外交次长曹汝霖借金鱼胡同那宅办两天堂会，为家中长辈祝寿。那次堂会邀请了谭鑫培、杨小楼、刘鸿声、黄润甫、李顺亭、王长林、迟月亭、张荣奎、梅荣斋、陈福寿、高四保、梅兰芳、王凤卿。早年梨园的规矩，不准许演员过班赶场，你搭在哪个班扮角唱戏，就不能再串到别的戏班参演。只有堂会、义演可不按此例。那时，荣奎在玉成班，老谭在同庆班，因为堂会而与老谭同台。荣奎与谭鑫培、黄润甫、刘春喜、范福泰合作了《失·空·斩》，谭饰诸葛亮，黄润甫饰马谡，荣奎饰王平。很值得一提的是，16日那宅堂会第一天，主人邀请了曾志忞所办中西音乐会的学生，现场不仅由学生出演《天水关》、《二进宫》、《拾金》，文场还加了西洋乐器，为王凤卿和梅兰芳伴奏《思凡》、《汾河湾》，令观者耳目一新。后来，1917年，在上海的天蟾舞台，冯子和演

《红菱艳》，也用了钢琴和小提琴伴奏。1918年8月，荣奎受邀冯宅堂会，与王瑶卿、张文斌合演《荀灌娘》。

清末一场堂会的花费很高，价格约几十至几百两白银不等，著名演员唱堂会的收入是没有定额的，但常常数倍于在剧场演出，标码最高的当属谭鑫培。1908年7月到9月，谭鑫培应邀在天津文敬寿辰堂会、北京某帅堂会、安徽同乡公局堂会、袁世凯五十寿辰演出。其中文敬家演两天，赠银800两，而当时在剧场演出可得戏份则不足百两。

民国元年至十七年（1912—1928年），是北京数百年堂会风最盛的时期，堂会的规模越搞越大，花费很高，演员出场费改用银元后，名角每场得5000元至7000元的并不少见。那段时间，王凤卿和梅兰芳承应堂会最为频繁，一般堂会戏差不多都有梅兰芳出场，有人评说，倘无梅兰芳，则举座不欢。民国十七年国民政府南迁后，堂会才少多了。抗战前一年，张伯驹[12]参演堂会戏《失·空·斩》，出场的杨小楼、余叔岩、王凤卿各得2000元，二位老军各得1000元，二琴童各得500元，场面得1500元，共计万元以上。有时，演员也会额外得到"跳加官钱"[13]和"呔化钱"[14]。

对堂会风，特别是官家办堂会，当年梅兰芳的好朋友齐如山先生颇有微词。他常对梅兰芳说："你们是靠戏吃饭，乐得多挣他们几个钱。可是有一样，倘这种堂会戏能够老这样演下去，那我们这个国家，可也就完了。"[15]

四、受恩大李五

荣奎曾得艺于大名鼎鼎的李顺亭[16]。李顺亭人称大李五，能戏三四百出，在梨园既是出了名的功夫老生，也是出了名的常出损招的顽主。他演《探营》、《铁龙山》，堪称举世无双。

李顺亭一直充当硬里子[17]，长期傍谭鑫培，深得老谭信任。然而终其一生没有挑班，也没有大红大紫。荣奎的岳祖丈孙长桂和李顺亭曾同隶春台班和三庆班。荣奎的父亲做领班时，也和李顺亭有同班交情。清末民初，荣奎和李顺亭二人又同在福寿班、荣奎社男班、诚庆班和新天仙班等谋生。年长的李顺亭对荣奎入行关照甚多。荣奎出科，牛犊初生，入行殊有不易，李顺亭就推荐他在谭鑫培主演的《珠帘寨》一剧中扮演周德威。这个角色平素由钱金福、李顺亭净、生二门抱[18]。荣奎宗李，故也以生行应工。大李五晚年更是常荐荣奎替戏，所以，荣奎相当一段时间为谭鑫培配戏，也为许荫棠配演《甘露寺》中的赵云。后来，荣奎和谭家小培、富英[19]、老谭二女婿王又宸[20]长期合作。同时，荣奎还傍过刘鸿声[21]、杨小楼等。

需要特别提到的是，虽然荣奎擅长靠把戏，但是，谭鑫培在世的时候，荣奎从不演出谭门看家戏《定军山》。直到谭鑫培1917年去世后，荣奎才碰这出戏。

1.张毓庭是李顺亭的女婿，早年经商，后随顺亭学戏并下海，善演谭派老生。在北京一红，即被上海丹桂第一台邀请，途经天津时，演出《空城计》，遭观众喝倒彩，到了上海未及演出即病殁。和张有类似遭遇的还有著名旦角演员朱素云的孙子朱盛凌，在上海出演《群英会》中的周瑜，遭观众大哄，羞愤难抑，下场即吐血，当晚逝世，仅20来岁。

2.钱金福（1862-?），满族人，工架子花脸兼武净。（在钱金福之前，京剧史上还有过一位钱金福，是名角钱玉寿的胞弟，著名旦角演员。）钱金福幼时在恭亲王出资创办的全福昆曲科班和后来的四箴堂科班学戏，师从于双寿、崇富贵。后来，带艺进入三庆班，后又入春台、小长庆、玉成等班，1904年被选为清内廷供奉。1911年，入同庆班，与谭鑫培同台合作配演，极受倚重。他功底深厚扎实，功架稳练，身段、台步有许多独到之处，把子功堪称一绝，武净戏极出色，架子花脸戏独居一功，舞台形象十分漂亮。后期傍杨小楼、余叔岩等演出，增色极多。金福对脸谱也有深入的研究，虽嗓音条件不优，但白口刚劲有力。弟子范宝亭、许德义、何佩亭等皆闻名。晚年教学，梅兰芳、杨小楼、余叔岩、王瑶卿等均得其教益。

3. 龚云甫（1862—1932年），北京人。名瑗，又名世祥。满族人。早年在玉器行做工，在荣奎出生那年（1885年），因爱好京剧，入华笙习韵票房，从刘桂庆学老生。几年后，入小鸿奎班客串演唱。1892年入四喜班拜孙菊仙为师，演老生。后又拜熊连喜为师，改演老旦。曾为内廷供奉。成名后搭过福寿班，常与陈德霖、王瑶卿同台，后又搭玉成班。民国初年起，先后搭鸿庆等各班，与谭鑫培、杨小楼、梅兰芳等均曾合作。他唱腔新颖，做工细腻，富于创造，能以老旦唱大轴，首创老旦行当的流派龚派。传人有卧云居士、李多奎等。

4. 冯子和（1988—1942年），著名海派京剧代表人物。祖籍吴县，生于上海。父亲冯三喜（冯福卿）是四喜班的台柱，工青衣、花旦、老旦，是首批南下的京班艺人。冯子和是京剧界第一位受过西方教育的演员兼编剧。他扮相秀丽，能戏多，戏路宽。辛亥革命中，参与过攻打江南制造局。崇尚爱国民主，坚持京剧改革，主张以戏剧启迪民智。其表演风格在当时有争议，据说夏月珊因其举止轻冶而将其逐出，致离沪谋生。

5. 王凤卿（1883—1956年），工老生。自幼与其兄王瑶卿一同学艺，初习武生。后投贾丽川、李顺亭，改习老生。演出于四喜班，又得汪桂芬指教，曾为清内廷供奉，长期与梅兰芳合作。1949年后，在中国戏曲学校任教。

6. 姜妙香（1890—1972年），名汶，字慧波。河北献县人。幼年从田宝琳、谢双寿习青衣，出师后与王凤卿、许荫棠、龚云甫合组洪奎社。后因病嗓音转暗，遂拜冯蕙林、陆杏林为师，改习小生。1915年后，长期为梅兰芳配戏，如红楼戏中之贾宝玉、《玉堂春》之王金龙、《白蛇传》之许仙等，默契很深，为梅的得力助手。姜演戏认真，一丝不苟，为人正直，有"姜圣人"之誉。晚年在中国戏曲学校执教。

7. 王琴侬（1887—1933年），原名文鹤，字桐君。原籍浙江山阴人。祖父为昆旦王兰秋，父即"安义堂"名旦王仪仙，王琴侬为其长子。幼从田宝琳习青衣，嗓音天赋极佳，后宗陈德霖，是其唯一叩头弟子，音气神极似陈德霖。1921年田际云等创办"正乐育化会"，积极参与到处奔走，在梨园界颇有声望。喜绘画，善书法，尤其所画蝴蝶栩栩如生，深受赞誉。

8. 王长林（1857—1931年），京剧丑行元老，荣奎的苏州同乡。幼入北京胜春李科班。师从王文降习武丑,文武皆擅。出科后长年与谭鑫培、杨小楼合作,在同庆班时曾与谭鑫培配演《打棍出箱》,谭扮范仲禹,王扮樵夫,两人一问一答,配合默契。在《清风亭》中饰张妻,把饥寒交迫的老妇人演得活灵活现。辛亥革命以后,先后辅佐梅兰芳、杨小楼、余叔岩、言菊朋、高庆奎、马连良等人,1895年(光绪二十一年)入选升平署外学。他的武功扎实,身手矫健,动作敏捷,嗓音清亮,白口流畅。擅演《偷鸡》、《盗甲》、《盗钩》、《盗戟》、《盗杯》、《打瓜园》等武丑戏,《问樵》、《胭脂褶》、《审头刺汤》、《女起解》、《小放牛》等文丑戏。《时迁偷鸡》、《盗钩》是他的拿手好戏。另外他还能反串《四郎探母》的佘太君。晚年多受杨小楼接济。

9.田际云(1864—1925年),原名瑞霖,艺名想九霄(亦作响九霄),河北高阳人。20岁组玉成班,创皮黄与河北梆子同台演出(即"两下锅")方式。曾为清廷内廷供奉。1900年与谭鑫培同任梨园工会会首,致力于戏曲改革,发起组织"正乐育化会",奏请当局废除清代以来一直沿袭的私寓制度;创办了第一个女伶科班"崇雅社",对于提高演员的社会地位,改革戏班的陋俗旧规,做了大量工作。子田雨侬,工武生。

10.见《京剧谈往录》,北京:北京出版社1985年版。

11.轴子:轴音zhou,去声。指折子戏演出中作为轴心的主要剧目。清末民初的戏班,排演"打本子",将剧本的台词用毛笔直书在长条纸上,书毕,卷起来似一轴画卷。戏大纸就长,卷起来的纸卷就粗;戏小纸就短,卷起来的纸卷就细。故而有了"大轴"、"中轴"、"小轴"之说。旧时一场演出剧目少则七八个,多则十几个。其中最后一出戏叫做"大轴子"。倒数第二也是主戏,叫"压轴子",中间也有比较主要的叫"中轴子"。再往前叫做"早轴子"或"小轴子"。演"小轴子"、"中轴子"的一般是头路演员,演"压轴"或"大轴"的则是挂头牌的名角。

12.张伯驹(1898—1982年),京剧理论家、老生票友、文物鉴赏家。本名家骐,字伯驹,以字行。别号春游主人、好好先生等,河南项城人,其生父为张锦芳,养父为清末直隶总督及河南都督张镇芳,与张学良、溥侗、袁克文并称为"民国四公子"。曾得余叔岩亲传,对余派艺术有很深造诣,常与四大名旦、杨小楼、萧长华、郝寿臣等演出堂会戏。1930年与齐如山、梅兰芳、余叔岩、杨小楼、尚小云等组织北京国剧协会,系统研究京剧艺术,并附设传习所招生讲授。

13.跳加官钱,戏班经济收入的一种形式。堂会戏中的一种额外赏赉。戏班演堂会戏,如遇达官显要来看戏,不论台上演到何处,必暂停演出,立即扮一"加官",手执书有"一品当朝"字样的轴幅,登台献艺,表示欢迎和祝福。被欢迎的高兴之下,必给赏钱。有时一堂堂会有十几甚至几十次加官戏。

14.呔化钱,京剧戏班经济收入的一种形式。堂会戏中,逢好戏开演,好角出台,或者演到精彩处,台下有人高喊"搭钱",便有人把放有赏钱的八仙桌搭上台去,也有戏毕抬上台去,后台来人谢赏的。戏与角越好,赏钱越多。

15.见齐如山《京剧之变迁》,沈阳:辽宁教育出版社2008年版。

16.李顺亭(1846—1917年),北京人,京剧老生,艺兼文武,因排行第五,被称为"大李五"。1883年(光绪九年)入选升平署内廷供奉,长期与谭鑫培合演《定军山》《珠帘寨》,与何桂山合演《风云会》,与黄润甫合演《下河东》,与朱四十合演《夺太仓》等,功力深厚,多才多艺,能戏多且精,有"戏篮子"之称。老谭曾称:今之剧界,真伶工仅一个半,一个者己也,他之半个即李也。余叔岩有不少老生戏都曾向李顺亭请益,一度倚之为左右手。与罗文奎、李和甫、杭子和为把兄弟。

17.硬里子,戏曲术语。主角被称为"面子",配角则称"里子",专指二路角色。"硬里子"比一般"里子"技艺高出一筹,他们在舞台上充满光彩,能配合主角,提升整出戏的艺术质量,所谓"软头牌"不如"硬里子"。很多"硬里子"都是"文武昆乱不挡"的好演员,如苗胜春,几乎无戏不能,赵桐珊,长期演"二路",却把人物塑造得非常传神。梅兰芳、荀慧生、马连良、谭富英等名家,都争相聘请赵参加合作演出。很多后来成名的好角儿,像高庆奎、金少山、叶盛兰、俞振飞、裘盛戎,最初都是"硬里子",经过常年实践,脱颖而出,成为独树一帜的名家。

18.二门抱,指一个角色由两个或更多行当演。

19.谭富英(1906—1977年),谭鑫培之孙,谭小培之子。幼承家学,12岁入富连成科班学艺,先学武生,后习老生。出科后受其父指导,又拜余叔岩为师。为谭派艺术继承者,并在此基础上吸收余派精华,形成自己特色,有"新谭派"之称。20世纪30年代,与马连良、杨宝森、奚啸伯共誉为"四大须生"。1949年后,任北京京剧团副团长。子为谭元寿,工武生、文武老生。

20.王又宸（1885—1938年），字痴公，号幼臣，原籍山东掖县，寄居北京。父亲是清廷工部小吏，早逝。自小喜好皮黄，专学谭腔，以"韵味绝佳"受到好评，常演出于各剧场，得到谭鑫培的赞赏。先在某陆军督练处任职，1911年弃官从艺，转演于京、津、沪等地。1918年曾以鸿庆班头牌老生演于天津大新舞台，与荀慧生合演《乌龙院》等剧，极受欢迎。原妻吴氏病殁后，谭鑫培以女嫁其为继室。

21.刘鸿声(1875—1921年)，一作鸿升，字子余，号泽滨，北京顺义县人。早期京剧老生名家。原为小刀铺学徒，因业余爱好京剧而加入班社演唱。曾入谭鑫培班配演花脸。后改演老生，以嗓音高亢、挺拔、流利而著名，形成自己的艺术风格。刘鸿声的唱腔体系世称"刘派"，形成略晚于"后三杰"——孙（菊仙）、谭（鑫培）、汪（桂芬）各派，是刘根据自己的嗓音条件，演唱取法张二奎，兼宗孙菊仙，并吸收谭、汪各派老生的唱法，进一步变化发展，融会而成的，以唱工独具特色为主要标志。因腿疾不善做工。曾继谭鑫培之后任北京正乐育化会会长。传人中最著名者为高庆奎。

第四章

随流南下

一、香自苦寒来

老一辈京剧艺人对形体基本功是很重视的。形体基本功扎实了，在台上就好看。再者，即使将来嗓子坏了，还能在台上演演武戏。好的演员，即便台上只有一个人，也能给观众"铺满全台"的感觉，而如果没有过硬的幼功和演技，很难做到这一点。所以，男童入门学戏，武功是必须训练的内容，包括了腰腿功、毯子功、刀枪把子功、台步、圆场、身段等。

荣奎学的是文武老生。他的运气实在是好，师傅们是一串闪光的名字，除了对武生的发展有过重要贡献的杨隆寿，还有姚起山[1]、姚增禄[2]、刘春喜[3]、贾丽川、吴连奎[4]等。荣奎从小养成了绝不弄虚作假的价值观，所以学戏心无旁骛，指望靠一身功夫混饭吃。在师傅的启蒙和带教下，一招一式学得瓷实。出科后，演出之余，他在父辈们的指点下，还不断向前辈艺人求教问艺，故进步不断，文武全行，尤精靠把。

靠把老生是老生行中一个独特的分支，它能够综合体现唱念做打诸美。所谓"靠"，是指演员扮演武将时穿的铠甲。身披铠甲，叫做披靠或扎靠，其中，插在肩背上的四面旗则被称为靠旗。所谓"把"，也称"把子"，又称刀枪把子，指演员表演用的仿兵器。扎靠演出是技术含量很高的功夫。首先，化装扮戏程序繁复，下穿彩裤，脚蹬厚底靴，上身内穿胖袄、护领、衬箭衣，系靠下甲[5]，外穿靠衣，扎靠旗再戴三尖[6]，头上内勒水沙网子，外勒盔头，嘴卜戴髯口，这个"勒"很是要紧，演员如果不适应就会引起呕吐；其次，同样要武打，因为靠把老生的戏服比一般老生的分量重，这就大大增加了体力上的消耗；第三，靠旗必须用绳索紧紧勒在胸部用以固定，以免做大幅度的动作时因晃动而造成既不美观又不安全，这就给呼吸带来一定的障碍，特别是，做完武打动作后，马上开口大段唱念，更是极大的考验；四是，靠把老生身上的靠旗、头盔、厚靴、髯口对滚打而言，都是负担。特别是，在做动作时，手上的把子是不能碰到靠旗的。这种特殊功夫又被称为"把子功"，无多年严格训练不能胜任。

作为道具的把子，一般是仿造品。但是，为了吸引观众，也有用真刀真枪的。前面提到，1893年12月4日，上海天仙茶园演出新编连台本戏《头本铁公鸡》，剧中武打使用了真刀真枪，开了京剧真械武打之风。当年荣奎在上海参演连台本戏《三本铁公鸡》，与盖叫天[7]同台，也是来真的，玩儿命一样地和对手开打，真是惊险有加。每当演到此刻，武场打鼓佬也会借机发疯似的擂鼓助威，推波助澜，观众便会群情高昂，雷鸣般地给掌声和叫好声，很是让人过瘾！名武生何月山，曾经首创武生扮演《铁公鸡》中的张嘉祥，武功了得。有一次演出《年羹尧》，以何总兵一角和饰演岳钟琪的盖叫天对打，两人在观众面前均铆足了劲，比上了玩意儿，足足打了半个多小时，最后何竟力不能支，被盖叫天一下子蹶倒在舞台上，当场口吐鲜血昏死过去。真刀真枪演出，有危险性，对演员的体力、动作的准确和娴熟要求都极高。1905年11月，天津庆乐戏院真刀上演《第一报》，观众兴高采烈之时，演员失手伤伴，伤者血流如注，昏厥台上。

靠把老生唱念做打要求比较特殊。唱，要求有一副好嗓子：高昂、响堂、挺拔；念，要求有过硬的嘴皮功夫：抑扬顿挫、舒缓有致、铿锵有力、吐字清晰；做，要求有很强的刻画

张荣奎练功照

张荣奎《镇潭州》剧照

老伶工张荣奎

人物的本领：动作边式⁸、表达准确、易于被观众理解；打，则要求有扎实过硬的武功和把子功。以上四项缺一不可。再如，手、眼、身、法、步的运用有专门的规范和要求。唱、念的处理，眼神的运用，身段的设计，台步的走势，刀枪把子的拿法，下场花的耍法，亮相的劲头等等，都要与武生、花脸等其他行当有所区别，不能雷同。再者，不同年龄、不同身份的靠把老生，在表演上须各有特色。文要显英武，武要透秀气，讲求内敛、稳健。

京剧有一些戏中的角色是专门为靠把老生设计的。如传统戏《定军山》和《阳平关》里的黄忠，《失街亭》里的王平，《战太平》里的花云，《镇潭州》、《八大锤》等剧中的岳飞，《下河东》里的呼延寿亭，《武昭关》、《卧虎关》、《战郢城》里的伍子胥，《潞安州》里的陆登等等，都属靠把老生应工，其中大部分是头路活⁹。

由于对靠把老生演员的要求很高、训练难度很大，演出时对场地要求高，不比文老生，站在那里张嘴唱就行，所以，这一行当不易传习。今天，许多靠把老生的传统剧目和表演技术已经失传了，当代京剧界，优秀靠把老生更是珍稀。

荣奎擅演的剧目有《战太平》、《定军山》、《战长沙》、《失街亭》、《下河东》、《镇潭州》、《阳平关》、《磐河战》、《伐东吴》、《武昭关》、《龙虎斗》等，也常演《独木关》、《长坂坡》、《艳阳楼》等武生戏。

二、探路上海滩

19世纪40年代形成了"京剧"这个新的艺术门类。有专家考证认为，其标志就是在1845年出版的《都门记略》中，老生余三胜、程长庚、张二奎"三鼎甲""集体亮相"。1876年3月2日，上海《申报》载《图绘伶伦》一文，称徽班进京以来逐渐风靡的"黄腔"为"京剧"。因为从此"有名有姓"了，所以，这一天也可算是京剧的生日。10 但是，"京剧"真正"理直气壮"，还是有一个过程。直到1896年，清宫升平署排演《昭代箫韶》，尽管采用"京剧"曲白，却仍称其为"乱弹"。而且，很长一段时期，北京一些以唱皮黄为主的戏班向清廷报班具甘结，还不能像昆、秦、弋、梆诸腔那样，明书本班剧种，不时以他腔遮掩。

北伶跑码头南下演出在清朝后期出现增多趋势，近的到山东，远的到上海。1879年，北方京剧代表人物谭鑫培首次抵沪演出，后来又5次南下沪上，体现出上海对于京剧的重要性。上海伶界名人夏月润 11 娶了谭鑫培的女儿为妻，更是别具象征意义，也使南北剧界交流有了新的机缘。一时间，梆子戏几无容足之地，昆剧观众寥寥。1891年初，上海坚持数十年专演昆曲的三雅园也终于关闭。

1900年，上海天仙茶园名鼓师赵嵩绶索性发起创办了本地最早的京剧科班——小金台科班，冯志奎、谢云奎、王洪全等授艺，学员百余人。连外国人哈同都在爱俪园内设"天演界剧场"，专演京剧。

当时，上海对于京剧艺术的发展还具有一些特别的意义。

一是给名伶的报酬高，条件十分诱人。最为优厚的如"四包"，包吃包住包接送外加包银，包银数额是在别的地方演出所得的几倍甚至数十倍，这吸引了众多演员南下，推动了南北交流。

二是戏曲创新的氛围独特。相比于北京，少成见，更宽容。如1877年，王鸿寿等人就在上海天仙茶园演出了带有海派特色的《济颠佳话》。1898年，在爱曲成癖的新任上海知县王欣甫频频召友拍曲的同时，12月4日，丹桂茶园则演出了潘月樵等人新编、由冯志奎饰演曾义正公的连台本戏《湘军平逆传》。1904年8月7日，又有汪笑侬编剧、京剧舞台上第一部洋装新戏《瓜种兰因》（又名《波兰亡国惨》）上演。陈去病、汪笑侬等人还创刊《二十世纪大舞台》，宣传戏曲改良。

戏曲演出场地过去一般在茶园里，北京的重要茶园，早的有清初的太平园、四宜园、查家楼、月明楼，后来有天乐园、吉祥园、广德楼、广和楼、三庆园、文明茶园等等，同光年间已有四十余座。天津著名的有金声茶园、庆芳茶园、协盛茶园、袭胜茶园等；上海叫得响的有丹桂茶园、大观茶园、三庆茶园、天仙茶园等。

那时，茶园演出时间长的可达10至12小时，以座论资，所以，民间有称"戏曲是茶叶浇灌出来的"，正所谓"开座卖剧"。清末民初，随着西学东渐和经济社会发展，过去观演双方都习以为常的、在茶园内边喝茶边看戏的演出方式，显然已经不能够适应欣赏习惯变革和南北戏曲交流的客观要求了。上海因为经济发展、交通便捷和人才荟萃，兀立桥头，迎接八面来风，不可避免地成为顺应需求、最早产生剧场变革的城市。

1908年，夏月珊[12]、夏月润和潘月樵等几位海派京剧最早的代表人物，联合商界人士，集资建造"新舞台"。这是中国第一个采用镜框式舞台、使用现代布景灯光的新式剧场，可以容纳观众二千多人。新舞台的建设，对于海派京剧的兴起和发展有着非常重要的推动意义，也带动了上海戏曲演出场地的改造，许多茶园园主纷纷效仿，相继改茶园为剧场。

到了1912年，又有第一家游乐场"楼外楼"在上海开业，其中还专设戏剧演出场子，进一步带动了综合性游乐演出场所的建设。北京紧紧跟进，第一舞台、开明戏院、新明戏院相继开业，天津则改造了诸多名茶园，这些对戏曲的发展繁荣起了重要的推动作用，也直接吸引了更多戏曲演员"跑码头"，尤其是来沪演出。1912年，谭鑫培在上海新舞台连演四十余天，不仅"伶界大王"就此叫响，也缘此和海派京剧新锐麒麟童周信芳多有切磋。据说周信芳观摩了谭鑫培演的《空城计》、《战太平》、《击鼓骂曹》、《御碑亭·休妻》，而老谭给周信芳说了《御碑亭》、《桑园寄子》、《打棍出箱》、《打侄上坟》、《金榜乐》等戏。

三是媒体特别给力，捧角儿力度大。除了前面提到的为黄腔正名京剧，早在1877年，《申报》就刊登沪上寓公《梨园赞语》，热评当红周春奎、孙月恒、孙菊仙等演员。用词如"戏海飞鸿"、"披一品衣，抱九仙骨"、"行气如虹，绝大神通"等，夺人眼球。清末，出现文艺报刊频出的"花报"时期。后来媒体更加不遗余力，有封"伶界大王"的，也有评"四大名旦"的，种种力图家喻户晓的头衔出现，影响是空前的。以至于有了"在上海唱红才算是真红"的说法。

民国初年，京剧艺术进入兴盛期，京剧成为全国第一大剧种，传播速度和程度都出现了不同以往的气象。在上海，李叔同和孙菊仙之子等人创办上海最早的京剧票房"盛世元音"，并举办孙菊仙参与的票友和专业演员的合作演出。

在这样一个变革时期，1907年8月25日夜，荣奎应邀祝贺春桂春记茶园开张，首演于上海，戏码为《鱼藏剑》。

这个茶园是当年7月17日，南派著名演员李春来[13]主持开办的。它不同于旧式茶园的结构，风格上中西结合，易于人流畅通，是当时上海茶园中条件最好的一家。

此后一年，荣奎在此茶园坐演了135场，演出戏码近百。

这当中发生过一个插曲。当时协调演员祝贺演出的是李春来，他邀请的演员中，有正被当局通缉的丁灵芝，李因此被拘。第二年，他们找了个男女情事上的理由，判李春来三年监禁，期满递解回天津。李春来不愧是混世高手，在狱中竟运动管牢捕头，愣是把刑期减了9个月。

当时有一个重要的事件，就是1912年3月，乘着辛亥革命的浪潮，夏氏兄弟发起建立了上海伶界联合会[14]，有不少定居上海的京津两地京剧演员陆续加入联合会。在北京，京剧界人士也大兴革新浪潮，田际云和谭鑫培等艺界名人屡次呈请，力主当局废除私寓制度[15]，还推动北京剧界改精忠庙为正乐育化会[16]。1912年6月，废私寓终获政府批准。此举极大地推动了戏曲人才培养体制的改变，保护了艺人的自我意识和职业尊严。田际云首任副会长，亲自主持正乐育化会日常工作，可以说这是京剧界在大变革时代一次精彩的南北呼应。

因出师后傍谭鑫培和过去曾与谭小培为同门师兄弟的缘故，荣奎与谭家多有来往。特别是与谭鑫培的爱徒、二女婿王又宸颇多合作。

1912年10月至11月，荣奎又来上海，和王又宸、俞振庭、阎岚秋、小洪庆等人献演于上海中华大戏院，荣奎演出24场，戏码近20出。那年，王又宸、李兰亭[17]和荣奎父子还在山西太原青云照相馆留了一张珍贵的照片，当时，荣奎的父亲张文亮请又宸与其并坐，又宸连说不敢，文亮催促道：快坐，要感光了，又宸连请三个大安才就座。

1913年1月，荣奎又随王又宸试水上海滩，在法商（昌记）歌舞台演出了《定军山》、《空城计》、《独木关》。

1914年2月，他在上海共和中舞台演出8场。

当年秋天，20岁的梅兰芳随王凤卿到上海，一举唱红沪上，也在梨园引发京沪交流热。

1915年，荣奎随王又宸抵沪演出，连演15天，共演戏14出，另加全本《鱼藏剑》和全本《斩黄袍》。并且，首次和海派京剧代表人物夏月润、夏月珊、王益芳和林树森舅甥、田雨侬等同台，合演具有南方特色的戏码《头本关公走麦城》、《二本走麦城·火烧连营代（带）哭灵》。这年，因上海新舞

张荣奎（右一）与张文亮（右二）、王又宸（左二）、李兰亭（左一）合影

台亏损累累，夏月润、王又宸亲莅北平，跪求丈人谭鑫培帮忙。谭以七十高龄第五次赴沪，演10天，首日《空城计》，末日《珠帘寨》。票价楼上楼下一律5元，沪人倾市而出，2115座，座无空椅，立无隙地。

从1907年到1915年，荣奎在上海合作过的演员逾70位，主要有：谢月奎、许进山、金香玉、陈彩林、许奎官、刘鸿声、沈瑞棠、郭秀华、七仙旦、冯二耆、小桃红、王素云、二奎官、许奎芳、何永官、刘廷玉、筱桂芬、刘鸿荣、周福金、沈韵秋、李福祥、孙剑秋、明海亮、李寿山、阎岚秋、宋福泰、姚桂喜、小洪庆、俞振庭、范宝亭、朱德山、麻穆子、张宝奎、满子善、张文琴、史福奎、朱湘泉、李德山、侯春兰、孙振声、迟月亭、小月恒、金狸猫、董胜奎、吴春恒、福小田、小赶三、金寿臣、阿福、刘贺男、华德森、小麟童、马春甫、

《打渔杀家》剧照,张荣奎(左)反串饰教师爷,王又宸饰萧恩

刘永春、王又宸、刘玉田、宋敦甫、沈华轩、小金猴、水仙花、汤双凤、马妙侬、夏月润、夏月珊、王益芳、田雨侬、林树森、张德禄、曹甫臣。

1918年，荣奎再次献演沪上，搭天蟾舞台。直到此时，沪上观众并没有重视过张荣奎。

有一天，天蟾舞台贴出《定军山》带《阳平关》戏报，以李桂春、王又宸二人分饰黄忠。李桂春只会《阳平关》，不会《定军山》，又宸学谭半路出家，遇上靠把戏以及稍微带点武功的，他就得搁把。虽能唱《定军山》，却不擅《斩渊》，而演《定军山》如不带《斩渊》，这接下来的《阳平关》就无法衔接上。海报既露，又难改戏，后台管事明知二位的短处，接下来事情难办，但是唱戏的角儿不开口，他们也没有办法，只好走着瞧。戏唱了一半，王又宸这才对管事的说，底下的我来不了啦！此时真是要了命，要是接着不唱《斩渊》，恐怕台下看客要起哄。匆忙间，后台管事想到了荣奎。此时，荣奎已戏毕回家了，他们赶紧用汽车去接。到了张家，同他商量，求他再返戏院救场。张、王、李三人同年出生，本来平时关系就很好，事到临头，救场如救火，荣奎二话没说，匆忙上车赶去剧场接应，这才按照规定的时辰，把"夏侯渊"给"斩"了！李桂春、王又宸当时都是挂头牌的大角儿，荣奎在上海一直陪演打炮戏[18]，而这次这出戏恰让荣奎有了机会来露脸。靠把戏本是荣奎的拿手行当，他一出场，身上之稳练边式就不同凡响，当时就把李桂春、王又宸全比下去了，前后台对之莫不惊异！从此刮目相待荣奎，不敢再存轻视之念，这可以说是张荣奎平生最得意的一次。那天，戏曲评论家郑过宜[19]恰为观众，十几年后，把上述这一幕记了下来。

荣奎旅居上海不久，即发生了震惊中外的五四运动，正在中华大戏院（原址为春桂茶园）演出的冯子和倡议罢演声援学

张荣奎演出广告

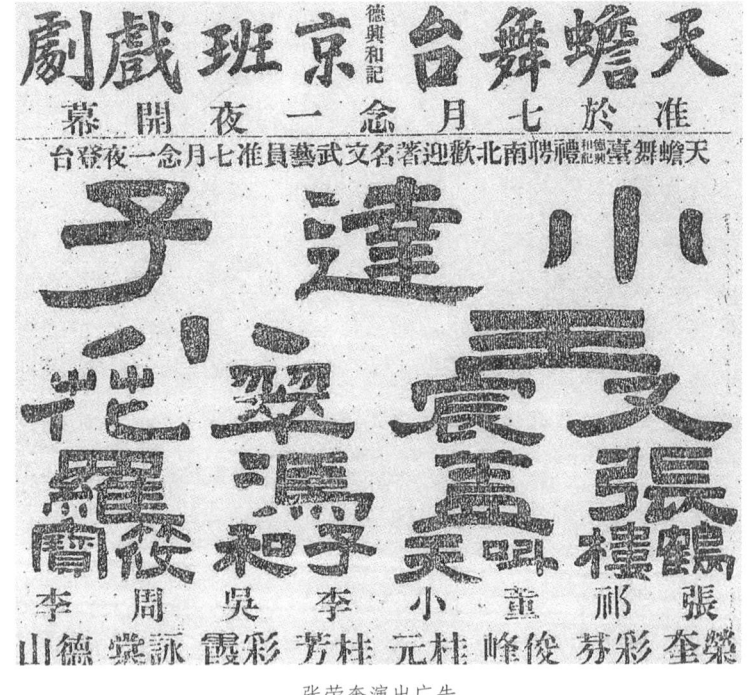

张荣奎演出广告

生,组织了"伶界救国十人团",在大戏院召开伶界大会,引起很大的反响。

五四时期的上海剧界一派崭新气象。当时的大世界开设有大京班、小京班,演得热火朝天;以夏氏兄弟参与辛亥革命为先导,伶界名人演戏、编戏,关心、呼应国事蔚然成风,一批维新人士成为戏剧的重要观众,成为戏剧发展的重要推动力量。其时的上海,逐渐成为南方京剧的演出中心,拥有很大的话语权,观看京剧成为市民文化生活中的一项重要内容。

1920年8月,天蟾舞台德兴和记礼聘南北著名文武艺人在上海汇演。恰好是在这年上半年,梅兰芳第四次到上海演出,很是叫座,包银诱人,这很可能成为德兴和记这场大策划的启发因素。当时《申报》刊发的演出阵容是:李桂春、王又宸、筱翠花、张鹤楼、盖叫天、冯子和、罗小宝、张荣奎、祁彩芬、董俊峰、小桂元、李桂芳、吴彩霞、周咏棠、李德山。这是京朝派京剧在上海的一次重要集体亮相!这一阵容在沪上连续演出了4个月。

同年,在天蟾舞台,11月14日和24日两天,张荣奎与尚小云、李桂芳合演《玉堂春》。11月26日,与龚云甫、尚小云、郭仲衡、盖叫天等合演《全本红鬃烈马》。11月30日与尚小云、郭仲衡、李桂芳合演了《御碑亭·金榜乐》。

这段时间,有两件事情需要记述一下:

1917年4月初,谭鑫培被逼抱病为北洋政府两广巡阅陆荣廷演出《洪羊洞》,唱完便一病不起,5月10日遽然离世。

1919年12月14日,大李五李顺亭应朱幼芬邀请,同陈德霖、余叔岩等赴汉口演出,不料突殁于下榻之所。

对荣奎来说,他们一位是生界泰斗,一位是恩师,对他的演艺事业发展都有过重要作用,加上父亲文亮逝世,丈人孙佐臣一家南迁,梨园和家中的变故,促成了荣奎定居上海。

三、初做嫁衣裳

荣奎的兄长永安出科后也是一位优秀的武生，后永安和同门张文斌又随老生李春福[20]学艺，曾搭复出源顺和班。永安一家先一步移居到了上海，他由生改丑，傍上了冉冉上升的新星周信芳，生活境遇不错。

永安与程砚秋私交甚好。有一年，程砚秋到汉口演出[21]，同行8个朋友换帖拜了把子。这8位按年龄顺序是：李胜奎、瑞德宝、吴云亭、刘华堂、张永安、周瑞安、李洪春、程砚秋。后来有一阵子，程砚秋演出所用内衣布袜，基本出自永安夫人、张家大奶奶沈月常的手工。

永安一生有过6个孩子，都未长大成人便夭折。他大寿未及花甲。

荣奎兄弟俩去世后的那些年，张家大奶奶沈月常一直是张家的实际掌门人。这位张家大奶奶进张家门后，见过公公和爷爷的做派，养成了气定神闲的风格，在张家的地位一直很高。也一直保持年轻时在张家做媳妇的做派：出门必装扮得干干净净，气质不凡，一日三餐上桌下桌，长幼有序。沈月常是著名京剧演员孙正阳小时候的邻居，她看着伶俐聪明的小阳长大成人成名，孙正阳也念这位大奶奶的好和老年的孤独，所以，一直到"文革"前，他以小辈身份，每月按时给张大奶奶送去零花钱30元，同样得此孝敬的还有梅兰芳的大弟子、沪上名青衣魏莲芳的老婶娘。有一段时间，两个老妇人为邻，相互照应。这成为梨园故旧的一段佳话。

1920年，荣奎举家南来，定居上海，先是住在延安东路1122号，后搬至延安东路1138号与永安同住。

荣奎的嗓音清朗，天然条件好，但唱时太过用心用力，导致嗓音嘶哑，经过刻苦努力，有所改善。恰在此时，欧阳

张荣奎（前排右三）与孙正阳（前排右二）等的合影，前排右四为张荣奎爱徒、武生刘正裔，右五为张荣奎之子张幼奎

予倩[22]广托朋友为南通伶工学社物色教师，荣奎便离开了上海，于1921年初应邀赴南通任教。

南通伶工学社创办于1919年8月，校长是清朝状元张謇。当时，他久已辞官回故里，潜心于实业和民政，希图打造全国闻名的模范县。而建戏院、组戏班，营造长期戏曲繁荣的格局是题中之义。开始，张謇和好友梅兰芳反复商议，在北京训练学生，由南通方面资助，甚至想过将富连成科班聘到南通。但是，商议并无结果。不久，张謇和欧阳予倩一拍即合。欧阳予倩从日本留学归来，恰有戏曲改革之志，其中，就有组织"俳优养成所"的设想。于是，欧阳予倩开始了一系列的筹备工作，除了赴朝鲜、日本考察，还从南通本地共招收了首批60位学生。据说，因学校给的条件优越，报名踊跃。学校建起来后，张謇是董事长，其子张孝若任社长；欧阳予倩负责实际工作，并兼教青衣和新剧，吴我尊担任教务主任，戚艳冰担任训育主任兼编导。

当时，欧阳予倩从上海等地聘请了大批教员，聚集起一大批伶界名流，共同为一个剧界破旧立新的理想而努力工作。教师中，赵玉珊讲中外戏剧史，聘请名家赵桐珊、冯子和、高秋鼙、潘海秋等人为教授兼编导，潘海秋兼教小生，冯子和兼教花旦。还有教老生的程君谋、张彦芝，教武生的张德禄、周庆恩，教武旦的水上飘，教花脸的刘钟林，教丑角的贺云祥，教老旦的文容寿，教昆曲的施桂林、薛瑶卿、陈阿宝。此外还聘请刘质平、潘伯英教音乐，陆露沙教美工，另一位女教师教舞蹈，可谓行当齐全，人才济济。

按照欧阳予倩的思路，来自南方的学生首先得过语言关，遂延聘数位京籍教师到岗，荣奎就是其中之一，在学社教授文武老生。后来，学社经费发生困难，领导层也在办学理念上有分歧，1922年1月，欧阳予倩怅然离校。这年春天，荣奎也回到了上海。直到1927年，荣奎离开上海赴天津教戏前，当年的上下级终于有机会合作了一把，在大舞台合演了十场欧阳予倩的新剧《头二本侠客奇中奇》和一场《全本红鬃烈马》。

1.姚起山,安徽人,享誉清同光年间,尤精靠把老生。《镇潭州》、《伐东吴》等剧演来堪称绝唱。传当年谭鑫培虽已露头角,但姚起山在,他就不敢贴演靠把戏。一日姚起山演《镇潭州》,谭鑫培现场立于台柱后面观看,被台上的姚老先生发现,便立刻改变动作,防止谭鑫培学去。遂有老谭偷姚起山的戏之说。

2.姚增禄(1838—1917年),安徽亳州人,京剧文武老生。幼习昆曲小生,所演《小宴》、《白罗衫》等剧被称为佳作。后习武生,亦演老生。曾在四喜班任领班。清光绪中叶,和杨隆寿等创办小荣椿科班,学生有杨小楼、程继先、蔡荣桂、郭春山、谭春仲、叶春善、刘春喜等。光绪二十七年(1901年)起,与叶春善等筹建喜连成社科班,一直在该科班教戏。姚增禄文武昆乱不挡,其演唱之老生戏公认可与谭鑫培媲美。余叔岩、迟月亭亦从其学艺。

3.刘春喜(约1864—1918年),原名嘉钰,顺天宛平县人,谭鑫培的大弟子,京剧老生。内行都称他"刘疯子",因他对艺术有股子疯魔劲儿,文武昆乱不挡,武老生戏尤其精湛。晚年传艺有方,弟子中著者有李洪春等。

4.吴连奎,京剧老生演员,以讲究音韵准确而著名。李桂春(小达子)、余叔岩、张荣奎等均受教于他。

5.靠下甲,指穿在箭衣外、腿部边上的装饰。

6.三尖,又叫三肩,套在领部,用以遮挡扎靠的绳子。

7.盖叫天(1888—1971年),河北高阳县人。原名张英杰,号燕南。工武生。长期在上海、杭州一带演出。艺宗南派武生创始人李春来。以短打武生为主,以丰富的武打技术和人物形体美的造型,逐渐形成了独具特色的"盖派"表演艺术。擅演全部《武松》(包括《打虎》、《狮子楼》、《十字坡》、《快活林》等)。享有"英名盖世三岔口,杰作惊天十字坡"和"江南活武松"之誉。

8.边式,京剧行话。指演员身段利落、干脆、漂亮。也指演员化装、穿戴清晰、干净、合适。这里指第一个意思。

9.头路活,指演主要角色。

10.参见龚和德《京剧说汇·京剧与上海》,北京:北京时代华文书局2016年9月版。

11.夏月润(1878—1931年),原名昌泗,字云础,夏月珊之弟。自幼习武生,扮相英俊,长靠短打均擅,尤擅红生戏,宗王鸿寿。20岁后曾被上海《同立报》评为"菊榜第一"。是谭鑫培女婿,多得老谭指点。中年后常演关羽戏,并首次把关羽走麦城的故事搬上京剧舞台。上海伶界联合会成立,夏月润任会长,积极从事改良戏曲,宣传共和民主思想,并举办教育慈善事业。

12.夏月珊(1868—1924年),原名昌树,艺名小庚弟,安徽怀宁人,京剧文武老生夏奎章第三子。幼承家学,习文武老生及文丑。主要随班演里子老生,能戏会戏甚多。长期在上海演出,受民主革命思想影响,致力于京剧改良运动,排演过许多时事新戏。

13.李春来(1855—1924年),字起山,河北高碑店人,京剧武生演员。幼入喜春台梆子科班坐科,出科后在京津一带演出。20岁后主要在南方演出,影响较为广泛。是清末武生俞(菊笙)、李(春来)、黄(月山)三大流派代表人物之一。传人有盖叫天、张德俊、李兰亭及再传弟子梁慧超等,均以武打迅捷胜。其中,盖叫天在李派武生的基础上,结合个人丰富的创造与发展,又形成了"盖派"。主办过上海桂仙、春仙、丹桂、春桂等茶园。

14.上海伶界联合会于1912年2月23日成立,1913年被北洋政府解散,后恢复。1950年改为上海京剧公会。

15.私寓制度,指大户人家买来眉清目秀的小男孩蓄养,这种小孩被称为"相公"或"像姑",能唱曲儿,陪主人玩儿,主人与相公甚至一起出现在公共交际场合。清末民初被废除。

16.正乐育化会,1912年由田际云、杨桂云、余玉琴等发起组织,以取代晚清戏曲同仁的组织"精忠庙"。1914年正式成立,推举谭鑫培任会长,田际云任副会长。会内设专人处理有关艺人的生活福利事项,费用来源由各班从每张座票抽取铜元一枚。该会成立后发起戏曲界同仁为第一舞台为湖北等省赈灾义演。1928年许德义、郝寿臣、侯喜瑞、叶春善、朱文英、王长林、王琴侬等50人发起成立北京梨园公益会,取代了正乐育化会。

17.李兰亭(1901—1955年),河北省永清人,著名京剧武生,有"南盖(叫天)北李(兰亭)"之称。1920年后,长期在天津演出和教学,又有"天津武生师祖"之称。成名以后,对当时天津舞台上的武戏风格、路数影响很大,人称为"李派"。徒弟有樊幼亭、小兰亭、梁慧超、郭景春、李大春、李元春、郑永春等，裴艳玲为其再传弟子。

18.打炮戏，京剧行话，也作打泡戏。指京剧演员到一个新的地方演出，前三天演出的最擅长的剧目，有"大炮一响、一鸣惊人"的意思。

19.时人将苏少卿、郑子褒、郑过宜、张肖伧并称为上海剧评"四大金刚"。

20.李春福，京剧老生，同治三年（1864年）生人，卒年不详。

21.武汉是汉剧重镇。汉剧对京剧形成有重要作用。民国初年，京、汉合演的形式在武汉很风行，当时著名京剧演员到武汉演出的人数众多，少则十天半月，多则半年。武汉、上海、北京为当时京剧演出的三个大码头。

22.欧阳予倩（1889—1962年），戏剧、电影艺术家，旦角演员，中国现代话剧创始人之一。原名立袁，号南杰，艺名莲笙、兰容，笔名春柳、桃花不疑庵主。1902年留学日本；1907年加入青柳社，演出话剧《黑奴吁天录》；1910年回国后在上海组织新剧同志会；1912年从筱喜禄习京剧青衣，1915年搭班，参加上海丹桂第一台演出，创造了独特的舞台表演风格，与梅兰芳齐名，有"北梅南欧"之称；1919年创办南通伶工学社；1926年底步入影坛；1927年加入田汉主持的南国社，曾演出《武松与潘金莲》等；1929年创办广东戏剧研究所；1931年加入"左联"，主持上海戏剧界救亡协会歌剧部；1940年，创办广西省艺术馆，编导了《木兰从军》、《忠王李秀成》等；新中国成立后任中国文联副主席、中央戏剧学院院长。

第五章

勉力前台

一、舞台多面手

从1920年9月中旬起至1927年底，荣奎在上海戏剧舞台上驻场立足。除去1921年没有演出记录，共历时五年零七个月，演出近880场，常演戏码上百出。这个数量在当时的演员中并不是位列前茅的，但它却是除了天资和勤奋以外，造就一个名副其实的优秀演员所必须的。这个时期，荣奎最早的一场演出是《九更天》，至《全本红鬃烈马》结束离沪。

京剧老生行分类繁细，老生演员中，谭鑫培是当时公认的能戏最多的演员。除了正生、红生、末生，凡是老生戏，他都能演且精。此外，还能演昆腔戏、武生戏，戏码也极多。荣奎宗谭，也是努力遵循这一路子的老伶工。荣奎年轻时为谭鑫培、刘鸿声和杨小楼配戏，兼收并蓄他们的文武特色，能演"三斩一碰"[1]，是一位具有深厚文戏基础、文武兼备的演员。

张荣奎主演过的靠把戏	
《定军山》	饰黄忠
《阳平关》	饰黄忠
《下河东》	饰呼延寿廷
《凤鸣关》	饰赵云
《武昭关》	饰伍员
《战太平》	饰花云
《南阳关》	饰伍云召
《战樊城》	饰伍员
《镇潭州》	饰岳飞
《战长沙》	饰黄忠

张荣奎主演过的做工戏	
《九更天》	饰马义
《一捧雪》	饰莫成
《琼林宴》	饰范忠禹
《天雷报》	饰张元秀
《南天门》	饰曹福
《乌龙院》	饰宋江

张荣奎主演过的唱工戏	
《武家坡》	饰薛平贵
《牧羊卷》	饰朱登科
《大登殿》	饰薛平贵
《秋胡戏妻》	饰秋胡
《斩黄袍》	饰赵匡胤
《杨家将》	饰杨继业
《二进宫》	饰杨波
《鱼藏剑》	饰伍员
《空城计》	饰诸葛亮
《金水桥》	饰李世民
《八义图》	饰程婴
《钓金龟》	饰康氏
《辕门斩子》	饰杨延昭

张荣奎主演过的唱、做并重戏	
《秦琼卖马》	饰秦琼
《朱砂痣》	饰韩廷凤
《打渔杀家》	饰萧恩
《雪杯圆》	饰莫怀古
《黄金台》	饰田单
《战蒲关》	饰王霸
《独木关》	饰薛礼

他的表演特点主要在三个方面：

一是身上边式，造型漂亮。跨腿、架刀、甩发等等，都各有韵味。二是动作嘣脆，紧而不僵。他常在亮相前的一刹那，凝神聚气，瞬间发力，英武勃发，盯在台上纹丝不动，这种靠把老生的老套路，一般不易做到。三是表演紧贴生活，细致准确。如《斩渊》中黄忠进出场，屈膝用脚跟走碎步，把老而弥坚的大将刻画得生动感人。四是眼神独特，魅力无穷，"用则聚精于目，使之光芒四射"。王又宸排演《定军山》，荣奎曾配演严颜。舞台上，又宸着金盔金甲装饰崭新饰黄忠，而荣奎披挂破败之盔甲。边武侯升帐黄严同时出场，严颜神采奕奕，几乎将黄忠压倒。满台威武只见严颜而不见黄忠。一般观客眼光多注视严颜，几置黄忠于不顾。

在众多戏码中，可算作荣奎拿手戏的如以下几出：

《镇潭州》，一名《九龙山》。该剧叙述的是岳飞（武穆）驻兵潭州，收伏九龙山寇杨再兴的故事。再兴为宋名将杨业后裔，失身为寇，武穆惜之，晓以大义，动以兵威，终而收服。

老伶工张荣奎

张荣奎练功照

此剧为须生靠背戏，难点在顶盔扎靠。武穆身为总帅，眉目应英武，念白应有力，但又不能脱文气，台步功架以及起打扯四门²，均应有条不紊。全剧共8场。头场点将须堂皇威武，第三场会师须谦恭谨慎，其中会阵起打，看起打功架。第四场武穆落荒败下及第五场被杨再兴责辱时气急败坏之状也考验功力。第七场打岳云，是听导板中的快板，须字字珠玑。有人认为，全剧这一段西皮和第八场的二黄原板唱不好，则无戏可听。接下来，以"打云"中白口及几个叫头最为重要，过软则失之疲，反之则失之野。此外，此剧唱少而工累，费力且难讨好，无武功根底者断不敢问津。

《下河东》这出戏中的呼延寿廷除了繁重的唱念外，还有几个高难动作，即跪在欧阳芳（净）面前，遵命抬起头来甩发，从前面甩到后面时，恰好落在四面靠旗当中，同时将靠肚托好，待欧阳芳迎面一脚，跪着起范儿，摔硬抢背（也叫拨浪鼓），一落地，马上存头躲过欧阳芳的躁头（躁字借用，意为"踏"），站起来，欧阳芳顺脚踢中护心镜，再摔锞子（跳起，四肢朝上，背部着地），须一口气完成。

《武昭关》讲的是楚平王无道，纳媳逐子。伍员保护马昭仪与幼主逃出，困居禅宇寺，追兵甚急，伍员护主拒敌势难兼顾。马昭仪因将幼子托付与伍员，投井自杀。伍员抱幼主突围而去。

三人进禅寺前有一段二黄散板："耳旁听得人呐喊，想是下庄发来兵。眼望松林一寺院"——唱到这里，一般演员走个圆场就算完事了，荣奎则做骑马状，在林子里低头挑、拨、探，动作到位，一招一式有生活依据。

此剧中，当旦角唱大段二黄时，生角挺立一旁，面向台口，足有数分钟之久，其间，最多仅能以三两秒钟梳拢枪缨，除此之外，丝毫不能有所施展或稍事移动，须静候旦角唱完，方得转动身躯，此时最能考验功力深浅。有人评价荣奎的表演俨然一尊武神。

《战太平》说的是元末名将花云随朱元璋的侄子朱文逊据守皖之太平城，为陈友谅所困，不得已出战，败归。花云自知难以坚守，遂回家令妻自尽，并令其妾负子装疯逃离，然后与朱文逊一起出马死战，双双被擒。朱文逊见了陈友谅，竟伏地乞降，而花云强立不跪。陈友谅赏花云之才，降座劝降，对朱文逊则讥诮数语，立加诛杀。花云见此益发骂不绝口，陈友谅令将花云缚置高竿，命乱箭射之。花云至此，心生一计，伪称愿降。陈友谅大喜，急命释缚优待，孰料花云既下竿，突然夺刀乱杀，拟侥幸夺出，别寻生路，以图再举报复。终因中乱箭，自刎，其尸犹屹立不动，至陈友谅拜祭后始倒地。

此剧是靠把老生戏中最难演的剧目之一。前半段扎靠，有高昂的唱腔（二黄导板及摇板），及开打，被擒时花云被砍下马，一般的演法：出枪、起范儿、跑步、错步、接着被擒。荣奎则是捋枪鹞子翻身、勒马虎跳、再出枪、跪地被擒，动作一气呵成。后半段箭衣甩发，唱腔全部是西皮板式（京剧有男怕西皮女怕二黄之说），有西皮导板、快原板、快板、摇板等，唱腔调门很高："（导板）叹英雄失势入罗网，（原板）大将难免阵头亡。"此时的花云，虽然被擒，但是表现得英勇不屈，特别是唱快板时嘴皮铿锵有力，字字干干净净。斩朱文逊时，花云为表现错综复杂的心态，有两边望门的甩发，此时，他的额上有面牌，难度极高。最后在法场的开打，一招一式快而不乱，腰背部中箭后的拔箭动作，<u>丝丝入扣</u>。

荣奎的眼神运用独具一功，变化周密，极为到家。戏中两处，令人印象深刻。一是在押解路上，花云突然发现假扮疯婆挡道的竟是二夫人孙氏，此时，有一段唱："（快板）怀中抱着小娇生，分明认得孙氏女，假扮疯婆认夫君。我妻若念夫妻义,去之金陵搬救兵,我妻不念夫妻义,千万莫舍小娇生,使过眼色快逃走。"他的咬字,每句一、二字轻出,以腔促音,用以节力,以待喷出下一字。表演上,则全靠眼神辅佐,定睛、眯眼、使色、转顾等等,准确表现惊、忧、急、悲的复杂心情。二是最后关头花云起箭时,观众从荣奎的眼神中感受到他面对乱箭齐来的悲情和不屈,动人心魄,令人叫绝。

《独木关》说的是薛仁贵从军,隶张士贵部下,常被屈抑。虽叠斩寇将,屡建奇勋,但均为张士贵冒功,薛仍充火头军。张士贵率兵至独木关,为敌将安殿宝所困,子张志龙、婿何宗宪均被擒。张士贵遣差官传令,命薛仁贵出战。薛仁贵部下周青等怒打差官,并将令箭折断。张士贵无奈,亲往薛帐拜求。时薛仁贵正抱病在身,令周青等出敌,不能胜。薛仁贵在帐中闻鼓声甚急,恐不敌,便带病上马,驰至阵前,刺死安殿宝,众人随即乘胜入关,救出张志龙、何宗宪。

《独木关》的唱念做打很有难度,既要表现薛仁贵的病态,又要表现薛与安殿宝交战的决心。所以,前半场把病态做足,后半场气势如虹,但亮相之后,又必须表现此时力不从心,对演员的控制能力要求很高。

二、京朝派"下海"

京剧有京朝派和海派两种主要风格。京朝派和海派有着很大的区别,可以说是两个路子。京朝派一般恪守正统,讲究"四功五法"[3],分行严格,演唱精雕细琢,晚清朝廷统治者的欣赏导向,对京朝派程式化的传承有着关键的影响。有的专家认为京朝派是向唯美的方向发展,海派则有明显的破旧立新、不拘一格、力求通俗的特点。

徐城北先生对海派京剧的特点作过一个"力求抓住要点",

也是很有道理的分析：从剧目的内容看，一定要关乎热点和具有卖点；从表演的风格看，随意性很大，像京派那样高度程式化的东西不多，更多时候是自然主义，即兴发挥；从舞台美术方面看，讲求通过机关布景出奇制胜，追求刺激和噱头，做工和念工的分量以及重要性较大，唱工反而相对居次；从管理角度看，戏园子和戏班统在一起，剧场聘角儿，但也设有底包（基本演员），这些演员既能傍角儿，也能单挑；从演员的社会性角度看，不似北京的艺人圈较为封闭，而是善于也积极与外界往来，比较通晓时事。[4]

在海派京剧形成过程中，观众是很重要的推动因素。北京和上海观众是很不相同的，笼统地说，北京观众"听"戏，上海观众"看"戏；北京观众"品"玩意儿，上海观众"好"热闹。北京是京剧的发祥地，有特殊的艺术氛围，在茶园、剧场听戏的以官员、士大夫、遗老遗少居多，他们重渊源、抬世家、看师承、论规范，主要评价标准就是，惟妙惟肖，先讲传承，再谈亮点。观众进茶园、剧场似乎就是来认祖归宗的，对演员的拿手戏、老玩意儿，百听百看百谈不厌，完全陌生的创造，或对老祖宗的玩意儿随便改动，是要冒很大风险的。曾经有一阵，凡是谭鑫培的徒弟，后台管事的都要按谭鑫培的戏码派戏；另外，还要满足特殊观众的要求，如袁世凯就曾指名要看余叔岩演谭鑫培的《安天会》，这就迫使徒弟们千方百计学习和掌握师傅的戏码。在京剧界，按师傅的戏码给徒弟派戏这个不成文的规矩还真难倒过不少人，所以，激发演员拜名师、练绝活、抠细节。

上海观众则不很看重这些，特别不讲究行当的规则和程式，而是追求新奇，寻求刺激，想看新玩意儿。1901年10月，日本的曲艺界来中国演出"出神入化、悚目惊心"的各种戏法，先到苏州，万人空巷。后到上海群仙茶园，日夜上演，也大受欢迎，夜戏头等票定价1元。⁵ 在上海演出京剧，千奇百态的机关布景、真刀真枪的火拼，都是票房的号召力。台上只要能打得好看，串行嫁接都无妨。著名演员李洪春记述过一个故事，可以典型地体现上海观众的特点：余叔岩第一次到上海，一炮而红，票界的朋友点他唱一出《战太平》，他当时还没学会。情急之中，余叔岩和几位同去的前辈，硬着头皮在几天时间里把这出《战太平》给攒出来了。公演时，用的是《镇潭州》和《阳平关》的开打、钱金福先生所授《别母乱箭》周遇吉的身段、鲍吉祥老先生教的《战太平》唱念，如此反传统，居然受到上海观众的热烈欢迎。⁶

北京名角儿多，场地少，一个月可能演不了几次，闲时就是练功磨唱，而上海的红角儿一天能演两场，白天老戏，晚上新戏，为了抓住观众，需要使出浑身解数，不断出新，经常出现演员在台上哗众取宠的。如，演《武家坡》，剧中王三姐给台下飞眼，《玉堂春》里的苏三也给观众抛媚眼。更有玩命的，演员在台上脑浆迸裂、摔断腰腿、戳瞎眼睛的状况都有发生。

清末名士孙宝瑄观剧甚多，当时他评价说，上海解音律的人甚稀，所以，观剧的人虽多，而视之不甚众，上海有色世界而无声世界，北京戏中的精神终十倍于上海。历史上，对海派京剧的评价一直褒贬不一。

在南北交流中，大多数演员恪守各自的风格和传统。即使像名角儿罗百岁⁷为了叫座，积极学习上海方言，在台上用上海方言拉近距离吸引观众，也是属于不动根本的锦上添花，而且，交流演出之后各回故地的居多。当时，贵俊卿、瑞德宝、罗小宝等谭派演员都来过上海，荣奎当年在福寿科、喜庆和、玉成班的同道，也大部分没有扎根上海。

荣奎属京朝派，而演戏主要在海派圈内，他是为数不多的长期和海派演员同台的京朝派演员，对海派戏剧的发展有过积极的贡献：

前面提到，1915年，荣奎与夏月润师兄弟，王、林舅甥等同台，合演《头本关公走麦城》、《二本走麦城·火烧连营代（带）哭灵》。

1920年，荣奎又和盖叫天合演经典海派剧武戏《三本铁公鸡》，盖叫天饰张嘉祥，荣奎饰向荣；与冯子和等合演《神游广寒宫》、《大宋历史金枪传》；还有海派连台本戏《狸猫换太子》头本至三十六本，以及上述与欧阳予倩合演的新剧，这对于一位有着深厚京朝派底蕴的演员来说，不能不说是难能可贵的。

那几年，荣奎合作过的演员也逾70位，主要有：龚云甫、吴彩霞、杨瑞亭、毛韵珂、陈筱穆、陈佩卿、吴桂芬、欧阳予倩、殷春虎、王佳媚、李桂芳、刘松亭、董俊凤、贾碧云、赵如泉、毛燕秋、杨慧侬、赵韵声、姚俊卿、小杨月楼、小达子、刘慧琴、孙庆芬、张春海、吴俊瑞、郑法祥、李瑞亭、陈月梅、黄玉麟、马俊山、毕小楼、孙玉泉、张韵宸、张桂芬、金碧艳、赵醉梅、孙稚舟、李胜奎、张宏声、陈芳甫、李逢南、三麻子、张德俊、张国斌、绿牡丹、盖叫天、王月舫、尚小云、郭仲衡、张鹤楼、李春棠、孟燮卿、小宝翠、张彦芝、周五宝、祁彩芬、冯子和、廖莲卿、熊文通、明海山、筱翠花、罗小宝、李宝龙、王又宸。

媒体对京剧艺术的发展起了极大的推波助澜作用。当时的主要报刊演前刊发演出广告，戏毕组织文艺评论，所评褒贬混杂，还不乏细致入微的技术分析，这在当时，无论是业内人士还是观众市民都获益匪浅，也推动形成了浓厚的艺术氛围。报纸的戏曲广告和戏剧评论当时成为在这方面感悟力较强的优秀演员努力与之和睦相处的载体。1920年，梅兰芳到沪演出，很重要的一个活动内容就是广结媒体朋友，从而把握了宣传上的主动权。荣奎在这方面只会被动地接受而不能主动利用。当时对荣奎的报道，来自一些推崇京朝派的观众和朋友，主要是赞赏他的基本功和表演规范。

1.三斩一碰，指《斩黄袍》、《辕门斩子》、《斩渊》和《碰碑》，能演这四出的被认为是老生全才。

2.扯四门，指演出时舞台的四个角都兼顾到。

3.四功指"唱念做打"，五法指"手眼身法步"。其中的"法"又作"发"，指甩发，也解释为法则。

4.详见徐城北著《京剧春秋》，台湾商务印书馆2001年版；参见杨常德《说南派，话海派》，《20世纪上海文史资料文库》第七卷，上海书店出版社1999年版。

5.当年京剧一流名角在上海赈灾演出包厢票价1元。《世界繁华报·菊部要志》1901年10月8日第185号，见《京剧历史文献汇编·清代卷·续编肆》，南京：凤凰出版社2013年12月版，第150页。

6.李洪春《余叔岩二三事》，载《戏剧报》1987年第5期。

7.罗百岁（1859—1912年），名罗寿山，原名树德，字朗臣，为光绪年间著名青衣罗巧福的长子。幼入韩家潭"德春堂"杨贵庆门下，初习老生，后改文丑。曾师从华福山(华虎)，后拜刘赶三为师。三子罗文翰与荣奎为连襟。

第六章

戏曲姻缘

一、走进大观园

荣奎长大成人,到了谈婚论娶的年龄。

旧时,在京剧演员的艺术发展过程中,除了师承关系,家族关系也很重要。艺人子女多在圈内通婚,女的不嫁外行,男的强强联姻。这既是低下的社会地位导致的群体性无奈,也是艺人自强自尊的社会性体现。荣奎的家族世代从艺,早已浸润在这种文化背景之中。青年荣奎自幼出自名师杨隆寿门下,形象英俊,玩意儿扎实,为人直率。即便当时群星荟萃,他也是综合指数较高的"希望之星"。于是,就有人积极撮合。1907年,荣奎家与孙佐臣家联姻,荣奎娶了佐臣的二女儿,也因此进入了一座名家荟萃的戏曲"大观园"。

追根溯源,这座戏曲"大观园"的一位老祖宗是道咸之际著名的昆曲小生、余庆堂主陈金雀[1]。金雀本名熙棠,祖籍浙江东乡姚家桥。本姓姚,陈乃母姓。熙棠幼年由苏州织造府选送南府学戏。因首演《金雀记·乔醋》时深得嘉庆皇帝赏识,被赐名金雀。道光年间裁撤南府,金雀带出一批曲籍。[2] 后加入四喜班。咸丰30岁生日前因准备万寿,金雀再度被召入宫。同治二年(1863年),金雀因年龄故,被裁退,自署陈府为余庆堂。金雀的女婿,分别是贾增寿、钱玉寿和梅巧玲。金雀的三个儿子,名寿山、寿彭、寿峰,他们的儿孙与叶春善、杨朵仙、吴巧福、谭鑫培、俞菊笙、贯紫林、姜双喜、时小福、茹莱卿等家庭先后联姻。荣奎的岳丈孙佐臣家则和金雀的女婿贾增寿家联姻。

二、岳丈孙老元

孙老元大名孙佐臣，北京人，初名光通。佐臣生于1862年（同治元年）。同年所生后来唱戏成角儿的，还有青衣陈德霖，武二花钱金福，老旦龚云甫，武生张长保，花旦和武旦陈桐仙。那年，上海开始流行昆曲，地方戏曲则直逼昆曲二黄。16岁的谭鑫培出师。

佐臣的父亲孙长桂（孙八）是著名昆旦。他咸丰年间搭"老生三鼎甲"之一张二奎等人办的双奎班，同治三年改入三庆班。所擅剧目有《法婴秘笈》、《因果报》、《起解》、《落园》。据说他也能编戏，全本《春秋配》就是他的作品。佐臣的胞兄孙双玉，是维新堂钱金福（旦）的弟子，工青衣，后来也演小生和老旦，也是同光名旦孙怡云[3]的本师；佐臣的姐姐嫁给了贾增寿的长子贾阔亭。阔亭曾是春台班名旦，后工场面，其子贾洪林为优秀老生；佐臣的妹妹嫁给了武生孟金喜，养育了知名老生孟小如。

佐臣幼年进德胜奎科班习唱小生。因其身材较同辈高大，所以，兼习靠把，学文武老生。他善使花枪，有人称其"花枪老孙"。佐臣的这身功夫是否成为后来选女婿的标准不得而知。佐臣做演员的道路很快中断，他未及"倒仓"，嗓子就坏了，只能改习场面。姐夫贾阔亭的弟弟贾祥瑞是当时的名琴师，佐臣便就近拜贾祥瑞为师。佐臣做琴师的天分很快显露，他不仅手指奇长，非常人所及，而且上手感觉好。1879年（光绪五年），17岁的佐臣有幸为大老板、晚年的程长庚伴奏，很得赞赏。

1883年（光绪九年），佐臣随师傅搭班四喜班，同班有杨

孙佐臣画像

老伶工张荣奎

孙佐臣小影

隆寿、余紫云、姚增禄、吴菱仙、孙菊仙、贾祥瑞、谢宝云、梅雨田、贾丽川、孙双玉等。孙菊仙是班里的头牌老生，孙佐臣专给他拉琴。

1889年（光绪十五年），佐臣被选为升平署民籍学生，每月领月银。据1905年初（光绪三十一年正月）的清廷文书：民籍学生月银标准2两至4两。得4两的，有于庄儿（余玉琴）、方秉忠、陈得林（陈德霖）、汪桂芬、李顺亭、罗寿山（罗百岁）、侯俊山、郝春年、谭鑫培等25人。得3两5钱的，有王瑶卿、孙佐臣、陆华云、金秀山、钱金福、龚云甫、瑞得保（瑞德宝）等25人。至1911年初（宣统三年正月），升平署民籍学生仍然领月银，2两至5两不等，佐臣的定额仍是3两5钱。但是，每人只能现领七成银子，另给白米15口。[4]

谭鑫培因欣赏佐臣的功夫，就央请宫中总管太监帮忙说项，诚聘佐臣为其私人琴师。1896年（光绪二十二年），有一次演出，谭鑫培自请著名鼓师李奎林（李五）司鼓，佐臣操琴。这件事情是破了梨园旧例的。过去，好角演戏，不能自组伴奏团队。琴师是随机挑的，谁在现场谁伴奏。由于缺乏事先充分的排练、缺乏对演唱内容及风格的统一把握，行腔托腔完全凭双方的经验即时配合，也就难免出现配合上的问题，有时也会砸锅，这对演、奏双方都是不如人意的事。由此谭鑫培开始，名伶演戏自带场面成为伶界通例，也有人认为，此举是梨园挑班制的肇始[5]。

以前，胡琴伴奏一直使用软弓，既费力，又难在关键时刻出效果。有个叫李春泉（李四）的琴手大胆改革，把软弓改成了硬弓，从而极大地拓展了胡琴的表现力。贾师也以使用硬弓见长，所授甚合时宜。佐臣学琴时，梅雨田是同门师兄弟，他们学成后，是齐名高手，佐臣则比雨田略早成名，曾被认为是李春泉之后的一等好手。有人评价，就演奏而言，孙梅二人各有所长，无分轩轾。雨田善联，以稳妙取胜；佐臣善断，以险奇见长。也有人评价佐臣的不同凡响处：一是用硬弓，但松马尾，既可细若游丝，又能气魄雄浑；二是其手腕灵活，弓法奇巧，手指控把自如，变幻莫测，常有神来之笔，使人有无法形容之感。他又善用逆音，加之习过武功，力量充分，故手音特别圆足，以刚武俏拔取胜。佐臣本是学戏的底子，对生、旦、净、丑各行当唱腔都很熟悉，所以拉琴烘托有度，适应性强，深得伶界认可。除了谭鑫培，许荫棠、贾丽川、贾洪林、汪桂芬、陈德霖、时小福、余紫云、金少山、姜妙香等都曾请他伴奏。很多观众甚至为听他的琴声而进剧场。

1900年5月，北京前门一带突起大火，从西河沿向南烧到粮食营、大齐家胡同，往西烧到观音寺、杨梅竹斜街。外城剧场几乎全部烧毁，各戏班被迫停演，梨园人士苦不堪言，生活受到影响的有三千多人。无奈之下，一些名角只能上街引车卖浆。后来，有的演员陆续借用一些会馆恢复演出。京城名票、山西才子乔荩臣邀约许荫棠、孙怡云、路三宝、茹莱卿、朱四十、李吉瑞、尚和玉以及之后加入的陈德霖、黄润甫、刘鸿声等人，在东四八条一所花园里重新开始戏曲演出。人渐渐多起来之后，又迁移到东四魏家胡同英家花园里的戏台。那时，佐臣是许荫棠的琴师。但是，却应后来被誉为"通天教主"的王瑶卿之邀，住在王家，陪王瑶卿学戏。所以，佐臣常常在晚上散戏后，回去给王瑶卿吊嗓子。后来佐臣向乔荩臣推荐王瑶卿，让他成为戏班里三位青衣之一，王瑶卿则从自己的戏份里拿出六吊钱，专请佐臣为他操琴。

清末，谭鑫培在艺界的声望业已登顶，加上孙菊仙南下，汪桂芬离世，因此身价陡高。王公贝勒争相往他府上去，以结识他为荣耀。

谭元寿先生在回忆录中记载：这时，为谭鑫培伴奏的佐

曾聘孙佐臣操琴之名伶

臣提出取双份包银的要求。但是谭鑫培顾忌可能会影响其他人，就没有应允。于是，一对老搭档就这样拆伙了。关于孙谭二人的分手，后来接替佐臣的徐兰沅先生也有一说：老谭那时年龄大了，每月仅演出数次。所以，佐臣也替孟小如操琴，有时"赶不过场"。徐兰沅先生因此就常有机会替孙先生上场。徐兰沅先生所指的这位孟小如，也是当时的名角儿，还是佐臣的亲外孙，据说钱也给得多。而琴师倪秋平先生则分析了一个深层次的原因，佐臣伴奏，会炫技，善使出人意料的旋律，唱者被他搞得晕头转向是常有的事。谭孙二人后来的合作关系其实不融洽。谭鑫培常表示：人家是来听我的，不是来听你的。总之，后来，徐兰沅就正式接替孙佐臣成为谭鑫培的琴师，直到老谭逝世。

民国初年，佐臣南下上海，1920年定居沪上。女婿荣奎介绍佐臣为孟小冬吊嗓授戏 6，孙、孟结此艺缘，成为一段梨园佳话。

1923年2月，时年16岁的孟小冬到汉口怡园演出，佐臣应邀陪往。演出剧目有《捉放曹》、《四郎探母》、《打鼓骂曹》、《群英会》、《平贵别窑》、《八十八扯》等，戏报上突出标明"孙佐臣"三字，借以声威。小冬连唱了三个月，轰动一时。

1924年，孟小冬又邀佐臣三莅无锡，大获成功。

同年，孟小冬定居北京，在三庆园、新民戏院演出《探母回令》、《击鼓骂曹》，一炮而红，伴奏还是孙佐臣。

1926年，天津富少叶庸方出资，支持孟小冬与金少山合作，在天津大罗天剧场演出《失街亭·空城计·斩马谡》，为孟操琴的也是孙佐臣。那次，因为正向陈彦衡 7 学戏的缘故，孟小冬邀请陈彦衡看戏，陈便约了许姬传同往。戏毕，佐臣走到台口对陈彦衡说，今天的打鼓佬够呛，我要是没点道行，就下海（走板）啦。

佐臣还为余叔岩伴奏，两人曾结伴在上海和汉口演出，大红大紫。

1927年，荣奎去了天津，丈人孙佐臣仍居沪上。此后近10年，佐臣主要为名角儿的不时之请和一些名票吊嗓操琴。那时的佐臣身材瘦长，脸颊瘦削，留一缕羊髭胡，人中上老有一撮抹鼻烟留下的黄灰，头戴毡帽，长袍加马褂，活脱一个糟老头。然一旦弓起指飞，则清亮流畅，抑扬逸致，令人刮目屏气。许姬传先生曾在其堂兄许良臣（谭派名票）在张家花园的家里见到过佐臣。佐臣给他吊嗓《探母》和《乌盆记》等。一次，点唱《击鼓骂曹》，佐臣把快板拉得淋漓尽致，许姬传先生叹为"大家"。日本人侵占东三省后，许良臣托苏少卿约拒绝接受伪满洲国高官位的陈彦衡到沪教戏。陈遂举家南迁，就住在张家花园许家的房子里，还办了不挂牌的票房"衡社"，夜夜高朋满座。这是后话。

对晚年佐臣的琴技，倪秋平先生评价说，"始终觉得是所见的琴手中最突出的（虽然也有缺点）"。倪先生认为，孙拉琴，一动手就让人感到不同。无论是过门、接榫、入头、收尾、行弦、亚笛，都变化无穷。尺寸极准极稳而意境不凡。不论是谁，和他同场拉琴或接他后队，就被他铿亮耀眼的光辉所压倒而显得黯然无光。胡琴伴奏而能吸引人者，孙为第一人。徐慕云先生则有生动的描述：

叔岩唱全本《空城计》那天，座上客满，叔岩的嗓音也特别的好。我和几个朋友得到前三排中间的位置，听看得格外清楚。孙老穿了一件古老的獐绒马褂，留着杨香五式上七下八的黄胡须，提着一把乌黑的胡琴，刚往场面上一坐，就听见满园的鼓掌声。他料想今天来的人里面，必定有些赏音家。《失街亭》里除去"两国交锋龙虎斗"一段原版外，其余紧打慢唱的板里，当然是难显所长；及至城楼上的慢板一开始，真是有了用武之地了。唱的好还没有停止，胡琴的好又接了上来。孙老越拉越高兴，等到叔岩唱第七句"周文王访姜尚周室大振"时，他趁着"振"字下耍长腔的当儿，忽用右手的中指向预置在左腿膝盖上的象牙鼻烟盘上抹了一些鼻烟，在弓子往上一提的一刹那，竟把右中指上蘸的鼻烟，顺手吸进两鼻孔里，快当自然，一点都不影响到叔岩的唱词同他的托音。这时，我在台口瞧得极真切，使我不由自主地连连叫了几个好，那时瞧见的当然不止我一个人，都也随着唱起彩来。他这一手，真可算神乎其技。现在时隔二十年了，闭目一想，仿佛如在眼前一样。

佐臣常去之处，有海格路（今华山路）台籍巨商林松寿的公馆。那里每周数次，有固定的清唱雅集。谭派名须生罗小宝、孟小冬及当时的财政次长李仲是雅集的常客。还有爱多亚路（今延安中路）苏少卿创办的票房，佐臣为前来学戏的票友伴奏。有人回忆：佐臣话不多，见到来者就是一两句简单的问话：什么戏？什么调？有人打招呼寒暄或唱完致谢，他最多略颔首，绝无客气话。

关于佐臣的琴，有一些佚事。比如，有一把是福建紫竹的，琴身加弓，只有四两重。别看轻，声音棒极，弓子一动，琴身通体震动，很难攥住，琴弦给手的回馈也是颇具震撼力的。佐臣去世后，他的琴便在藏家手中流转。佐臣还有一把用起来很顺手的琴，是他早年花了8吊京钱从地摊上买来的。琴身为罗汉竹，音色上佳。佐臣在清廷承应时，光绪帝迷上他的琴，不由分说借去把玩，搞得佐臣茶饭不思，十分郁闷。一日，慈禧太后看出他不在状态，询问原委，太监一一道来，太后当即断光绪把琴还给了佐臣，这把琴就成了"御骗之宝"。琴用了50年后，通体皆黑，全被松香汁包裹住了，只有"千斤坠"处露出本质。

有一次，佐臣和徐慕云去录音棚录音，发生了一件趣事，被徐记载下来：

当灌片那天，我陪同他同坐一车，向大连湾路灌音室出发。不料，车过外白渡桥时，突然来了几个抄靶子的巡捕，将车子一拦，用手开了车门，正要令我们出来，一瞧孙老一手抱着一把胡琴，仿佛同前清抱帅府大令的神气一般慎重，况且他天生那副猴相，巡捕一看就认识他了。同外国人指手画脚一讲，他们将手一挥，车子就照常开驶。老元笑嘻嘻地向我说道，我们做艺人到哪里都占便宜。我听罢打趣他道，因为你抱着个"御骗之宝"，所以他们才如此客气，这是我们沾了这把六十年老胡琴的光了。

孙佐臣的琴，现在仍然存在藏家手中。

三、梨园四连襟

佐臣育有四女。这四女先后嫁给四位内行。除了张荣奎，还有梁俊圃、罗文翰、裘桂仙，梁张罗裘为梨园四连襟，因此而成就了一时美谈。

大女婿梁俊圃，是民国初年著名花脸演员。20世纪20年代，因南下上海演出获得成功，全家定居上海。曾长期与周信芳、盖叫天等演员合作。梁俊圃育有三子，长子梁少华是杰出的鼓师，但英年早逝；次子梁次珊是名丑；三子梁少垣被称为"小辫子"，著名鼓师。

三女婿罗文翰，出身于京剧世家，是罗家在梨园行的第三代。文翰的祖父罗巧福，是清同治、光绪年间的名旦。其扮相秀丽，嗓音高亢，演唱融有梆子腔中的"哈哈腔"，故绰号"嘎嘎旦"，艺名"奀奀旦"。擅演剧目有《四郎探母》、《赶三关》、《三娘教子》、《芦花河》等。梅巧玲、戴凤玲皆为其门徒。据说罗巧福为人慈祥，对待徒弟极为厚道，课徒授艺极为认真，深受梨园同人的爱戴与尊敬。他的师父杨三喜，虐待徒弟是出名的。当时，梅巧玲几经转卖，被杨三喜收为徒弟，受尽了折磨。后转拜夏白眼为师，同样饱尝皮肉之苦。多亏罗巧福出资赎出梅巧玲，带回家中精心培育，终于使其成才，为此，梅、罗两家为世代友好。

文翰的父亲罗寿山，是罗巧福的长子，艺名罗百岁，拜师同光十三绝之一的刘赶三，工文武丑。罗百岁20岁成名，当时挑班以小花脸居第一位，颇受观众的欢迎。罗百岁30来岁与谭鑫培、陈德霖、孙秀华同时入选内廷供奉，与谭鑫培、杨小楼、余玉琴、杨朵仙、慈瑞泉等常在一起演戏。他的表演，貌冷如冰，诙谐机智，一言一行莫不令人绝倒，但格调高不低俗。比如，他演《翠屏山》，编的台词是：老汉（是）潘仁美……七十二代孙子。我有两个亲生女儿，一个潘巧云，一个潘金莲。还有一个过房女儿，叫做阎婆惜！现场观众为之哄堂大笑。[8] 据说，慈禧最爱看的是杨小楼、谭鑫培和罗百岁三人的戏。时人认为，刘赶三之后，罗百岁首屈一指。

  荣奎出生那年，谭鑫培、罗百岁、余玉琴（于庄儿）带班南去上海演出。这是北方京剧班社首演沪上，因语言不通，打炮三天，都是未及结束，观众走了一半。罗百岁见状，提议戏班停演三天。这三天他从早到晚串茶社、酒肆，学习上海方言。三天后，戏班重新开演，连续七场《荣花记》轰动全上海，不仅座无虚席，就连站票也抢购一空，可谓盛况空前！就是因为罗百岁的念白和逗哏噱头用了一口流利的上海话。

  关于罗百岁的艺德有过一个记载：1907年（光绪三十二年）9月5日，梨园为顺直水灾举行慈善演出，名优皆集。夜深了，上演《群英会》，罗百岁在剧中饰蒋干。台上，他与一应名角儿皆聚精会神，无一懈笔，被观众叹誉为"诚绝唱也"！

  名角儿慈瑞泉是深得百岁信赖，得承百岁绝技的幸运者。为了向罗百岁学艺，慈瑞泉每日不离百岁左右，常以伟岸躬干，伛偻于烟榻边，伺候百岁数小时而不现倦容，终于感动百岁，对其倾囊而授。

  文翰是百岁的三子，小荣奎两岁，师郝六，工武场小锣。1911年，与陈祥瑞、耿永清等同时入选升平署承差。他36岁即病故。文翰四个儿子均坐科"富连成"。

  四女婿裘桂仙，又名裘荔荣（1878—1933年），北京人，长荣奎7岁。裘桂仙自幼入云和堂拜张凤台、徐立棠学铜锤花脸，12岁入小鸿奎科班，后拜在何桂山门下，与金秀山为师兄弟，曾搭小天仙、喜庆和、小长庆班，因倒仓，改做过琴师，为何桂山伴奏，又入同庆班为谭鑫培操琴。1904年后，因琴技出色，被选为内廷供奉。1912年嗓音转好后，又登台演戏。

裘桂仙随何桂山学戏时，架子、铜锤皆能。当时，梨园唱铜锤花脸的少，因此，王凤卿便建议裘桂仙唱铜锤花脸。裘桂仙先是与陈德霖、王凤卿合演《大保国》，饰徐延昭，又陪演《二进宫》，一唱就红了。后来他与余叔岩、刘鸿声、王琴侬等长期合作演出，以演《铡判官》、《断密涧》、《草桥关》、《御果园》、《白良关》、《刺王僚》、《打龙袍》、《二进宫》等戏著名。裘桂仙与余叔岩为艺友。当年余叔岩倒仓，裘桂仙帮忙为他拉琴调嗓。刘增复先生甚至认为：裘桂仙是余叔岩最理想的搭档。

当时，陈德霖、王凤卿、尚小云等都以金嗓、铁嗓称雄，裘桂仙的嗓音毫不逊色，可以铜锤花脸一行，与青衣陈德霖、老生余叔岩和王凤卿、武花脸钱金福诸大腕各领风骚，并驾齐驱。他的特色主要是在师傅徐立棠的基础上，博采金秀山、谭鑫培、余叔岩等人表演中的独到之处，兼容并蓄，将花脸艺术向讲求韵味的方向做了极大的推进。

裘桂仙最大的成就，莫过于精心培育了一位杰出的接班人，以至于推动了裘派花脸的形成。裘桂仙的时代，净行大鳄有何桂山、金秀山、金少山。裘桂仙个头小，脸窄，先天条件不足，相比之下，很难遥遥领先。于是，他花了大心思在次子裘盛戎的身上。盛戎幼年起，裘桂仙就教会他《御果园》、《草桥关》、《刺辽王》、《打龙袍》、《二进宫》、《铡美案》、《探阴山》、《白良关》等8出铜锤戏路花脸戏。这8出戏，被裘盛戎称为8个聚宝盆。捧着这8个"聚宝盆"，他继承了父亲的艺术特色，改进创新，形成了著名的裘派，开创了"无净不裘"的局面。

李德成《定军山》剧照

四、结亲李百岁

荣奎教过一位学生,叫李德成,又名李少山(1901—1982)。德成是旗人的后代,幼年父母双亡,叔父李百岁便收养了德成和他的两个姐姐。

德成的叔父李百岁在丑行中是罕见的以歌唱胜人的演员,而且生旦净丑皆能。他曾与筱翠花、吕月樵、时慧宝、冯子和、刘汉臣、盖叫天等合作演出,灌有《戏迷传》、《拾黄金》等唱片,有人评价他是"一时丑角之首出也"。[9] 李百岁和荣奎同过台,是好朋友。他让德成带艺跟着荣奎学文武老生戏。德成天生聪颖,学戏悟性好,文武俱佳,能戏颇多,深得荣奎喜爱。

1923年,李百岁去世,荣奎对德成多有照应。那时,德成20出头,身材挺拔,也善表达,上门学戏不久,即结识了荣

李百岁所灌的唱片

老伶工张荣奎

89

郑法祥

奎的长女小萍。小萍是北京人和苏州人联姻的产物，容貌秀丽，知礼贤淑，是个人见人爱的小美人儿。她对这位"戏篓子"颇有好感，见父亲满意这个学生，不禁暗生情愫。可能是幼年失怙，寄居叔父家的缘故，德成能屈能伸，颇有眼力见儿，对小萍也没少下功夫。年方十五的小萍没多久就被虏获芳心，待荣奎知情，这两位年轻人已经山盟海誓，荣奎最后还是把女儿嫁给了爱徒。当时，伶界的亲戚朋友多有送贺礼的，其中就有尚小云先生，他送的画轴在张家保存了好多年。

德成的两个姐姐，后来分别嫁给了海派京剧的代表人物，猴戏大王郑法祥[10]（后离婚）和著名红生、曾担任过四届上海伶界联合会主席的林树森[11]。林树森夫妇婚后8年未生育，据说林母一定要儿子再娶，林树森就是不同意。8年后竟先后生育了二女二男。

林树森

國劇畫報
藝苑指南
張榮奎
追步前賢
改良國劇
發揚國光
高慶奎
國劇曙光
孫怡雲
國劇菁英
朱桂芳
國劇結晶
國劇畫報出版紀念
藝圃之光
時慧寶題

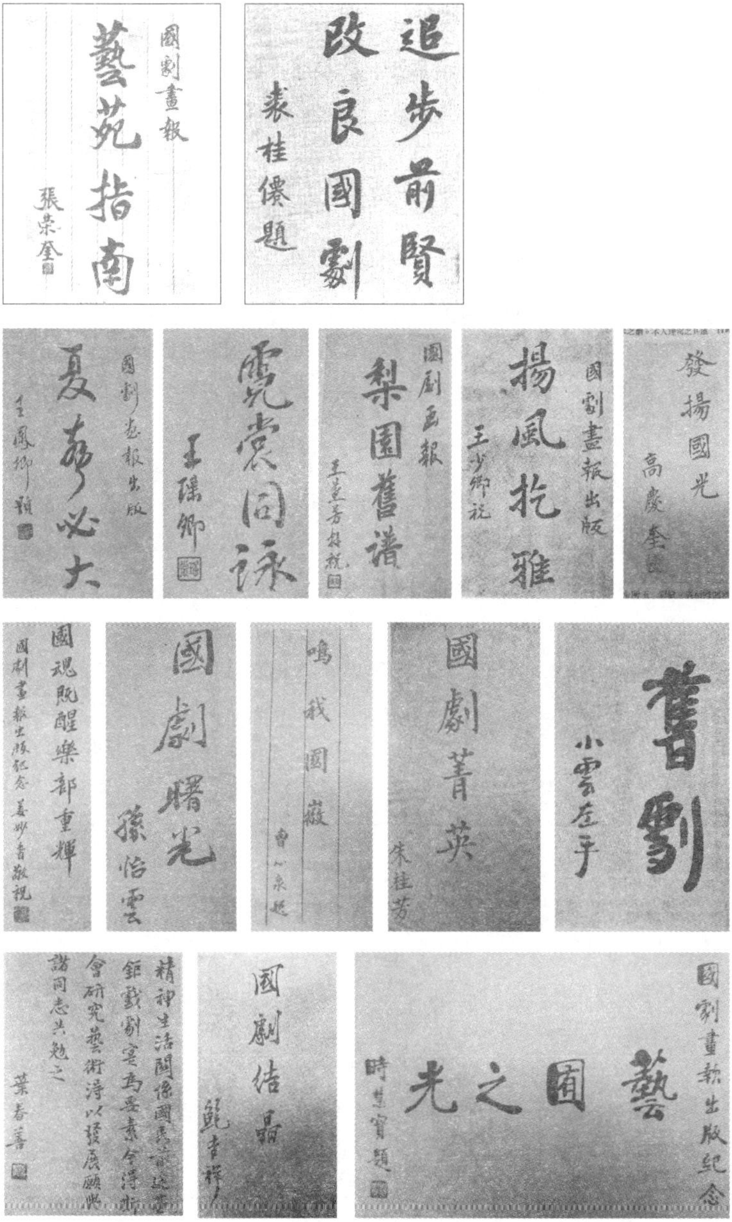

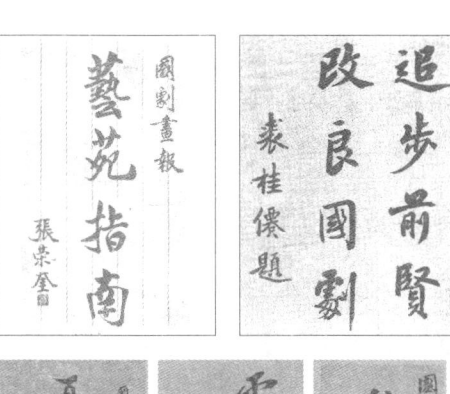

“大观园”诸英题词

1.陈金雀（1799—1877）家族群英荟萃。朱莲芬、梅巧玲列"同光十三绝"。孟金喜、朱霞芬为菊榜状元。陈金雀、陈寿彭、陈寿峰、陈嘉樑、杨隆寿、张淇林、鲍福山、时小福、孙怡云、谭鑫培、罗百岁、罗文翰、孙秀华、陈德霖、杨小朵、贾成祥（祥瑞）、梅雨田、孙佐臣、田际云、朱文英、裘桂仙、王瑶卿、王凤卿、慈瑞泉、钱金福（净）、朱素云、冯蕙林、罗文翰等为清内廷供奉。

2.传说金雀第二次入宫曾带去先人手抄《昆剧全目》，册载折子剧目1298出。庚子年，英军火烧圆明园后，金雀在废墟中拾得遗落的《昆剧全目》。民国时期，上海著名曲家李翥刚从金雀后人处借阅抄录，终得保留。金雀殁后，其保存的其他南府曲籍，据说由寿峰子嘉樑转让给了梅兰芳和程砚秋。

3.孙怡云(1880—1944年)，京剧青衣、琴师。字芷青，堂号"怡春堂"，人称怡春主人。幼从钱秋菱门下习艺，初从严福喜习昆曲，后师事田宝琳、孙双玉习皮黄青衣，12岁即已小有名气，据《清代伶官传》载，"年甫弱冠，声名已出陈德霖之上"。1896年初（光绪二十一年十二月初二），与老生曹永吉、小生马全禄、花脸穆长久、丑角王长林、老旦熊连喜六人同被选入升平署进宫承差。曾搭三庆、玉成、小丹桂等戏班，常与谭鑫培、孙菊仙、汪桂芬合演。1912年11月，谭鑫培第五次赴沪演出，应邀青衣即为孙怡云。同去演员有花脸金秀山、小生德珺如、老旦文荣寿、丑角慈瑞泉等。晚年执教于三乐社科班，曾经担任荣春社教师和中华戏曲专科学校旦行教师。尚小云为其得意弟子，故而艺名为"小云"。孙怡云亦精胡琴、善书画，在内廷承差时，曾为陈德霖、王瑶卿操琴。嗓败后为"老乡亲"孙菊仙操琴。

4.月银情况参见《京剧历史文献汇编·清代卷·续编贰·清宫文献（下）》，南京：凤凰出版社2013年12月版，第527页。每口白米合7合5勺。1合米为0.18公斤，10合为1升。与佐臣一起入册民籍学生共69人：陈嘉梁、方秉忠、郝春年、陈得林（德霖）、于庄儿、侯俊山、孙怡云、朱四十、周如奎、李玉福、吴永明、孙光通（孙佐臣）、吕云生、杨得祥、张凤岐、阎福、瑞得保、王瑶卿、钱金福、傅恒泰、龚云甫、郭长顺、杨永元、徐生儿、穆长久、王长林、李七儿、潘寿山、唐春明、郭得顺、鲍桂山、汪福海、普长海、裘荔荣、郭永春、陈万全、常福、傅顺、王福寿、沈福顺、傅振廷、杨小楼、王玉海、朱素云、李宝琴、王凤卿、何斌清、范福泰、冯惠林、杨长福、朱裕康、陈祥瑞、罗文翰、耿永卿、马全禄、杜四保、张兴、张七十、李文斌、陈祥、王福、林福、史文兴、禹文志、侯清山、杜和、余振雄、余幼琴、丁进才。其中裘荔荣、罗文翰后来成为佐臣的女婿。侯俊山、龚云甫、钱金福、王长林等与张荣奎也保持了友情。

5. 在京剧的发展中，挑班制（或称明星制）的出现是一个重要的转变。早年剧界有堂号，相当于带科班的剧团，多由名角任堂主。1873年4月刊印的《清代燕都梨园史料》收录旧京梨园堂号62个。名堂主包括：景和堂梅巧玲、保身堂刘赶三、岫云堂徐小香、绮春堂时小福、维新堂钱金福、紫阳堂朱莲芬、西安义堂胡喜禄、敬善堂曹春山。对挑班制（或明星制）历来有争论。它既有适应戏曲发展，尤其是演出市场对"角儿"有需求的积极的一面，也有消极的一面。从积极的方面看，这种制度极大地加强了挑班人的责任感，促使其在竞争中发奋冒尖；但从消极的角度看，它可能影响戏曲创作中演员的整体发挥。旧时演员挑班，除了倚重市场环境，还需依靠梨园内外朋友互相提携照应，很重要的也依靠传统文化中忠孝节义思想的内在支撑和对梨园界自定的一些规则的共同遵守。如1867年4月22日，梨园喜神祖师父生日，按例不得演戏。名丑刘赶三私自接受邀请参演堂会，被精忠庙首程长庚、徐小香等查之，将赶三逐出梨园，注销其"保身堂名号"。后经同行求情并课其罚款修庙，始得了结。1905年，喜连升科班改为喜连成，制定了极为详尽的《梨园规约》。1909年12月21日，北京精忠庙召集在京戏班代表议定："凡伶人外作应酬者，即不准登台唱戏。"今天，一些演员对历史上存在过的挑班制心向往之，仿效前制开办工作室，但是，所面对的客观社会背景是完全不同的，需要认真研究历史，继承传统，推陈出新。

6. 见《京剧谈往录三编》载钱培荣文《记先师孟小冬夫人》。孟小冬（1907—1977年），著名女老生。祖父孟七是谭鑫培同时代的文武老生，父孟鸿群工武生。幼年从仇月祥学老生，后拜陈秀华为师，在三庆园、新明戏院首演《击鼓骂曹》，由孙佐臣操琴，一鸣惊人。1938年拜余叔岩为师，得其真传，声名与马连良、高庆奎等齐。1948年后移居香港。

7. 陈彦衡（1864—1934年），四川宜宾人，京剧音乐家、理论家。字新铨，又名陈鉴，因排行十二，人称"陈十二"。擅京剧胡琴，与梅雨田、孙佐臣齐名，伴奏技巧造诣很深，首创有工尺的京剧唱腔谱，配合演唱丝丝入扣，相得益彰。梅兰芳、余叔岩、言菊朋、孟小冬等都曾得到过他的指点。对京剧生旦唱腔深有研究，与谭鑫培、梅雨田、孙春山、林季鸿交往，共同设计创造新颖的唱腔，著有《戏选》、《说谭》、《燕台菊萃》等书。还著有《旧剧丛谈》，论述谭鑫培及同时期演员的表演艺术，收入《清代燕都梨园史料》。

8.《世界繁华报·繁华杂志》1903年10月22日第904号，见《京剧历史文献汇编·清代卷·续编肆》，南京：凤凰出版社2013年12月版，第185页。

9.李百岁生前最拿手的戏是《丑表功》，轰动一时。当时有评论说，演《丑表功》李百岁最拿手；演《老黄请医》、《十八扯》李百岁最擅名；演《拾黄金》李百岁最工。李百岁常演剧目有：《老黄请医》、《丑表功》、《拾黄金》、《十八扯》、《麟骨床》、《戏迷传》、《绵羊县》、《盗魂铃》、《夺头彩》、《奇冤报》、《查头关》、《铁莲花》、《献四川》、《谋夫索命》、《宝林招亲》、《闯王造反》、《探亲相骂》、《送亲演礼》、《拾玉镯》、《瞎子逛灯》、《浣花溪》、《临阳关》、《铁弓缘》、《游界关》、《新斗牛宫》、《新洛阳桥》、《满汉结婚》、《定计化缘》、《庆赏元宵》、《四本铁公鸡》、《全本红鬃烈马》、《大宋历史金枪传》等。李百岁和裘桂仙还都是梨园有名的酒坛子，一次都能喝下四五斤黄酒。

10.郑法祥(1892—1965年)，字涵宁，河北固城人，京剧武生，人称"南猴王"。父亲即创办苏州梨园公所和菁莪学校的"赛活猴"郑长泰。郑法祥10岁随父于上海学艺，11岁在悟空戏中扮演小猴，18岁嗓子倒仓后专攻猴戏，38岁时艺术日益精深并承担主角。他以继承父艺为基础，长期揣摩前辈艺人尚和玉、杨小楼、郝振基等人的猴戏艺术，对猴戏钻研刻苦，博采众长，并突破旧框框，创造出一套适合自身条件的表演技能，无论身法、步法、棒法、筋斗功、做工和扮相都与众不同，创有"含胸、拔背、抱肩、躬腰、吸臀、扰胯、曲腿、藏裆"八项技法，塑造的悟空形象，妙在似猴非猴、似人非人之间，所演孙悟空"十戏九不同"，形成南派悟空戏的一大流派。自1954年始，先后受聘于中国戏曲学校和上海京剧院，著有《谈悟空戏表演艺术》。1965年秋病逝于上海。

11.林树森（1897—1947年），京剧老生，艺名小益芳，人称林三爷，南派京剧最具代表性的人物之一。祖父林连桂原是徽班演员，清同治年间由京来沪，工文武老生。父亲林宝奎，工老生。舅父王益芳是清末上海京剧舞台上著名武净演员。林树森幼年丧父，由王益芳严格培养。他7岁登台，艺名

"筱益芳",11岁去北京与梅兰芳、周信芳、贯大元等在"喜连成"搭班学艺,15岁回上海,先唱老生、武老生,拜徽京名宿诸寿卿为师后,又唱武生戏。17岁时,受教于王鸿寿为入室弟子。曾与王鸿寿、李桂春、梅兰芳、程砚秋、尚小云、荀慧生、金少山等同台合作,备受重视。其塑造的关羽形象器宇不凡,博得了"红生大王"的美誉。此外,还以多面手闻名,文武昆乱兼擅,表演技艺精湛,戏路宽广博深。除了以红生著名,还为昆曲发展做出了重要贡献。1947年11月3日在武汉演《古城会》时心脏病发作,次日下午逝于汉口华商饭店。灵柩回沪,各剧院焚香吊唁,沿途观者众。

老伶工张荣奎

第七章

转业津门

一、授徒叶庸方

荣奎在上海搭班演出的同时还教戏，在授徒方面渐渐有了名气，也结识了一些玩票的，其中不乏工商界人士。1927年，经陈彦衡介绍，天津永兴洋行买办叶星海之子叶庸方慕名拜识荣奎。

说起梨园闻人陈彦衡，也有趣话。他从小就喜欢音乐戏曲，因不喜八股时文，屡试不第，曾以托词避辞云南知州，又候补过直隶知县。梨园诸家，陈彦衡最是痴迷梅雨田和谭鑫培，无心他业。知子莫如父，加上爱子意切，陈父不惜辞去了原来在山东的官职，托人补了一个小京官职位，还在受壁胡同买房，方便儿子与名家交往，陪子学艺，以成全儿子的艺术梦。陈彦衡果然不负家长期望，学有所成：不仅可为谭鑫培操琴，还被称为"胡琴圣手"。后来，直隶督办褚玉璞、财政厅长郝雨苍为解决陈彦衡的日常固定收入来源，任命陈彦衡为财政厅秘书，以其谱名陈新铨挂名支薪，每月领80元。没多久，褚、郝二位先后离职，陈的挂名差事也就没了。

陈彦衡和叶庸方因戏结识，这时，叶庸方诚请陈彦衡到天津来，教自己谭派唱腔，还为陈彦衡租了房，供陈彦衡夫妇和儿子陈福年居住。后来，陈彦衡不能继续任教，便力荐张荣奎接替自己，坐这个教师爷的位置。

那年，荣奎四十有二，已经是三子三女的父亲。在上海打拼多年，多演开锣戏，鲜为人大识。叶庸方的热情、执着和所

陈彦衡

开列的条件,让荣奎感动不已,激生"士为知己者死"的慨念!于是,他断然决定,携家人北上,已婚的小萍则留在了上海。

甫到天津,叶庸方为荣奎隆重接风。席间,荣奎认识了后来长期跟随梅兰芳的许姬传。许姬传与陈彦衡亦师亦友。最初许姬传由父亲的介绍而认识陈彦衡,见到荣奎之前,他也跟着陈彦衡学谭派,每天都和夏山楼主(韩慎先)一起去陈府学戏。叶庸方易师,陈彦衡请了许姬传作陪共餐。后来,许姬传对与陈彦衡交往中的一些事作了生动的记录,成为宝贵的历史资料,其中就有这次接风宴。

到天津后,荣奎养家起居等一应事项的花销均由叶庸方承担。在叶庸方的照应和尊崇,以及朋友的拥戴下,荣奎度过了一段衣食无忧、心情舒畅的快乐时光,这是荣奎一生对天津情有独钟的原因。

张荣奎（右一）与叶庸方（左一）家人合影

历史上，京剧成形于北京，但是，与北京咫尺之遥的天津却地位独特，可以说，天津是推动京剧繁荣发展的一块风水宝地。这首先得益于它优越的地理环境，即九河相汇，堪为经济枢纽，经济相对发达、民众相对富庶，文化需求旺盛。其次，这里因通衢而成为中西文化交流的福地，文化环境相对宽松。当时，河北梆子、唐山落子（评戏）、曲艺、杂耍、相声、评书等都是在这里生根发芽的。第三，政治地理方位重要。这里近可听得到朝廷的消息，见得到来来往往有来头的人物，远可偏安于京城之外，所谓天高皇帝远。因此，达官贵人、遗老遗少、文人墨客喜欢在此居住，这些人是当时重要的可以影响舆论的观众。第四，天津人本性爽直，爱看戏，喜结交，重情义。在对待京剧的态度上，既重传统，也鼓励出新，对好演员使劲捧，让您大红大紫，相反，批评也毫不留情。所以，天津吸引了众多京剧演员去演出，它的氛围养育了很多好角儿。

那时，天津有浓厚的玩票风气，有很多票房，不少喜爱京剧的遗老遗少和达官贵人隔三差五聚坐论戏，产生出了一批颇有造诣的京剧票友。叶庸方是天津票界一位能够广泛联通梨园的特殊人物。他家境优渥，自幼随父在天津定居，中学时代就读于天津著名的教会学校新学书院，毕业后，接替父亲担任法商永兴洋行买办。身为富家子弟，叶庸方酷爱吹拉弹唱结交梨园名流，又热衷于投资办报纸、出画刊、搞传播，对父辈创下的洋行业务无暇也无心料理。所以，在洋行，他只是挂名，一切事物皆委托严逸文等人操持。

天津最早的票房，是由盐商富户组织的"雅韵国风社"。1930年，27岁的叶庸方不满足于自娱自乐，发起组织成立了名为"永兴国剧社"的票房。这样，在天津形成了三大票房鼎足之势。一个是"开滦国剧社"，它的前身是开滦矿物总局员工俱乐部；一个是"群贤留韵社"，系官绅合组；再一个就是以宁波商帮为主干的"永兴国剧社"。

永兴国剧社的具体负责人是永兴洋行的严逸文和吴渭滨。票友主要是德商禅臣洋行、西门子公司、美商美谷绅洋行中的宁波籍职员。常来参加活动的人士中，著名的有杨乐彭、夏铁夫、陈鹏程、陈幼芝（朗月馆主）、冯邦杰、吴六如、姚惜云、邱丙炎、谢宗葵、赵侃如、俞姗、陈湘君、杨维娜，以及上海的武生名票钟启英、许佛罗。

开始时，来永兴国剧社的宁波同乡并不都会唱京剧，他们到票房来，主要是喝茶、谈天、下棋、打牌、会友。但是，叶庸方希望大家都学唱京剧，参与玩票，所以，就不遗余力鼓动并创造条件。他还为此出资，在长春道（原法租界24号路）嘉乐里租下一座三楼三底的洋房，把楼上三间全部打通改建小剧场，用三分之 面积装修了一个小舞台，其余三分之二安装了百余个座位，同时，聘请京剧老演员叶德风、孟小如、李盛

1931年，张荣奎参加永兴国剧社赈灾义演剧照

斌、肖盛瑞,天津春和戏院的武行教师韩富信、代克鑫和昆曲演员王益友、王华甫等,为同乡、朋友们说戏、指导练功。

叶庸方自己则身体力行,延请叶德风、张荣奎亲自教练。张荣奎索性就住在叶家,为叶庸方说戏,陪他练身段、打把子。琴师刘大宝则负责每天给叶庸方吊嗓子。功夫不负有心人,没多久,叶庸方就学会了《南阳关》、《武昭关》、《战太平》、《下河东》等4出唱做繁重的文武老生戏。不仅是叶庸方,在叶庸方的鼓动下,经过一段时间的学习排练,有些常来学习的乡友也成了名副其实的票友,大家可以合作演出的大小剧目有30多出。当时,剧评家张缪子(聊公)、《益世报》副刊编辑马彦祥、刚刚学戏的童芷苓等也常到永兴国剧社参加排戏。

就这样,永兴票房具备了彩唱能力,从此,它每星期六晚上都举行一场公开演出,组织票友粉墨登场,并收一角钱的入场费。叶庸方是演出的组织者,乐此不疲,还亲自担任舞台总调度,一应事项安排得认真、细致,演出也总能博得观众好评。

每年,永兴票房还在春和大戏院(新中国成立后改名工人剧场)为一些慈善团体募捐义演。每次演出,均以武戏压轴,如,由名票钟启英饰演黄天霸的《殷家堡》、名票吴六如饰演陆文龙的《八大锤》,剧中的花脸殷洪、金兀术都由姚惜云扮演。1931年9月11日,荣奎参加了永兴国剧社和《北洋画报》举办的赈灾义演,与张聊公合演了《黄鹤楼》。

那段时间,荣奎与梨园名角交流比较广泛,这有几个机缘:一是居沪多年后重返北方,不少老朋友要会面叙旧情;二是叶庸方热衷于与梨园社交,永兴票房就成了一个很好的平台,荣奎则帮助他创造机会广泛结交津、京、沪三地的著名演员。当时,叶庸方和杨小楼、余叔岩、梅兰芳、程砚秋、尚小

张荣奎（右）、叶庸方（左）与谭小培（中）、谭富英（后立）父子合影

云、荀慧生、李桂芳、孟小冬、周信芳等名角儿都熟悉，且交往频繁。这些名士来到天津，不论是营业演出、义务演出或参加堂会，必先到叶府专程拜会叶庸方。叶庸方的家中常备客房数间，聘中西厨师，总是以美酒佳果盛宴款待，热情迎客。尤其是他的同乡周信芳到津，两人更是亲切有加，必相聚两三日才分别。梅兰芳赴美演出前，叶庸方还曾热心张罗宴请，盛大饯行。

那一阵，荣奎很忙，也很开心。当时的《北洋画报》对荣奎有一段描述：

张荣奎为科班老前辈，工扎靠老生，徐凌霄先生尝谓其靠把身段，谭鑫培后一人而已。此君虽未得大显于时，而实学者却有足致其真赏者，信乎名不虚立也。比来栖影津门，为人说戏，循循善诱，学者称之。

荣奎在天津期间，偶尔也去北京串戏。1929年4月，受马连良[1]挑班的扶风社之邀，与马连良合作演出《战长沙》、《捉放曹》等戏。荣奎的特点是遒劲精神。舞台上，无论演里子老生还是扫边老生[2]，处处有彩，有时观众给他的叫好声超过给正角的。组班期间，马连良从荣奎身上获益多多。马连良的老师中，归属于京朝派的有孙菊仙、刘景然、王长林、王瑶卿、朱素云等，荣奎也列其中。

二、翁婿灌唱片

荣奎年轻时，当属弄潮儿，不仅很早就南下上海演出，还喜欢玩唱片。

早年，梨园一些角儿对照相和录音技术心存疑窦，有的担心这种新玩意儿对身体有害，所以不敢问津；有的怕机器不能逼真还原自己的声音，被砸了牌子；也有的信奉"宁给三亩地，不教一出戏"，忌讳有人跟着唱片学唱后抢饭碗，断了自己的生活之路。如孙菊仙老先生，虽然找他录音的人不少，但他一概拒绝。有的唱片公司为了拉大旗赚钱，就找人模仿名角儿的声音和唱法，录假唱片，所以，伪作流入市场是常见的现象。若非行家里手，并不能辨其真伪。有的研究者判断，谭鑫培、孙菊仙、汪笑侬、刘鸿声、王鸿寿、王凤卿、时慧宝、金秀山、龚云甫等都被人假冒过。1958年，有一次，上海的电台播放谭鑫培的老唱片《黄金台》，恰被梅兰芳先生听到。事后，他嘱咐秘书许姬传先生以他的名义，给电台写了一封信，说明谭鑫培传世的唱片，只有百代唱片公司录制的《洪羊洞》和《卖马》等15面，其余均是伪作。

荣奎年轻，对接触新奇玩意儿没顾忌，他是伶界最早录制唱片的演员之一。1909年，荣奎为德国利喊公司灌制了唱

张荣奎（后排左）与郭春山（前排左一）、王长林（前排中）、叶庸方（前排右一）、郝寿臣（后排右）合影

片，其中，《问樵》饰范仲禹、《闹府》饰范仲禹、《金沙滩》饰杨继业、《南阳关》饰伍云昭。

20世纪20年代后，唱片业在上海得到很大发展。唱片公司各出奇招，抢占市场，百代、胜利、高亭、蓓开、歌林、宝塔等品牌竞相登场，争奇斗妍。

1917年，孙中山邀请日本人铿尾庆到虹口大连路开设大中华留声唱片公司。1930年，广东人开设了以"华商资本"、"华人制造"为口号的新月留声机唱片公司。1931年，叶庸方和张啸林合资，也在上海创立了著名的长城唱片公司。当时，新月唱片公司以录制广东音乐和电影音乐见长，而长城唱片公司则因老板对京剧的缘分，尤以录制京剧著名。荣奎应邀与王瑶卿、程继仙、郭仲衡在长城唱片公司录制了《悦来店》，荣奎饰黄傻驹，王瑶卿饰何玉凤，程继仙饰安骥，郭仲衡饰白脸狼。全剧共录了5面。后来，荣奎又与王琴侬录制《武昭关》6面，荣奎饰伍子胥，王琴侬饰马昭仪。

那时，京剧是主要的声乐门类，唱片业快速发展，为京剧唱片录制创造了盈利机会，录制京剧唱片成为唱片商非常青睐的业务。一些京剧演员为唱片公司找名角录唱片穿针引线，不亦乐乎，其中擅长此道的名家如王雨田、乔荩臣、陈子芳。

经叶庸方提议，荣奎曾在长城唱片公司担任录音总监。公司录唱片，也常请荣奎联络梨园"大佬"。很多人知道叶庸方对京剧的特别贡献，是撮合四大名旦共同录制《四五花洞》唱片；请杨小楼、梅兰芳联合录制了全本《霸王别姬》。这两张京剧唱片成为老唱片的绝佳之作，至今流传，成为收藏家的无价珍品。而鲜有人知道荣奎在《四五花洞》录制过程中的穿针引线。

1931年6月，海上闻人杜月笙的杜氏祠堂落成，全国京剧名伶云集上海祝贺演出。其中，梅兰芳、程砚秋、荀慧生、尚小云四大名旦合演的《五花洞》[3]是堂会中最精彩的节目。活动结束后，叶庸方灵机一动，商请著名剧评家、梅花馆主郑子褒出面，邀请四大名旦再度合作，为长城唱片公司灌《五花洞》唱片一张。当时，四大名旦虽沾亲带故，且有师兄弟之情，但已各立门户，都是各大戏班的挑梁台柱，除有特殊

张荣奎为长城唱片公司
所灌的《武昭关》唱片

重大义演或权势显赫大户的堂会，是很难把四大名旦凑在一起的。但叶庸方不达目的誓不休，他以和梨园界的交情以及雄厚的财力，为促成此事，锲而不舍。

荣奎是叶的挚友，又和梅程等人有特殊的关系，遂大力帮助联络，加上郑子褒的具体策划组织，终于克服艰难，硬是把四大名旦聚在了一起。当时商定，录制潘金莲上场时的四句慢板，由四大名旦各唱一句，叶庸方配丑县官吴大炮，来一句四个字的叫板："你是个啊！"《五花洞》在北京南池子附近的欧美同学会录音，开口顺序为梅、尚、荀、程，由徐兰沅[4]操京胡，王凤卿操京二胡，在1932年1月11日晚间灌录成功。

京剧史上四位大师虽曾有多次同台演出，而他们精诚合作保留的声乐资料却仅此一份，虽然每人唱了一句，但却录下了四大名旦艺术高峰时期的唱腔，堪称弥足珍贵。很长时间里，长城唱片公司一直以此唱片为豪，大做广告，其广告语是："空前绝后千古不朽之佳作。"这两张唱片的发行，也使长城公司赚了一大笔钱。

荣奎对于录制唱片的喜爱，对岳丈孙佐臣深有影响，佐臣也成了唱片公司的常客。

1928年1月，言菊朋第三次赴沪，演出于四马路上海舞台，贴出的剧目有《打渔杀家》、《法门寺》、《法场换子》、《珠帘寨》等。经戏剧理论家、沪上名票徐慕云介绍，以4000以上包银，请佐臣操琴，演出相得益彰，大受欢迎。在上海期间，言菊朋见缝插针，也是佐臣伴奏，应大中华唱片公司邀请，灌制了《问樵闹府》、《捉放公堂·宿店》、《法场换子》3张唱片。

1929年，杨宝森[5]第一次灌录戏曲唱片。之前，杨宝森倒仓息影已五年，当时，他的嗓音虽然逐渐恢复，仍不理想。尽管如此，为生活计，杨宝森还是决定录制唱片。经友人资

长城唱片公司北平收音留影

老伶工张荣奎

助，他重金聘请佐臣操琴，在蓓开公司灌录唱片《七星灯》、《马鞍山》、《青石山》、《上天台》、《失街亭》、《捉放曹》计4张（8面）。同年，又在大中华公司陆续灌制唱片《摘缨会》（2面）、《战宛城》（1面）、《断臂说书》（1面）、《乌盆记》（4面）、《镇潭州》（1面）、《击鼓骂曹》（1面）、《天雷报》（1面）、《阳平关》（1面），与芙蓉草合灌的有《珠帘寨》（2面）、《四郎探母》（2面）、《梅龙镇》（2面）、《宝莲灯》（2面），共计10张（20面）。

有一次，高亭唱片公司请陈德霖灌唱片，由佐臣伴奏。之前，两人并未吊嗓对腔，是在录音室腊盘话筒前见的面。但录音时，唱、拉如玉盒般严丝合缝，在场的人闭目聆之，心醉痴迷。

佐臣晚年，时任大中华唱片公司编务徐慕云慕其殊才，同高亭、大中华、蓓开几家唱片公司说好，录收佐臣的唱片。金少山、杨宝森、潘雪艳这些名角儿的唱片，只要是佐臣伴奏的，总比普通琴师加倍付酬劳。1928年，徐慕云感念当年梅雨田离世未把琴声留下的遗憾，未避免再留遗憾，就以500元的代价，请佐臣录了7张伴奏片，为的是把自己钟爱的名家之作，也是佐臣一生的心血保留下来。

三、义会老戏骨

荣奎讲义气，在教戏之余，干了不少为朋友帮忙的事。叶庸方想去东北购买正宗皮货，知道荣奎对辨识皮货有心得，就请他同往。1929年，叶庸方、荣奎和记者吴秋尘同往张垣（张家口），住了半个月，饱览冰谷雪峰，骆群皮市。

当时，著名老戏骨侯俊山住在张垣行宫巷，已75岁高龄。那地方属乡间僻巷，红了半辈子的侯老安居于此，侠多义行，颇见重于乡里。叶庸方素喜拜识像侯俊山这样的名家，也知道

张荣奎（右二）与侯俊山（左二）、叶庸方（左一）、吴秋尘（右一）合影

老伶工张荣奎

张荣奎（左一）、叶庸方（左二）与侯俊山反串滑稽戏

荣奎家长辈和侯俊山素有交情，侯俊山和当时的小荣奎还在一个戏班待过，于是就和吴秋尘商量好，一定借此机会，让荣奎陪着去拜访老先生一趟。

这位侯老是中国戏剧史上一个了不得的人物，那时能见他一面应该是殊荣了。他名达，字喜麟，艺名老十三旦，自幼学习晋剧。13岁时，"十三旦"的艺名就传遍张家口，17岁他到了北京改唱河北梆子。清末民初，北京演艺界梆子腔鼎盛，名伶辈出，最引人注目的当推侯俊山。他唱念做打俱佳，旦行及红、黑、生、丑均臻于上乘，"艳名扫噪京都"，有口皆碑，被誉为京伶八杰之一。光绪十八年（1892年）起，侯俊山入升平署唱戏达10年之久，慈禧对其青睐有加，赠黄马褂、戏装，赐六品顶戴,还认侯俊山为"御儿",赐字"喜麟"。1904年,慈禧下谕,宫内文武旦角之戏均由侯俊山专管,并加给他双份钱粮,以酬其劳绩。八国联军入侵北京后,侯俊山不满时弊,开了名角大腕留须罢戏的先河。他对中国戏曲发展贡献卓著,是他融山西梆子的精华于河北梆子,也把京剧、河北梆子的精华融进山西梆子。圈内外对侯俊山的评价都很高,清大学士徐桐麟曾赞誉:状元三年一个,十三旦盖世无双。鲁迅说:老十三旦七十岁了,一登台,满座还是喝彩!侯俊山戏德同样昭世,当时,凡是义演有需,他都积极参加,还曾有过一次捐献白银500两的义举。

荣奎家和他本人虽然与侯俊山有交情渊源,但是,为示尊重,离京前,他还是特请福寿班的老前辈陈德霖老夫子先写了信寄给侯老,正式引荐他这个小辈。去拜访那天,谁都没想到,侯俊山居然在早春冷风中,诚心诚意守候于驿站多时,双方因此交错而过,等到了侯家才得以相见。

四、寄情鸿连盛

荣奎一直有让后代读书的念头。长子鸿年小时候,荣奎即为他请了私塾老师授四书五经。到天津后,又把鸿年送到天津公学念初中。在天津住了一段时间后,由于生活安定,与票友们相处甚欢,所以,荣奎在子女学戏问题上想法有了一点变化。在教授叶庸方和票友的同时,荣奎亲自为已经从天津公学初中毕业的长子鸿年开蒙,学文武老生,并请叶德风给鸿年传授花脸戏。还投资,与出身于叶春善所办喜连成科班的优秀武生李喜龙合办鸿连盛科班,把三个儿子统统安排在班里学戏。

鸿连盛科班的学员都取"鸿"字入名,这个班培养了骆洪年

1932年，张荣奎（右一）与鸿连盛科班学生合影。前排学员左二为长子张鸿年，左三为三子张幼奎，后排学员左二为次子张少奎

等优秀演员。历史记载科班曾经去河南开封演出过。

河南的京剧演出活跃始于清末。光绪二十九年（1903年），名角谭鑫培、王瑶卿、王蕙芳、杨小朵等曾在危阳袁世凯宅演出堂会。宣统年间，开封丰乐园成为京剧演出的主要阵地，常驻京剧班社，著名演员往来络绎不绝。民国初年，京剧在河南仍占据很大地盘，1913年已经应用了灯光布景。20世纪20年代，河南开封常演京剧的外和茶园、桂仙茶园逐步被广智院（国民会场）及醉豫舞台所代替，与郑州散亮戏院、普乐戏院，洛阳成功舞台、公民舞台成为主要演出场所。经常演出的京剧演员主要有赵鹤叫、段小楼、董小楼、葛燕亭、葛立华、驰玉亭、江菊兰、韩志樵、马凤卿等。

开封广智院当年邀请鸿连盛科班去演出，科班内演员有韩鸿奎、李鸿川、王鸿章、张鸿元、高鸿山、武鸿福、王鸿年、郭鸿才、张鸿增等，荣奎的次子、三子也随团演出，其他演员有王碧玉、董慧文、董剑琴、郭子英、丽曼华等。演出主要剧目有《芦花河》、《裴元庆降生》、《辕门斩子》、《五花洞》等一百多出，并排演了反映抗战的现代戏《民族生气》。同时还约请了京剧演员马最良、李雨田、张星洲、绿素蓉等一起参演。

鸿连盛后来的情况不详。荣奎30年代初回到上海后，三个儿子也开始在沪上演出。

1.马连良（1901—1966年），老生行当的代表性人物之一，"马派"艺术创始人，京剧"四大须生"之首，民国时期京剧三大家之一，扶风社的招牌人物。代表剧目有《借东风》、《甘露寺》、《清风亭》、《四进士》、《失·空·斩》等。父马西园为门马茶社业主，社中设有票房，常有名票出入其间。9岁入喜连成科班，23岁自行组班，发展成为独树一帜的"马派"表演风格，是继谭派、余派之后京剧老生中最有影响的流派之一。与余叔岩、高庆奎、言菊朋并称前"四大须生"；后三人去世，又位列谭富英、奚啸伯、杨宝森后"四大须生"之首。与周信芳并称为"南麒北马"。

2.扫边老生，指京剧演出中戏份不重要的老生，经常无唱念，只在台上站立或过场。

3.《五花洞》是一出热闹的京剧丑角大戏，一般多在堂会、农历腊月二十三北方的小年作为封箱戏上演，剧情荒诞搞笑，插科打诨，热闹非凡。说的是蜈蚣、蝎子、壁虎、蛤蟆、毒蛇等在五花洞修炼成精，因恨仙道张天师与它们作对，前往京都作乱。路遇武大郎携妻潘金莲寻访其弟武松，见二人一矮丑、一娇媚，相映成趣，遂幻化成二人模样相戏。真假武大郎、潘金莲相貌言语一般无二，难辨真伪，乃互相扭至阳谷县衙申告。知县吴大炮难以判识，五毒精又变出一假知县与之哄闹。恰逢包拯（另有版本为张天师）巡视至此，以照妖镜辨出真伪，又请来天兵天将降服了众妖。原戏中一真一假两对，后来越加越多，所以，四对（两真两假）演就叫"四五花洞"，八对演（四真四假）就叫"八五花洞"，十对演（五真五假）被称为"十五花洞"。

4.徐兰沅（1891—1967年），京剧琴师。原籍江苏省苏州吴县，生于北京。祖父徐承瀚，工小生，随四大徽班进京，搭三庆班为程长庚配戏。父亲徐宝芳，亦工小生。8岁开始学戏，生旦净丑均有涉猎。1908年拜笛师方秉忠为师，又从沈宝钧习武场，并向梅雨田学京胡。是一位熟谙京剧的艺术家，曾被梨园界誉为"胡琴圣手"。一生主要为谭鑫培、梅兰芳两位京剧艺术大师操琴。为京剧音乐的革新与创造，做出了重要贡献。

5.杨宝森（1909—1958年），后"四大须生"之一，杨派艺术的创始人。出身梨园世家。杨宝森的曾祖父杨贵庆工刀马旦。祖父杨桂云是清朝末年与谭鑫培同时代的著名京剧演员，为"四喜班"的著名花旦，其长子杨孝亭，艺名小朵，亦演花旦；次子杨孝方（毓麟），艺名幼朵，长于武生，兼工铜锤花脸，中年因病退离舞台。杨宝森系孝方的长子，堂兄杨宝忠（孝亭之子）后来成为著名琴师。8岁学艺。曾拜陈秀华、鲍吉祥、裘桂仙为师，学余派，有"小余叔岩"之誉。后带艺搭班入斌庆社科班。14岁登台。1939年组建宝华社挑班演出。出科后与筱翠花、程砚秋、荀慧生、梅兰芳等合作演出。代表剧目有《伍子胥》、《失·空·斩》、《击鼓骂曹》等。创造性地继承发展了谭派和余派艺术，使得"杨派"成为当今流传最广、影响最大的京剧流派之一，更造就了"十生九杨"的京剧生行格局。新中国成立后，任天津市京剧团团长。

第八章

孤岛谋生

一、和乐一家亲

叶庸方对荣奎既崇拜又力捧，诚心诚意。念师长和朋友之谊，他曾经多次对荣奎表示，愿意为荣奎在天津置办房产，请他留居天津，并行赡养。这些好意都被荣奎婉言谢绝。

1930年四五月间，荣奎的哥哥永安去世了，嫂子沈月常从此独居上海，对荣奎的孙儿孙女视如己出。

"九一八"事变后，叶庸方投资失利，遭受商场重创，陷入窘境。得知好友的这个消息，荣奎忧急交加，竟当场昏厥过去。[1]由此，荣奎担心成为叶庸方的负担，萌生了去意。

荣奎旅津期间，大女儿小萍一家居沪上，靠女婿德成唱戏、教戏、做戏提调谋生。应一位香港籍票友之请，德成还一起经营香港大戏院[2]，又幸运地中了一回彩票大奖。生活好过了，这时，小萍和德成也想把在北方的父母弟妹接来上海同住。

1933年，荣奎怀不舍之情，告别叶庸方，自天津返沪。那年，连襟裘桂仙去世了，享年52岁。

当年离开上海时，荣奎夫妇携三儿二女同往，回来时，二女儿小红已在天津病亡。荣奎、小萍两家三代人同住在延安路上靠近光华大戏院的新民里。那时，小萍的子女都已出生，小萍的小弟弟幼奎比这些孩子大不了几岁，来到上海姐姐家，见到后楼房间里外甥们的玩具，也是喜欢得不得了，仗着年龄稍大，就抢着玩，小孩子们打打闹闹，其乐融融。

此时的荣奎年近五十。离沪多年，梨园情事多变，加上他

张荣奎和三个儿子张幼奎（左一）、张少奎（左二）、张鸿年（右一）合影

生性耿直，不善逢源，就没再搭班唱戏。当时，海派京剧时兴沪上，观赏原汁原味儿的京剧，也是一批老戏迷的念想。回沪后最初几年，有一位叫陈庸蓭的戏迷，每年夏天，必办盛大堂会，召集南下留居沪上的诸位驰名老伶工叙谈，除了张荣奎，其中还有前内廷供奉瑞德宝、卢庆元等人，席间也会请诸伶乘兴一显身手。荣奎除了偶尔应邀参加堂会和展演外，也在女婿参与张罗的香港大戏院，和朋友合作演出老戏。

平时，荣奎主要以课徒授艺为业，学生不少是业余拜师玩票的。一般下午三四点钟，荣奎穿戴整齐出门会票友，常常晚饭后归来。除了教戏，他就不大离家了。常坐在椅子上，手上把玩着一对核桃，啜着茶，闭目养神。他泡茶用的杯子是不许其他人用的，茶叶须是汪裕泰茶庄的高末或者茉莉双薰。有时荣奎会打开手摇唱机，放上女婿买的胶木原版唱片，哼唱琢磨。偶尔，也会起霸、圆场，活动一下身体。和子孙们，他从来不开玩笑，极具威严。孩子们都不敢在他面前嬉闹，有时，甥舅们玩在兴头上，一听说姥爷（父亲）回来了，立马乖乖躲开，生怕挨磕。荣奎的夫人孙氏和女儿小萍承包了家务，一日三餐，面条、饺子、烙饼换着花样让大家吃得高兴，肉丝汤面和红糖烙饼是深受孩子们喜爱的伙食。荣奎则偏好高庄馒头，佐餐必有"杜六房"的酱肉。

1936年4月4日，荣奎的岳丈大人孙佐臣逝于上海，享年75岁。孙佐臣晚年得到了朋友的照应，他去世后，梨园界为其筹办了体面的丧事，家中办了三天吊唁活动，安排守灵和佛事，行内外多有上门一睹遗容的，与他作最后告别。孙家所在的弄堂里，沿墙边，点放了长长一排蜡烛，表达对这位杰出艺人的祭奠。

佐臣的长子奎林，也是梨园文场好手，有称其"小孙老"的，红于津门，后为周信芳操琴，可惜中年即逝。佐臣的二儿子因排在兄弟姐妹中的第五个，小名为小五。小五天资聪颖，父亲在世时，每当外甥女小萍带着孩子来看望太爷爷，他总是逗着小孩子念《三字经》。但他也被长辈和兄姐宠得一无所长，只能啃老。佐臣去世后，小五没了生活依靠，以致潦倒不堪，冻饿而亡。

抗战爆发后，上海成为孤岛，艺人的处境变得艰难起来。

1938年，荣奎的长女小萍因病去世了，长婿德成一人抚养三个儿女，很是不易。此时，他得到了上海伶界联合会的帮助。后来，经票友介绍，他留下大女儿在沪学戏，携次女和儿子离沪。先是在宜兴官林镇一位中药铺老板家居住教戏，后又赴常州，住在武进厚余镇票友、豪绅章祖仁的家里。当地其他票友有在学校工作的，既有教务主任，也有校长。德成的两个孩子就被他们安排在学校里读书。后来，都从傅康庆任校长的夏溪中学毕业，受到了良好的教育。在厚余生活几年后，因儿子学习成绩优异，德成留下次女继续读中学，把儿子带回上海考学升学，由市北中学进入俄专。荣奎后代中的这一支就此离开了演艺界。后来，荣奎的这位外孙成了我国第一批苏联水利专家的翻译，为新中国的水利事业做出了贡献。但因年轻时学习外语的经历，这位外孙历次运动均遭审查，成为内控对象，"文革"中终被迫害致死。外孙女离开夏溪以后，成为进驻上海的人民解放军部队文化教员，后来一直在高校工作。

二、辅佐松竹社

1937年1月，一直在沪上打拼的金少山重返京华，自组"松竹社"挑梁奏艺，荣奎应邀推波助澜。

金少山的走红是梨园的一个佳话：有一次，梅兰芳在沪上演出，应观众之愿，准备加演《霸王别姬》。这本来是他和杨小楼的对手佳作。但不巧的是，黄金搭档杨小楼不在上海。于是，有人就建议，并说请名净侯喜瑞³替戏。侯喜瑞掂量了一下，觉得金少山比自己更合适演这个角色。虽然当时金少山还只是在剧院戏班当底包⁴的演员，但是侯喜瑞慧眼识才，不拘一格，积极推荐。经萧长华和徐兰沅认定，金少山就有了这一次重要的替场机会，在戏中扮了一个花脸霸王。演出那天，金少山铆足劲儿，甫上场，即唱响，事后好评如潮，"金爷"就此横空出世。

金少山去北京挑班，一帮朋友跃跃辅佐，有靠把老生张荣奎、武生周瑞安、老生陈少霖、小生姜妙香、小丑王福山、老旦李多奎等。2月14日，在华乐戏园首场演出《连环套》，金少山以花脸行挂头牌，勇开先例，引起了巨大轰动。为什么会轰动呢？因为历史上，净行一直处于辅助地位，在净行诸类中，唯有铜锤花脸稍胜一筹，有机会开口唱，在"前三出"⁵担任主演。而金少山以铜锤、架子"二门抱"，开创净行演艺新境界，确实是京剧历史上的一件大事，它标志着净行艺术的发展进入了一个新的时期，后来，又有了郝寿臣、侯喜瑞、金少山"净行三杰"的奇景，而金少山则被誉为"十全大净"。

松竹社在一些优秀演员的参与下，十年不衰。金少山的做派别具一格。传说，组班后那段时间，这位金大爷除了第一场演出是按时到达的，从第二场开始，就场场迟到，还场场空着肚子进后台。跟班的有时只能去剧场隔壁的西菜社买"洋"汤，灌在茶壶里，让他抓紧喝上几口。还常常是穿戴后，来不及化装，胡乱用黑色颜料抹一把脸就先上场，等中间下场再补妆。有一次，在新新戏院，王凤卿、金少山、张荣奎合演《战长沙》，金少山进后台，带来随从20多个，有为他抱猴的、牵狗的、拖暖壶的、夹靴包的，金少山一见到老交情王凤卿，二话不说上前请大安，没想到，身后立马跟着他跪下了一大片，后台也笑成一片。

金少山嗜烟、少节制,后来晚景凄凉,在贫病中逝去。

三、为师不含糊

民国初年,梨园兴起了拜师热。对于拜师的风气,戏剧评论家齐如山有议论,不认同。他认为,所谓拜师,无非是徒弟携师傅以自重,而师傅以徒弟多而自豪,更有些捧坤角的人,为得其欢心,设法介绍她拜名角为师。当然,实际情况比齐如山讲的要复杂得多。特别是,随着京剧的普及和民间经济的发展,大量有经济实力的票友成为拜师热的推动因素。

当时除了一些名演员在演戏之余收徒外,梨园确有一些擅长教授、以教授为业,也得到公认的人物。比如,学谭派的,多请教陈彦衡(陈十二);学余派则请教陈秀华;学小生

张荣奎(右)与余叔岩练功照(本图片采自翁偶虹、张景山著《翁偶虹看戏六十年》,学苑出版社2012年版)

张荣奎(左)、余叔岩练功照

请教德珺如；学武打找丁永利；学青衣花旦的身段要找钱金福；张荣奎有丰富的舞台经验，学靠把老生，则有拜他为师的。荣奎辅导过的有王又宸、谭富英、余叔岩、高盛麟、李少春、张文涓、范叔年等，名票郭仲衡、王准臣的戏，大半得其所授。

荣奎授徒一如演戏，绝不马虎。有一次，票友徐以礼慕名求学《战太平》，这出戏是荣奎的绝活。五十年后，徐以礼以此经历，写了一篇回忆《没有上好的一课》：

那是五十年前的事了。我向老艺人张荣奎学《战太平》。张老先生对谭派戏是深得真谛的，尤其是几出靠把戏，如《定军山》、《珠帘寨》等，造诣很深，《战太平》更是脍炙人口。我先向另一位老艺人学会了这个戏，不过那只是"官中活"（即没有特色的大路货），为了加工提高，我才去向张荣奎请教。

第一天，老先生沏了一大壶茶，两人边喝边谈，实际上是给我上了一堂历史课，讲的是元末时代各方反元豪杰的割据

张荣奎（中）与范淑年（左）等合影

老伶工张荣奎

形势,特别是朱元璋和陈友谅对峙的局面。第二天,仍是对坐品茗,他又谈了《战太平》的剧情,从采石矶攻破,太平城陷落,谈到朱文逊贪恋家眷、贻误时机以致与花云同时被俘,直至花云拒绝投降、自刎身亡。第三天,还是讲课,讲的可是人物性格的问题了,特别是花云在每一个情节转折点的心理活动,把花云的忠贞气节和英雄气概描绘了一番。这样三天过去了,可他没有哼一句腔,也没有走过一个身段,我不禁有点纳闷了,心想,这个戏你倒是教不教啦?天天讲历史,我又不是来上历史课的。当然我不好意思表示,只能耐着性子听,不过是"言者谆谆,听者藐藐"。到第四天,他讲着讲着,拿起一根枪杆来比划身段。天哪!总算开始授艺了。他没有从头开始逐字逐句地教,只是在几处有激情的地方,着重地指点了唱腔和身段,特别是神情的表现,他要求演失败了的花云仍保持大将风度和英雄本色,这一点我没有做到,因为我忽视了他对人物内在活动的讲解。两个月后,他看了我的演出,给了我一个很客气的评价:"唱着玩儿嘛也可以啦。"话中之意,说我那几下还是"官中活"。

　　五十年以后,我对演戏和理解人物的联系逐渐有了认识。我看了一些中青年演员,有的天赋很高,演技也有一定的功底,美中不足的是传神不够,演张飞像李逵,演赵云像高宠,对扮演的人物缺乏理解,不禁深有感触,我更体会到当年张老先生的"历史课"的重要性和必要性。"声由情生,情由声传",这是一条规律,演员如没有内在的激情,唱得再好也是没有感染力的。那么情从何来呢?我看除了深入理解人物的性格以及思想感情等等之外,没有其他途径的。(《上海戏剧》1981年第1期)

　　对徒弟,荣奎关爱有加,也舍得把钱花在徒弟身上。想来学戏,只要是荣奎愿意教的,给不给钱都无所谓。有时,徒弟

张荣奎与张文涓师徒合影

上台，荣奎会在后台督战把场，哪怕是票友玩票。

中国大戏院的老板、沪上名票王准臣痴迷京剧，跟着荣奎学了几出戏，还添置了戏箱，常常粉墨登场。有一次，他与一位少壮名净合作演出。那天，荣奎亲自到后台压阵。舞台上，一个是票友，一个是专业演员，演对手戏，后者总觉得不对功夫，心里不免别扭。下到后台，这位专业演员便数落起搭档的演技，抱怨其不知为何人所教。当时，荣奎正坐在戏箱上，听得此言，上去就给了他一个嘴巴，厉声道：他妈的是我教的！那位冒失后生定神一看，当场给荣奎下跪，求二大爷[6]海涵。

四、提携张文涓

荣奎的朋友中有两位知名人物，一是上海净土庵的住持慧海[7]，还有一位是徐朗西[8]，都是沪上名票。1939年，这二

张荣奎、张文涓师徒合影

老伶工张荣奎

张文涓《定军山》剧照

张文涓《失街亭》剧照

位撮合荣奎收了一位女徒弟,名叫张文涓。关于荣奎和文涓师徒二人的情况,当时有记载,梨园和民间有传说,荣奎本人也有解释。9

张文涓是江苏无锡人,1923年出生,从小就酷爱唱戏,7岁就能像模像样地模仿。她的养父见这孩子有灵性,就指望靠她成才后养家,所以,花了心思培养。文涓9岁起,先后随李文骏、马骅、瑞德宝、陈秀华学习余派戏,后来,文涓认识了杨宝忠,宝忠很喜爱这个娇小玲珑、天真可爱的女孩,就教了她《御碑亭》和《击鼓骂曹》,这使文涓逐步对老生行当产生浓厚兴趣。

文涓11岁就登台演出,14岁时,她每星期最少可演五场戏。当时,上海电台开办为难民捐款的节目,文涓常被邀请在这类节目里唱戏。一些戏曲爱好者如龚芝芳、陈听潮、陆小格、唐大郎等,每戏必听,又在报纸杂志上力捧,文涓因此声誉日上。平日里,慧海和徐朗西常去听张文涓清唱,对她甚是欣赏,慧海还认了张文涓做干女儿。

京剧老生演员如果不会《战太平》、《定军山》,就不能算作真正的老生!冉冉上升的文涓立志成名,便萌生了学靠把戏的

张荣奎在北京潘家河沿50号张文涓家院内教授文涓《珠帘寨》

念头,对一个已经十几岁的女孩子来说,这可是一个重要决定,她把想法跟家里一说,养父甚为赞成,认为要成为文武全才,还是得学学靠把戏。当时,荣奎已从天津回到上海,文涓家人知道荣奎以往在北京很有地位,跟过谭老板配了几年戏,对靠把戏尤其有心得,在上海也教了不少徒弟,于是,就请慧海和徐朗西二位出面介绍。就这样,文涓认识了荣奎,跟着学了几出戏。后来,徐朗西和慧海又撺掇荣奎正式收文涓为徒。

那会儿,荣奎在金城、四明等几家银行教好几位票友,他们也跟着劝说,情面难却,荣奎遂应承下来。据友人回忆:1939年12月3日下午4时,文涓正式磕头拜师。拜师仪式在上海净土庵举行,现场有慧海、徐慕云、丁慕琴等几位好友。满斗焚香、大礼参拜之后,大家去会宾楼聚餐,共有一桌人举杯祝贺。荣奎当场放下话来,保文涓"挑帘红"。

张文涓的戏,本来就有好多出是荣奎给她说的,拜师仪式举行之后，荣奎兑现诺言，加紧了教戏的工作。荣奎一向爱徒，在他这个师傅的眼里，文涓这个孩子听话，也用心，加上师徒同姓张，所以，对文涓自然喜爱有加，师徒二人情如父女。

文涓天资聪颖。跟师傅荣奎学了《定军山》后，几次演出反响都非常好。鉴于当时上海年轻的角儿有的去过北京后都大红大紫，文涓也就很想赴北京见识见识，对此荣奎也支持，认为确实应该到北京"挂个号"，并表示，到北京以后，一切由他联系安排。

为了让文涓在北京好好历练，唱出名堂来。荣奎和文涓的家人下了决心，做了充分准备。去北京之前，荣奎先是联系故旧，寻求支持。当时，在北京的许多友好听说荣奎师徒要来北京，都表示愿意为演出援助，也有熟悉北京梨园界情况的人，热心地告诉他们到达以后怎么联络，还有为他们写介绍信的。然后，荣奎放弃了收入可观的当银行俱乐部教头的活，向几家银行请了三个月的事假。荣奎师徒二人，还连续在沪上演了几天戏，筹备款子。文涓家人甚至把家具都典当了，凑足了盘缠。

那时候，由上海到北京去唱须生的坤角先后有三个，另二位，一个是孟小冬的妹妹孟幼冬，跟仇月祥学的戏，以小冬的声誉助阵；一个是李宗英，宗陈秀华，由银行的亲戚经济上支持。荣奎和文涓赴京演戏，由荣奎的朋友徐兰沅和韩佩亭帮助组班，起名"文兴社"。沪上不少好友都期待文涓艺成归来，和坤旦王玉蓉一样，为南方坤角须生吐气扬眉。

抵京后，文涓家人先租了一个地方住，后又改租潘家河沿50号四合院，当时，金少山、孙怡云等名角也都住在潘家河沿。文涓的父亲把荣奎安排住在一个院里，便于传授。荣奎则积极引见，让文涓与古都名贤及诸大名伶先后聚晤，其中很重要的一环是要拜见余叔岩。京剧研究名家刘曾复先生曾经记述荣奎带文涓见过余叔岩，但是文涓却记得那时因家里条件不好，没敢去见。总之，铺垫甫毕，1940年新春，荣奎师徒二人便与京城各界相见于氍毹之上，荣奎以昔日京城名角，慨为扶花的绿叶。

头天晚上，文兴社在广德戏院打炮，戏码是《定军山》，特邀侯喜瑞为文涓的左辅右弼，老戏骨出马，把京城观众号召而至。之前，许多老戏迷为睹久未谋面的张、侯二老，纷纷解囊购票，演出当天上座特别踊跃，一时出现张、侯二人喧宾夺主之势。

第二天，在开明戏院演出，戏码是《失街亭》，文涓扮诸葛亮，侯喜瑞的马谡，张荣奎的王平，王泉奎的司马懿。那天晚上，内行到场的很多，孟小冬也特意跑去观赏。演出时，观众的注意力不免集中到王平、马谡身上。

著名戏曲评论家吴小如先生当时因患病卧床，未能如愿躬逢其盛，而他的胞弟同宾则每场必到，看了不少好戏。其中，荣奎和侯喜瑞合演《下河东》、《打渔杀家》中，荣奎、侯喜瑞分扮李俊、倪荣，前场垫戏中荣奎的《樊城长亭》、侯喜瑞的《取洛阳》，《探母》中荣奎配演的六郎和《珠帘寨》中的程敬思都获观众好评。文涓演完一期后，戏院特邀荣奎和侯喜瑞二人再合演一场《定军山·阳平关》，小如先生病愈，总算"收之桑榆"。后来，他有感于配角的重要性，把所闻所见写了下来。

文涓身为女伶，身材不高大，却敢以靠把戏号召，本已是亮点，加上她扮相好，嗓音冲，身段不含糊，特别是《珠帘寨》中"昔日有个三大贤"一段功力了得，《战太平》中花云被擒时亮相的那几步，极有尺度，脱脂粉气，不同凡响，京城媒体也推波助澜。所以，文涓进京闯关，一试即过。当时的名剧评家张醉丐先生，尤是激赏，屡投诗文，彰之报端。时人评价：文涓不仅风头盖过上述孟、李二坤，又因孟小冬不善武戏而堪与之并驾。晚年的文涓谈及这段历史，将之归于自己的运气好，有大家帮忙，特别强调自己决不能和孟小冬比。

当时的北京戏班林立，而戏馆子只有可数的几个，为有机会多演几次，三个月后，荣奎不得已向上海方面去信，再向银行界票友诸公请假，为此，荣奎心里纠结，觉得很是得罪人。

1940年秋，荣奎、文涓会合侯喜瑞、青衣马艳芬、武生周瑞安联袂去天津北洋戏院作为期8天的演出。9月12日首演，以《红鬃烈马》、《探母问令》打炮。当时报章评价，以周、侯二位辅佐，是主事者聪明之举。此次演出又大获好评，演出结束后，荣奎还携文涓和马艳芬走谢津门各界。

这时，文涓的养父做主让其易师，改宗陈秀华。对此，很多人议论纷纷，报章也多有评价。其中一篇是这样说的：

近来梨园师生间，很有些位，都闹得"不睦"的样子，不过张荣奎与张文涓这爷两个，时好时坏，却是例外。因为张荣奎现在又离开张府了，真让文涓父女，无法可想！

不论什么时候，张先生犯起脾气来，这就翻，这就得走。过一个时期，经人一说和，又照旧回来。老头儿，爱闹小孩子的小性儿，这也可以算作怪事一桩呀。本来文涓的玩意，这么规矩，这么瓷实，尤其是那出《定军山》，在坤伶中独树一帜，实不能不归功于张荣奎。就是在台上，荣奎每当唱过一出之后，还要短打扮、搭拉着长汗巾，往下场门一站，给文涓把着场子，这份精神，也真不易。可是以文涓一个伶仃弱质，在这畸形发展的剧场环境里挣扎，也真不容易呀！

师徒分手是荣奎天命之年一次很大的挫折，此后他再也没有收过真正意义上的徒弟。荣奎本人对师徒分手其实很是伤感，对文涓的养父不无抱怨，他曾经对记者如是说：

文涓的父亲张连棠老是三心二意。我说的戏，教一个身段应当怎样，他背着我就给改改，又背着我在窑台工房里请陈秀华说《断密涧》，这出戏我又不是不会啊！当晚（文涓）三庆有戏，可是身上还没有，又找我说。我说，这也没有关系，谁那出戏好找谁说，我还不愿意姑娘你好吗？虽然这样，我绝不耽误你今天的戏，照旧给她说身上。文涓临回南还有信约我，说到天津来接先生一同南下。我也写了封信谢谢她的美意，并勉励她几句，完了。

据说，脾气倔强的荣奎因为文涓的养父改聘陈秀华，当时还登报声明与文涓结束师徒关系。

荣奎师徒的分手，原因可能是多方面的。从文涓养父的角度看，出于让文涓快速走红的考虑，也许并不想拘泥于一种流派，而想顺势而为、博采众长，这和荣奎敬重传统维护传统的价值观以及一日为师终生为父的观念发生了冲突。其次，文涓红起来后，无论是舆论还是张连棠都不可避免会考虑未来的经济利益问题。当时荣奎已经教授了主要的几出靠把戏，易师不会动摇文涓的地位，却有利于经济上的减支。孟小冬先生晚年的学生、港人钱培荣先生曾经提到：当时到北京去唱戏，都要在京拜一次师，为的是加入梨园公会，获得在京演出的许可和便利。文涓的父亲是否也有这样的考虑呢。七十多年后，年过九旬的文涓说，当年老师离开她家，最重要的原因是，体谅她是一个女子，担心她将来的负担太重，因为当时张家只靠文涓一人挣钱养家，家里条件并不十分好。老师对她恩重如山，体爱有加，从未教训打骂。每当想起老师，都难掩伤感。她一生求师不少，只有荣奎是她磕过头的师傅，所以特别想念。

1979年春，许姬传先生因胞弟病逝，到上海料理后事。张文涓那时在上海戏曲学校教书，就经常去他那里聊天。两人谈到了文涓学艺的经历，文涓说，她曾经跟陈秀华、瑞德宝和张荣奎学戏，张老师教学严肃认真，获益匪浅。就说扎靠的方法，也和别人不一样，一般用的是绳子，而老师给她扎靠，怕勒着，用的是皮带。

1.叶庸方后来与老实厚道的坤角马艳云结为伉俪。婚后，夫妻和睦，叶庸方一改年轻时闲云野鹤的做派，诸事收敛，很少外出交往，朋友说他同以往判若两人。20世纪30年代末，叶庸方家境衰落，入不敷出，每况愈下了。后来，叶庸方由于吸食鸦片烟中毒过深，身体日渐衰颓，一病不起，于1944年逝世，享年不到40岁。

2.香港大戏院，1933年5月25日开张。当日报载，戏院地址为四川北路大德里口。开幕式出场有当时的影星胡珊，祝贺演出有裴扬华和范哈哈。首日开映派拉蒙新片《蝴蝶夫人》，购票即赠送福昌公司蝴蝶牌香烟一包。

3.侯喜瑞（1892—1983年），净角演员。9岁入喜连成科班（后来改为富连成）喜字科，先学梆子老生，又从萧长华习丑角，后工架子花脸。出科后拜黄润甫为师，颇能再现黄派的神韵。曾与杨小楼、余叔岩、高庆奎、梅兰芳、荀慧生、程砚秋、尚小云、马连良等众多名家合作，其演出有绿叶衬红花之妙，各班竞相聘请。与金少山、郝寿臣齐名。晚年在中国戏曲学院、北京戏曲学校任教。

4.底包，旧时指在戏班（演出团体）中位于最底层，收入最少的艺人。一般是功底不够或入行时间短的，只演开场小戏或跑龙套，扮演丫鬟、家人等小角色。

5."前三出"特指京剧演出开始，为热场或调整好剧场气氛而安排的剧目。

6.荣奎排行老二，根据辈分，有称呼他为"二爷"或"二叔"的。

7.慧海曾拜陈彦衡为师。

8.徐朗西(1884—1961年)，a原名应庚，字朗西，号峪云，陕西三原人，著名民主人士。

9.《游艺画刊·名教师半日谈》1942年7月15日第13期，见《民国画报汇编·天津卷》第四卷，全国图书馆文献缩微复制中心2007年版。

第九章

余音绕梁

一、闲游九河口

荣奎和文涓家人分手后,回到上海。

其时的上海,新一代京剧名伶迭出,55岁的荣奎不合时宜,基本上退出了演出市场,他的生活来源主要是教戏,虽然有时难免拮据。那段时间,荣奎的好友、梅兰芳的大管事李春林对荣奎多有照应。李春林是荣奎家故旧李顺亭的侄女婿,小荣奎7岁,曾先后在长春班、喜连成和富连成社搭班学艺,见多识广,精通各行,能演能教,尤其是具有突出的管理才能。他严以律己,助人为乐,人称李八爷。在京剧界,人们还把李春林和高登甲(程砚秋的管事)、李玉安(荀慧生的管事)、乔玉林(谭富英的管事)誉为"四大总管"。

荣奎偶尔也去天津教戏,文、武、净、丑都可以说。曾经住过三十九号路李少庄家和位于法租界的票友潘经荪大夫家。《大风报》主编沙大风[1]与荣奎多有来往。那时候,发生过意外的生活插曲。

1941年,荣奎在天津一个客栈病倒。潘经荪大夫知道后,托沙大风找到荣奎,热情邀请他搬到潘家住,问诊照料。有一天晚上,门没关好,不料梁上君子"惠顾",把荣奎的衣服、腰里塞的几百块钱,以及潘大夫的多件西装都窃去,只留下几件驼绒袍子。

有一次,荣奎和津门倪姓女名票友合演义务戏《武昭关》,好朋友陈宜生去现场观剧捧场。当晚,有人去陈家敲门，自称荣奎之子，因父亡无力治丧，恳请陈妻援助，陈妻素知张陈二人交情很好，不及多想，就先给了钱，当晚戏毕，陈先生回家，家人方知受骗。

荣奎性情孤傲，道不同则不与谋。有人请荣奎说戏，只要荣奎喜好，并不在乎报酬，甚至贴钱也愿意；若无兴趣，则难以商量。有时他甘当绿叶，倾力辅佐；若不入眼，则绝不苟合。有位富家子弟学了《打渔杀家》中萧恩的戏，托人商情荣奎陪演李俊，讲明预付大洋200元。哪知荣奎断然拒绝，声明只演戏不陪玩。他本已不愿登台，有义务戏，好友再三相邀实在不能推辞，也偶尔粉墨登场，一试身手。

从前伶界演义务戏主要有三种情况，一是社会性的义举，二是官方命办，三是自娱自乐。前两种情况下，名角儿一般无人不争取参加。声势浩大的义务戏一般为公益而演，最常见的是赈灾或修庙或接济同行[2]。参演义务戏的绝对不马虎，都怀有真情实感，故而演出质量很高。比如有一年，顺直水灾，梨园义演《群英会》，罗百岁饰蒋干，金秀山饰黄盖，黄月山饰曹孟德，汪桂芬饰鲁肃，桂官饰周瑜。现场有观众事后评价：诸伶"各得其身份，聚精会神，无一懈笔，诚绝唱也"。荣奎演义务戏，用心用力，常得观者激赏。

当年，有人在上海的报纸上描述过张荣奎：

张荣奎是谭叫天后独一无二的靠把老生，也是伶人中的"鸡群之鹤"，他不肯"趋炎附势"，虽在上海多年，除掉少数内行看重他外，外行简直不知道有他这个人。他的脾气很坏，在大舞台时，后台经理赵如泉知道他擅长靠把戏，《战太平》一剧尤为拿手，因此想烦他在星期日白天演一次，结果他却以"不会"二字拒绝了（那时他只拿一百元包银，原是看在介绍人的面子勉强加入的）。他的大哥怕使赵如泉难堪，于是用了"激将法"，他才勉强演了一次，不过声明只演一次。此后大家都对他改了眼光,赵如泉也将他的包银加到一百八十元,这在别人应该如何的"受宠若惊",可是他在第二天,却宣传(布)辞职了。他说:"我的包银只值一百元,不能受此殊遇。"结果赵收回成命,极力挽留,他才打消辞意,于是他又多了一个"傻瓜"的头衔,但正可见他的不同凡俗了。他在北方是很有名的,名伶如杨小楼、余叔岩等也常和他讨论剧艺。他和前长城公司经理叶庸方友谊甚笃,该公司四大名旦合灌的《四五花洞》,就是他奔走之力。现在他嗓子坏了不能唱戏,但在上海教戏,得到了很多人的重视,名票如薛良、孙钧卿等,都曾得到他的指导,叶庸方愿无条件维持他的生活,假使他回北方的话。

1942年夏,天津《游艺画刊》开展"梨园掘古",遍访知名老艺人,作专文报道。荣奎接受了记者采访,后谈话内容以《靠背老生宗匠张荣奎》为题,刊登在《梨园掘古录》专栏。编者按语是这样写的:

张老板在近日菊坛"靠背工"中,称得起第一流好佬,当代名须生。如同故伶王又宸的靠背戏大半是他说的,最近红紫一时的坤伶须生张文涓,那是他几个月造成的。

二、蜡炬终成灰

20世纪30年代以后,中国正规培养京剧演员的学校应运而生。1930年,中华戏曲专科学校 [3] 成立于北京。1938年,夏声戏曲学校 [4] 成立于西安。1939年11月,许晓初、刘松樵、俞云谷、关鸿宾等人发起,在上海正式成立了上海戏剧学校 [5]。1940年,李松龄在上海投资开办了中华国剧学校。荣奎的晚年,在中华国剧学校投入了大量的心血。

这所学校的校址在福履历路(今建国西路高安路附近)茂陵别墅一座三层小洋楼内,这里环境幽静,很适合静心学习。董事长李松龄，有称其煤炭大王的，据说是在抗战期间做煤炭生意发的财。他办的这所学校实行免费学习住宿，其教育方法沿袭科班制，主要传授京剧和昆曲。李松龄聘请了曾在上海中华戏剧学校任教务主任的徐慕云担任校长，赵桐珊任教务主任。

徐慕云担此重任后，希望学校有一些名家来任教，便想到了老朋友张荣奎。1942年，57岁的荣奎应徐慕云之邀，再次走进校门，教授文武老生。已经脱离了舞台的荣奎，一辈子积累的心得除了授人或自娱，别无他用。因此，他把这份工作看得很重。在近两年时间里，他将自己的拿手戏一一传授给学生，有《战太平》、《武昭关》、《定军山》《伐东吴》、《打渔杀家》、《辕门斩子》，还有全部《甘露寺》和《龙凤呈祥》。

荣奎授课一丝不苟，所做动作规范有范儿，平时站如松坐如钟，与众不同，给学生留下深刻印象。为了陪学生晨起练功，荣奎经常住在学校里，他话不多，手上老是有两个核桃在转，课余遇见学生，常常塞一些糖给他们吃。他对学生十分尊重也深有期许，他常对学生说："爷们儿，好好学（音xiao），别忘喽。"学校里有的老师习惯打学生，可他从不体罚学生，也不难为学生。有一次，一位姓张的老师恨学生不长记性，动作完成得不好，顺手抄起道具刀，用刀背猛砍学生的腿，竟然把腿骨打折了。荣奎知道后心疼不已，他对那位老师说，可不能把人给打残了，缺德啊！

李松龄办学校但不懂戏，他对荣奎细致扎实的教学不理解，常有微词，嫌张先生戏教得少，荣奎闻知总有些不悦，屡有告辞之心。后来，一批学生成长起来，开始外出演戏。1944年，荣奎就离开了学校。

这所学校总共培养了160名学生，以"松"字排名，知名的有马松明、周松亮、李松年、倪松海、关松安、刘松岩、沈松丽等。1945年后，因经费困难，学校转让给卡尔登戏院的老板接办。1946年秋终于解散。

三、票友慰老情

在海派京剧发展的过程中，上海地区的票房推波助澜，十分活跃，作用积极。

据有关研究，上海京剧票房的鼎盛时期是在20世纪20年代，最老的票房叫"雅歌集"，其他如"申商"、"中华公"、"励志社"、"正谊社"、"律和"、"兰社"、"天马"、"如是"、"大同"、"友声"、"恒社"、"明星"、"同孚"、"乐天集"等都有一定影响。抗战胜利以后，开办票房以及票房举办演出活动都须向社会局登记，40年代后期，仅据社会局档案可查的京剧票房就有76家。

票房的筹建则来源多样，有行业同仁组织而成，也有同乡会、帮会组成的票房，更多的票房由来自社会各个方面的爱好者组成，其中不少是共同集资合力组建的。

沪上名票有苏少卿、俞振飞、袁抱存（即袁世凯次子袁寒云）、朱愁士（朱联馥）、李白水、包小蝶、罗绮缘、包幼蝶、戴葆成、贺樨英、翟志馥、崔逖仙、张哲生、赵时刚、李元龙、章耀泉、周志斌、程君谋、许良臣、任恕庵、沈苇窗、李名正、蒋君稼等，都术有专攻。老生行还出了演唱谭派靠把戏的孙钧卿、先学马派后宗余派的赵培鑫。孙钧卿、赵培鑫后来下海，声势不亚于当年的言菊朋、奚啸伯。一部分京朝派名角如赵桐珊、姜妙香、钱宝森、魏莲芳、吴富琴、赵济羹沦陷期间来上海定居，与当时还健在的瑞德宝、苗胜春、产保福、范叔年、杨畹农、李克昌等人，形成40年代上海票房师资的雄厚力量。

一些有识也有经济实力的票友,除了自娱自乐,对京剧普及也极为热衷,积极奔走。当时,上海的民营电台开设了京剧教学节目,苏少卿、范石人、郭圣与、魏稚青(女)都在电台教戏。江上行又在大中国电台办了一个"京剧晚会",这个节目约请上海著名票友参加播唱整出的戏,每天晚上两个小时,有时一大出,有时三小出,人员搭配齐整,剧目非常精彩,收听节目的听众遍及全国各地。电台的演唱会不仅提高了票友学戏的兴趣,也加强了他们锻炼的机会,有些在电台演唱过的票友后来相继下海成名。

1944年秋天,在一次沪上票友举办的饭局上,荣奎结识了医生何时希。何时希出身中医世家,工诗文,精戏曲,酷爱京剧小生艺术,和梨园名家相交莫逆。

那时,何医生正随好友姜妙香学习小生。每周,他都在家里办歌酒之会,谈天过戏瘾。常来的有苏少卿、徐慕云、沙大风,后来又加入了荣奎。这几位都很健谈,常常兴之所至,夜深而不已。那时,荣奎的夫人已经去世,三个儿子在梨园自谋生计,他倒有了闲云野鹤的自在。所以,有时聊晚了,荣奎就会在何家住上一宿,主宾皆随意,天明回家。

有一天,荣奎夜半酒醒,艺海神游,精神大振,索性把睡梦中的何医生叫起,为他讲授《磐河战》里赵云的身段。这是一出冷僻戏,唱词是:"那日俺正在磐河牧马,忽听豁啦啦人声呐喊。俺就登高一望,只见颜良、文丑追赶一将,只杀得那将卸甲丢盔,命在旦夕。是俺杀入军中救了那将的性命,路途之中问来,原来是湖北公孙瓒。"只见荣奎以手杖代枪,气韵抖擞,一连向何时希示范了五六遍开打的动作,不觉已天明。

何医生学过小生锤戏《岳家庄》,荣奎几次建议何医生跟他学另一出小生锤戏《雄关洲》,何一直犹豫不决。原来,历史上王楞仙演此剧的时候,因"掖锤抢背"而受伤吐血,有人说这也是王楞仙的死因,所以,何医生畏而不敢尝试。荣奎去世后,何医生思念中非常后悔当时没请荣奎说说这一出,于是下决心跟着前内廷供奉、老戏骨瑞德宝,把这出戏学会了。

荣奎晚年,偶尔参加演出。

有一次,为慧海大师诞辰办堂会,荣奎出演《武昭关》,一些老票友久未观赏老角儿演戏,慕名前来。荣奎为酬答沪上知音,特别卖力,唱念做打,无不精彩。虽他以教戏度日,嗓子经年不吊,功数月不练,但是吃调仍在正宫以上,字字发自丹田,观演者道:"其声高处可震屋瓦,响遏行云,几个架式,边式美观,足见幼功深厚。"

1946年,荣奎应一位陈姓地主的邀请,在青浦授戏,其间组织过义演,前后17天。当时,荣奎请了何时希医生参演了20余场戏,其中《岳家庄》中的开打,何时希现演现学,得到了荣奎的认真指教。

这年10月,有人请荣奎参加程志馨和夏正兰的婚礼,荣奎与姜妙香合作了未带《镇潭州》的《九龙山》以助兴。

这一年,曾心斋、金少刚、何时希三位票友联手恢复了和鸣社票房,请梅兰芳、盖叫天、马连良、黄桂秋等担任顾问,社长是慧海法师。慧海让出牯岭路净土庵的一块地方给和鸣社票房,做为演唱清音之用。票房人气很旺,被称为上海的"春阳友会"6,内外行都有去玩的。因为演唱整出戏,既练唱工,又练白口,加上有文武场面伴奏,票友得益匪浅。当时,参加清唱的票友都是一时俊彦,骨干有程君谋、苏少卿、徐慕云、孙钧卿等,专业演员芙蓉草、姜妙香、李克昌等人也是逢唱必到。后来,票房设了练功房,有一些演员在这里刻苦练功,把功夫捡了回来,票房还多次参与义演。荣奎也参加票社义演,演出剧目有《独木关》及与姜妙香合演《九龙山》。

和鸣社合照,前排坐者左起:姜妙香、程君谋、张荣奎、鲍吉祥、徐慕云、赵桐珊(芙蓉草)

四、撒手梨园界

1946年冬天,荣奎的身体出现问题,他本来就有比较严重的胃病,这时又常感气闷胸痛,何时希医生就积极帮助联系诊治,稍有好转。何时希、赵桐珊对荣奎状况颇为担忧,有心照应,两人常去探望病中的荣奎,想资助钱款,但荣奎不愿意接受。

1947年春节前,有人请何时希张罗堂会,深知老友脾气的何时希顿感这是一个资助老友的好机会。于是,荣奎赫然列于节目单上,应邀在康乐酒家演出了《独木关》。后来,何时希回忆当时荣奎饰演病中的薛礼(仁贵):

前半目神滞呆,病态偃蹇;后半荡决排夏之际,则目光威怒,但亮相之后,则又表其力疾从事,处处不忘其病态,其贴合剧情,别有会心,真绝作业。

张荣奎最后一次演出《镇潭州》剧照

沙大风也在现场,事后评说:

张氏抱病登场,犹能抖擞精神,一丝不苟,其作风集俞(菊笙)黄(月山)两家之长,声容并茂,似为人世间留最后纪念者。又云:数月前尝观其与妙香合演《镇潭州》,则精神饱满,妙在一出台便觉威仪凛然,犹如岳帅重生,令人肃然起敬。对枪之亮相,工架紧严,眼神步法,真是前无古人,今试集当世名角于一堂,有谁能继嗣响者。

参加此次堂会演出,让荣奎很兴奋。除夕,他请儿子回家吃饺子,还亲自动手剁菜和面。荣奎在梨园的儿子中,他寄望最厚的是学花脸的三子,那时,年纪轻轻已经多次出现在上海的报纸上,被很多人看好,也开始挣钱了。然而,多有寄望也多有失望,儿子散漫的生活作风常令荣奎怒不可遏。那天,为一件小事,父子龃龉,欢聚竟转为怄气,荣奎当即突发哮喘。后虽经赵桐珊、何时希力助,又延请名医丁济万诊治,终究回天无力。

1947年2月24日，荣奎在上海华隆中医院去世。荣奎的好友沙大风闻荣奎离世，掩面数度痛哭，悲情挽悼："斯人憔悴斯人疾，绝代声容绝代工。"几天后，上海伶界联合会和票界在位于延平路康家桥181号的上天殡仪馆为荣奎举行了隆重的大殓仪式。那天，来者众多，梅兰芳等梨园和票界友人莅临；程砚秋通过殡仪馆的电话致哀；文涓身怀六甲，赶来送行；众和尚、尼姑相聚向荣奎告别。

荣奎病重期间，和鸣社的朋友们奔走相助，当时报章记载：

张荣奎病危前夕，梅兰芳委孙兰亭致意，如有所需，愿助绵薄。及和鸣社同人前往求援，梅氏慨赠一百万元，且嘱如再不敷，犹愿尽力。张伶之徒王准臣先后共出一百五十万元，余则不等，捐册之上，蔚然大观，张氏生前固皆相识，但也因其艺事足以感人有以致之也。一代伶工张荣奎于日前病逝后，其生前医药之需，固有朋友策划，惟后事系由和鸣社员发起捐集，数约千万余元，可谓友谊云天矣。比闻衣木之外，余数百万元。乃由梁次珊7赠墓四穴，位于真如。和鸣社同人，已着手造墓，系用石板砌成，周围石栏杆，墓前之碑，由沙大风君拟传，以留千古。

沙大风所撰墓志铭第二年在媒体上刊发：

君讳荣奎，以字行，原籍姑苏，父文亮，早年挟艺入京师，有声于时。君渊源家学，肄业福寿科班，得杨隆寿、贾丽川诸名师训导，艺乃大进，当时谭鑫培、刘鸿声、杨小楼诸名伶，皆引为己助。尤工靠把老生，与李顺亭、刘春喜相颉颃，而功力过之。余叔岩时方崛起，靠把戏皆君指授，叔岩于时流皆傲视，独与君无间言，其艺为世所重如此。君性耿介，有古君子风，顾其艺格律精严，非伧俗所喜，君也不趋时尚，益孤高自负，凡遇真赏，必尽心力赴之，否则虽卑礼厚帛，不顾也。丁巳岁，适馆于天津叶氏，一日，居停厄于宵小，危急万状,君攘臂奋起,眥发皆裂,众皆慑退,其任侠仗义,以报知己者,士大夫有愧色焉。近年息影海上,从游者皆一时俊彦,君心滋慰。不料于岁杪忽撄危疾,竟致不起,卒于丁亥二月初四日丑时,享年六十有二,其友辈暨及门弟子若干人,为经纪其丧,卜葬于真如梨园公墓,并勒石述其生平,以告后世之凭吊者。8

张荣奎墓在"文革"中被毁,墓碑被当作"四旧"砸烂。

1.沙大风,天津名人。1921年在天津创办《天风报》,任社长,创刊号上首提四大名旦称谓,以区别当时北洋政府曹锟内阁中程克等四大金刚。1927年荣奎受聘于叶庸方后与沙君结识,素为好友。

2.接济同行演出俗称演窝窝头戏。意指大部分票款流入官绅囊中,分到同行手中救济,只能吃顿窝头。

3.1930年8月,中华戏曲专科学校在北京成立,隶属于中华戏曲音乐院(程砚秋任北平分院院长),后改名为中国戏曲音乐院戏曲学校,1935年又改名为北平私立中国高级戏曲职业学校,再易名为中华戏曲专科学校。焦菊隐、金仲荪先后任校长,教师有王瑶卿、曹心泉、高庆奎、郭际湘(水仙花)等。学制6年,10年间,该校培养了"德、和、金、玉、永"5科学生200余人。学校的教学设施,专业方面仍用科班教学的传统方式,通过练功、学戏、排练,授予学生戏曲艺术基本知识和技能并登台演出;在教学宗旨和管理体制上,变革了一些科班旧制,开设以文科为主的文化课程,以达到培养有艺术创造能力的"适合时代之戏剧人材"。学校演出了大量传统剧目和新编剧目,如《雁门关》、《貂蝉》、《孔雀东南飞》、《天香庆节》、《宏碧缘》、《三妇艳》、《美人鱼》、《小行者力跳十二堑》、《鸳鸯泪》、《凤双飞》等。培养出的学生有傅德威、宋德珠、李德彬、李和曾、王和霖、周和桐、王金璐、李金鸿、沈金波、李玉茹、侯玉兰、白玉薇、高永倩(现名高玉倩)等。对京剧艺术的继承、发展和戏曲人材的培养做出了贡献。1940年11月学校停办。

4.1938年,刘仲秋、郭建英、封至模、任桂林等人创办的夏声戏曲学校京剧专科学校在西安成立,隶属夏声剧社,封至模为首任校长。曾创办校刊

《夏声》月刊。以"培养人才,研究戏剧艺术,实行并改良中国戏剧"为宗旨。学制7年,不以字辈排名。1938年至1945年期间,曾招收了2期共60余名学生,全为男生,曾在西安、汉中、重庆等地学习和演出。抗战胜利后,于1945年夏到上海。在梅兰芳的帮助下,夏声剧校在上海稳定下来。同年冬,梅兰芳应邀出任学校董事长,刘仲秋任校长,招收了第三期学生,男女生兼收,演出主要剧目有:《花木兰》、《梁红玉》、《陆文龙》、《失街亭》等百余出,其中以演出新编历史剧《陆文龙》影响最大。1949年6月,学校被改编为中国人民解放军第三野战军政治部文艺工作第三团。该校培养的有影响的演员有:林得民、孙家福、齐英才等。

5.上海戏剧学校由许晓初、刘松樵、俞云谷、关鸿宾等人发起,1939年11月正式成立。建校之初,学校提出以"提倡与整理传统戏曲,培养京剧人材"为目的,以"摒弃旧式科班弊俗,吸收科班长处,遵循新型学校制度开课"为方针的办校宗旨。教学内容分术科(京剧专业课)、学科(文化课)两部分。术科仿科班旧制,从京剧基本功着手训练学生,由关鸿宾任主任。学科以普通小学课程为基本内容,开设有国语、常识、算术、习字等课程。学校有基本教师和特约教师两类。基本教师有关鸿宾、梁连柱等。他们由学校长期聘任,主要给学生启蒙、说腔、排戏。特约教师均为社会上的名角。由学生有了一定的基础后,学校就请各行当有成就的演员来校授艺。艺术教学遵循从简到繁、循序渐进的原则,学生先练基本功,并以昆曲开场戏入门,如《天官赐福》、《富贵长春》等,然后根据各人资质分配行当。学校只招生一届,通称"正字辈",其中顾正秋、关正明、张正芳等均成为活跃在京剧舞台上的著名演员。1945年底,40余人拿到毕业证书后,学校因经费匮乏等原因停办。

6.春阳友会,北京著名票房,1914年在崇文区东晓市大街129号浙慈会馆成立,创办人樊棣生,名誉会长李经畬。名取"春阳明媚、生机旺盛"之吉意。该票房培养了不少人才,有的票友下海后成一代名家,1918年停止活动。

7.梁次珊,荣奎的连襟梁俊甫之子。著名京剧丑角,曾长期担任上海伶界联合会总干事。40年代末离沪赴武汉、香港、云南演出。新中国成立后,一直在云南省京剧院工作,和刘奎官、关肃霜、裴世戎等多有合作。

8.也有说为郑子赛所撰。

第十章

评论选萃

一、荣奎论戏

天赋不同身材不同嗓子不同教法自异

教徒弟不易。说不易，不仅是徒弟对先生一心一意地恭敬不易，而且教也的确不易。无论是为内行说戏，还是为外行喜欢研究的票友们说戏，各有不同的教法。一个人有一个人的天赋，如同嗓子，高、低、宽、仄，给他说腔，就得适合他的天赋；又如说做工，这个胖，那个瘦，这个高，那个矮，无论做身段、走步，都得按着他的身体不同予以改正。如果千人一面地教，一定不会收到良好的成绩。学玩意儿不是儿戏，无论为作艺而学，或者为遣兴而学，总是要学出个滋味来，那么非慢不可！我以前给几位票友说戏，他们老说慢，其实内行老板们坐科八年还不见得到家，哪能跟他们一说就成呢？！而且一字一步都有研究的地方，决不是马虎能成的。

滥串各角不合梨园行中的规矩

我给国剧社说戏，文、武、净、丑，哪一工都可以说，要是在前台上，则不敢错了老前辈们的规矩，不敢乱动。反串戏，我倒也什么来，要是平常不反串也滥来，岂不成了长期反串，那叫什么呢？唱老生的也唱丑，唱丑的也唱老旦，再一高兴连花脸戏也来，那样，戏饭还有别人吃的吗？早年像程

(长庚)大老板,汪笑侬老板,谭(鑫培)老板,都(反串)唱过老爷戏,不过只有两出:一出是《战长沙》,一出是《华容道》。我倒是唱过红生。有一年马温如(连良)老板在中和园唱《战长沙》,他扮黄忠,找我扮关公,我还是头一遭唱,没有行头,现从凤卿那儿借的,髯口新买了一口,因为人的口味不同,所不能借用。那不算反串。

靠背老生工不一定非要是穿靠的老生

在下坐科的时候,从姚起山老先生学靠背老生戏,姚老先生的玩意高。还有一位姚先生,就是姚喜成的父亲姚增禄,也是靠背工,有研究的,在下不过得先辈之点滴。靠背老生工不一定非要是穿靠的老生,如《定军山》、《阳平关》、《战太平》,这都是靠背老生戏。可是《斩黄袍》的赵匡胤,《斩子》的杨延昭,《战蒲关》的王霸,这些穿箭衣的也一律叫靠背老生工,这就不在穿着扮相上了,而能唱能做的,绝不仅仅是武老生。黄忠在《定军山》里是靠背老生工,在《伐东吴》就是武老生。再如《飞叉阵》里的马援是武老生应工。

末工戏看的是做念

"末"在须生行里的地位,倒不一定是扫边。末必须是上了年岁的,髯口也要黪白,比白满要短,所扮之角多为奴仆,奴仆须扫地,哪有长髯扫地的道理?所以,髯要短。早年唱末的人,非到火候才成,今日年轻的应末工,连走路都还不会。末工戏很多,如《南天门》的曹福,《一捧雪》的穆成都是。像《打棍出箱》,当年如果有人眼说"我本是一穷儒"一句唱得不好,那叫瞎挑!这出戏是看做工,听道白,唱工在末这行原本是不必注意的。再如《盗卷宗》的张苍也是末工，陈平是里子。那年月都是专工，现下杂工什么都唱了，不能分了。

演戏三分能耐七分运

俗语有"三分能耐，七分运气"，没有运气，就是有天大本事也不易唱好。拿谭鑫培谭老板来说，今日须生界几乎完全是谭家天下。可是早年谭老板也非常不得意，由出科就在"燕郊"、"下店"、"东陵"带跑大棚，唱外台子戏，唱完了连夜向京城赶，背着小包裹，那份困难无以复加。到了三十岁后，才把一年挣三百三十钱的大棚生意割舍了。到上海，那时候老生正有几个红运当头的，像孙小六、老奎官、景四宝，哪有谭老板的份儿！无奈回了北京，又唱不过杨月楼，于是再拜到程大老板名下，苦心研究，在三庆效力，仍然老唱不起来。到四十几岁，小有名声，与小桂凤（即田桂凤）同台，仍然唱不过人家。

小桂凤不过是个唱小旦的，路子与今日筱翠花相同，好在做工细腻，乐而不淫，香而不艳，点到为止，俗不伤雅，无论是眼神、手式、唱工，一颦一笑，一个转身，一个回眸，均有戏。有一次，大轴是谭老板的《失街亭》坐帐斩谡，小桂凤压轴《送灰面》。《送灰面》是一出小玩笑戏，可是竟唱得有声有色，彩声不绝。那天老谭的《失街亭》配角也非常硬承，黄（黄润甫）的马谡，陈清太的司马懿。可等到《送灰面》下去，接着坐帐上赵云马岱王平马谡四将起霸，吹牌子，这一吹牌子，正与散戏调门一个样，人全起堂了，等谭老板升帐，一看台下哪还有人啊！没有人也得唱啊！谭老板看着台下只剩了有三五十人不肯走，不由得叹息，这样卖力气地唱下来，直到斩谡而止。后来不敢唱单挑戏，老是与田桂凤唱对儿戏。如《战宛城》，钱宝峰的典韦，黄三的曹操，谭老板的张绣，田桂凤的邹氏，唱到"刺婶"，小桂凤一个抢背，乌龙搅柱，被刺，甩发下场，谭老板这儿有身段，刚在叫头，台下又开了闸，谭老板暗道，我谭鑫培真不值你们多坐五分钟吗？于是越发的发奋，博采各家之长，如孙小六的唱，卢台子的做，程大老板，余三胜的精绝之点。到了四十九五十岁，在同庆班、同春班的时代，才算出人头地，看起来，运气是不能不信啊！

一个人在台上也要全台铺满

"角儿"贵在何处？老角唱戏一丝不懈。有道是，"累死在前台"。上得台去，全神贯注，讲究是精气神"铺满"全台，如一个人在台上，也要使台上不冷，不显着人少。如"起霸"，一个人在台上能显出满台杀气才是。"群戏"好唱，人多，《战蒲关》三个人，一样要火炽，《二进宫》三个人，《乌盆记》两个人，都不能叫台下看着没有戏。早年伶工做戏都研究得入情入理，谭老板的《定军山》，唱到"来来来，带过爷的马能行"这儿，要走几步"老步"，表现衰老模样，但是认真上马，则步法立变，干净轻快，是为马上与马下之分，人老马不老。

所扮不同台风自异

再看《洪羊洞》，七郎六郎八贤王，都是唱二黄原板，上场各有各的不同，意味也各自不同。如七郎□子带四小鬼，手持□旗，上场唱几句，觉得阴风凄惨；六郎上场□小□；八贤王上场打长锤，一声"摆驾"，悠闲自在地走上场来，这点也是编剧苦心研究。后人唱戏能体会编剧的用心，一一做到好处，方不负原剧之妙处。一切做工，单讲台步，就有很大说处，生旦净末丑走法各自不同，各行角色，穿一种服装有一种走法，因为所扮演的人格不同，台风自异，同是须生，年龄不同，身份不同，走起台步来，岂能如一！

须生武工起打不求火猛，下场不要花哨，武戏文唱不必卖街

须生的武工与武生的武工有别！须生的武老生戏自然武唱，有好多是应当武戏文唱的，点到为止：起打不用火炽，下场不能花哨，可是一招一式交代清楚，不能一掳而下。像老生，也有抢背，吊毛，虎跳。以《战太平》说，花云被人□马腿，由马身跌下被擒，此点后起诸伶，多以摔的□□俏，其实应当形容马失前蹄，人由马上摔下，先翻身学马状，然后再翻一虎跳。《探母》中，四郎过关时也是，唱到"闯宋营见娘亲"，一扔马鞭来一吊毛完事，其实应当唱完，做绊马锁将马绊倒，马鞭出手不是故意地扔出，而是由马上摔下时掉的，则吊毛也好，抢背也好，意思对了。《战太平》里花云的枪也仿佛早有"排枪"、"虎跳"准备一般，与戏理悖矣。总之，须生武工要合理不要"卖街"！

《沙桥饯别》是谭叫天的绝活

《沙桥饯别》原是唐玄奘往西天取经的起程一节，为老旦应工戏。龚云甫常扮唐玄奘，然不如早年之老谭（谭鑫培之父谭志道），他对这出戏有特长，谁也唱不过他。到了谭（鑫培）老板时代，虽然不唱这出戏，但是为了纪念老老板，每天早晨调嗓则喊这出。余叔岩亦是由谭老板调嗓时捃了来的，所以他调嗓也喜欢用这出。去年高亭公司还灌了《沙桥饯别》一面片子，现在这出戏，很少有人唱。

不能取悦观众滥要彩

在下那功夫在玉成班，谭老板在同庆班，早年不准过班赶场。有几次在王府演堂会，除了三庆班的角外串，曾同谭老板唱《定军山》、《空城计》等戏，后来老了，演个探庄的老头而已，可是观众对谭老板仍然重视，绝无烦言，这就是艺术精湛的问题了。所谓"戏在人唱"，无论是一出怎样的小戏，只要能把戏做到家便是一出好戏，不怕是扮个院子，也要把院子的身份、年龄，做得入情入理，才能算是对。老角不挣牌，不取悦观众，台下叫好台下不叫好一样唱，不能因为取悦观众滥要彩，那便失了做戏的规矩。

花旦戏应有好丑

花旦戏如今失传很多。因为花旦戏多半是调情，勾奸谋杀，所以官方不时地禁演，如梆子班《卖胭脂》、《卖饽饽》、《关王庙》中的花旦戏便有些诲淫的表演。二黄班则做工细腻，含蓄不露，适可而止，像杨小朵的《十二红》，就很受当时大老官们的欢迎；再如杨幼朵的《双铃记》、《双钉记》、《杀子报》都很好。不过演此类戏，要以丑角为硬配，丑角做得好，才能显出旦角的精彩，像罗寿山，董□□艺术都高，绝非丑态百出面目伧俗的可比。

二、人云荣奎

后生宁尔尔乎

赞曰：此老将军，身手皆硬，喻为石秀，有心哉击磬。唯其不服老，所以处处拼命。汉室之关，长沙之黄，彼俱优为，不徒一长。磐河汜水，甲胄锟煌，其声烈烈，高入天关。即为东皋隐士，亦愁猛剂用伤。拟之雷曹，当是邓辛张陶之张节，若为名人，亦似关东都护之快马张。

张荣奎为今日靠把老生中之最遒劲者，每观起霸，桓桓如虎如貔，更以资格根柢所在。演戏亦多入细，即如《磐河战》立高台上之表情，后生宁尔尔乎？惟以绛灌多武，益之嗓音近左，每戏皆有"拼命之概，称之拼命三郎喻其烈"。古人云："直把官场作戏场。"若荣奎者，其如清末之张金坡（锡銮）乎。（景孤血《观张荣奎〈磐河战〉》）

老辈风骨自异寻常

张荣奎在今日伶界，资望颇老，艺事亦深稳熟练，足以师法。近以多病，不常出台，亦不肯搭班。惟偶有义务戏，经友好再三相烦，无从推却者，则亦间或粉墨登场，一试身手。前晚春和院某处义务戏，张被邀演《镇潭州》，余特往观之。张饰岳飞，威仪凛然。祝告天地山川一场，气象肃穆，说白激昂，非熟手所能办。被杨再兴耻笑时，种种懊丧神情，均极佳胜，痛斥岳云时，声色俱厉，而时时悲怆之容，尤为精到。与杨再兴对枪一场，以陈桐□稍生，而打鼓者更不熟，以致颇少精彩，然全剧表现之精神，固有非时下伶工，所能慕拟也。犹记二十年前，在旧都，曾观刘春喜此剧，于斥子一场神色之悲

壮激越，极为难能，今荣奎颇有其遗意，盖老辈风骨，自异寻常也。（《民国画报》）

艺术之真美全重在演剧人之能力与精神

现隶大舞台之张荣奎，亦北京之配角老生中负有艺名者：文武昆乱，能戏极多，尤以长靠戏为最优美。郭仲衡之戏，均荣奎所授。与许德义之《金沙滩》，许之矫健，荣奎之悲壮，亦称佳剧。王又宸排演《定军山》，荣奎曾配演严颜。舞台上，又宸着金盔金甲装饰崭新饰黄忠，而荣奎披挂破败之盔甲。边武侯升帐黄严同时出场，严颜神采奕奕，几乎将黄忠压倒，满台威武只见严颜而不见黄忠，一般观客眼光多注视严颜几置黄忠于不顾。俗谚，不怕不识货，只怕货比货。足证艺术之真美，全重在演剧人之能力与精神，并不重花靴花帽华丽鲜明之装饰也。（尘因《新申报》）

至今没有相当人才

《下河东》是一出好戏。金少山在老共舞台常与苗胜春合演，允称珠联璧合。大家现在认为欧阳芳有才难之叹，我却认为多如过江名士，呼延寿廷才难哩。自张荣奎作古，苗胜春灰心后，至今没有相当人才。这个角色难在两个跟斗上，据故靠把老生教徒弟，其难岂止登天，简直吓得死人。呼延寿廷跪在欧阳芳的面前，遵命抬起头来，甩发从前面甩到后面，恰好落在四面靠旗当中。同时将靠肚托好，待欧阳芳迎面一脚，跪着起法，摔硬抢背（也叫拨浪鼓）。一落地，马上存头躲过欧阳芳的躁头（躁字借用，意思踏）。站起来，欧阳芳顺脚踢中护心镜，再摔锞子。一口气多少花头，没有超人功夫，休想来

得了。（朱瘦竹《修竹庐剧话——〈下河东〉谈荟》）

配角的重要性

现在常用"红花"和"绿叶"比喻主角和配角的关系。依我看，配角有时也是"花"而不是"叶"。四大名旦也好，余、言、高、马四大须生也好，都是十分重视配角的。名演员演自己的拿手戏，每因配角不在身边，宁可停演或改戏。不少卓越的艺术家一生没有挂过头牌，而其声誉并不因其长期当"第二提琴手"而少衰。

从前一个演员想挑大梁组班，必须尽先考虑用什么人充当主要配角。观众买票看戏，往往是冲着配角去的。1940年张文涓初访天津，天天客满，她本身固然也有叫座力，更主要的却是由于配角中有张荣奎（文涓的业师）和侯喜瑞，一出《失空斩》，观众一多半是去看王平、马谡的。有一晚张文涓演《打渔杀家》，张、侯二老只能演李俊、倪荣，结果这二位一下场，观众中竟有退席的。

四大名旦演《三堂会审》，非用张春彦演刘秉义不可。自从叶盛兰离开扶风社自挑大梁，马连良先生有不少好戏只好挂起来。我亲眼看见到一场《四郎探母》，姜妙香的杨宗保"扯四门"一结束，观众就纷纷离座，原来这些顾曲周郎只是为杨宗保才去观光的。

名演员不仅以演大轴为荣，也以能演配角博得称誉。金少山晚年北来以后，一直挑大梁。但他总爱演《古城会》的张飞、《八蜡庙》的金大力、《五花洞》的包拯。1939年七夕，言菊朋同几位名演员合作，前场与金少山合演《碰碑》，大轴竟为了应节而贴出了《天河配》，言扮牛郎的哥哥张有才，金少山演牛神,观众连称过瘾。《青石山》的吕祖、《英杰烈》的王大人、《失街亭》的王平,都是余叔岩的绝活。梅兰芳先生演过《银空山·大登殿》的代战公主,尚小云先生演过《探母》的太后和《得意缘》的郎霞玉,梅先生和程砚秋演过《珠帘寨》的二皇娘。尚先生与小翠花(于连泉)合作,不论是演《得意缘》或是演《梅玉配》,一直是充当"第二提琴手"的。

叶盛兰同志对我不止一次讲起,他的尊翁叶春善老先生一生就爱钻研配角的"戏",如《打侄上坟》的家院陈芝,《李七长亭》的陈唐,都有出神入化的地方。萧长华老先生在台上,哪怕只有三分钟的戏,也是一丝不苟地演出,而且往往演出了"节骨眼儿",有讲究,有门道。

没有好配角就压不住场。《二堂舍子》演到"打堂",《弓砚缘》演到"洞房闹贼",观众往往就退场了,如果侯喜瑞演秦灿和邓九公,台下就保证纹丝不动。邓九公一声"你家有贼",永远博得满堂彩声。谁说这些配角不是"花"呢?(吴小如)

老当益壮

长远不看老角演戏,前天是慧海大师诞辰,有老伶工张荣奎之《武昭关》,彼素以靠把老生见长,故特往一观。座中有许多老票友都为此剧而来,荣奎为酬答知音计,复特别卖力,唱做念打,无不各有精彩,虽年来以教戏度日,不常吊嗓,然吃调仍在正宫以上,字字胥从丹田发生,其高处真可声震屋瓦、响遏行云,几个架式,边式美观,此皆得力于幼功甚深,故嗓虽经年不吊,功虽数月不练,而偶一演出,依然高朗圆润,悉中绳墨也。是剧中有一特殊之点,则生旦二人合唱一句导板"(旦)兵困禅宇(生)马后悲",此种唱法,在他剧中不恒见之。海上风行之本戏中有所谓五音九音联弹者,往往三四人合唱,连贯亘数十句,亦有两人合唱一句,一人先唱上半句,另一人接唱下半句者。初闻之颇觉新颖,其实此类唱法,悉由《二进宫》及《武昭关》诸剧蜕化而出,可见想创新的,还须多研究旧的,旧货堆里确有好玩意儿也。张荣奎出步于杨隆寿(名全,乃杨盛春之祖)主持之小荣椿科班,他同杨小楼、程继仙都是师兄弟,大李五(顺亭)晚年唱不动了,每荐荣奎为老谭配《珠帘寨》之周德威(周有勾脸与不勾脸之分,倘由钱金福扮,则归净行,勾脸;由大李五扮,则归生行,本脸。荣奎系宗李者),及为许荫棠配《甘露寺》之赵云。张既得名师真传,复时经诸名伶熏陶,故在今日靠把老生中,堪称南北第一人焉。又其他靠把戏中,演者有打有念,以及种种身段,在台上恒无休憩余地,若在外行观之,必认为异常吃力,甚不易为,实则武戏最紧张乃最易演,一遇冷场,则僵立台上,手足皆无所措,内行人最怕逢此场合也。《武昭关》剧中,当旦唱大段二黄时,生再挺立一旁,又复面向台口,为时足有数分钟之久,丝毫不能有所施展,或稍事移动,至多仅能以一手梳拢枪缨,然只三两秒钟即可毕其动作,除此之外,又别无适乎剧情之小动作,可使其不僵,须静候旦角唱完,方得转动身躯,是故此等处乃最足以显露角儿功候之深浅也。是日荣奎演此,既不类他人之呆若木鸡,复自始至终聚精会神,不现委顿之象,仿佛古庙中一尊塑像,不特不僵,且英气勃勃,使人于静中观望,更觉其工架稳练边式耳。吾人每观初下海之票友演剧,辄见其出台后吹胡子,瞪眼睛,时而整冠,时而投袖,毛病固厌其多,然而还比僵在那里稍高一筹。他人每论小楼演剧,谓彼乃武戏文唱,此一"文"字,谈何容易,盖非有数十年苦功者，莫克臻此。今杨氏墓木已拱，欲观老辈典型，复长于靠把者，舍荣奎莫属矣。又是日晚场复有张君令徒张文涓女士之《战太平》，该剧亦荣奎所授，自金殿起，带箭止，全剧完整无缺，迩来坤伶须生能擅靠把者尤寥若晨星，文涓演来虽无特殊精彩，但尚当得平妥二字，嗣后再求进步，他日不难与小冬一争短长也。（徐慕云《张荣奎老当益壮》）

曲高和寡

张荣奎嗓虽沙哑而韵味别饶，做工宗法前贤老到受看，把子功夫尤一时无两。如此美材不能为大舞台之正角，已属可悲，而居然在大舞台唱开场戏，曲高和寡可慨也。（老靖《沪伶选评》）

良才沦配

演靠把老生戏非具幼功者不辨英秀，以武生底子演来自觉游刃有余。今之生界叔岩允属鸡群之鹤而去谭尚远，连良工纱帽剧，扎靠实不胜任，宝忠幼功太差，前年在第一台演《定军山》，下场刀花翻转欠灵，致四击头，亮相手忙脚乱不可收拾。现隶大舞台之张荣奎虽无藉藉名，而靠把功夫实深，《战太平》一剧尤称一时无两。前半武场干净稳健，入后见孙氏装疯之神色，斩朱文信之两边望门，要摔发中箭后之悲壮惨淡，方以叔岩且似高明多多，余子更无论矣！《定军山》一剧荣奎亦擅胜场。昔王又宸小达子同隶天蟾，二人双演《定军山》，俱不能《斩渊》，卒由荣奎继之，始得终剧。如此良材竟沦为小达子赵如泉之配，殊可慨也！（靖陶《看云楼剧话》）

歌坛格律，不为时重久矣

日前有友邀在天蟾愿曲，意在黄桂秋之《春秋配》也。而倒第三适为张荣奎之《下河东》。《下河东》编制未善，匪所欲观，且净角不佳，允难生色。然在荣奎演之，则认为是晚绝大之意外收获。荣奎之靠把，边式美观，而又恪守规范，叫天毋论已，至里子之中，亦惟李顺亭堪居其上。荣奎嗓昔宜于高，而拙于低蠢蟒婀，复与李五相似。处今靠把人材消乏之候，耳目所接，仅叔岩可与之颉颃，余子盖不可以当顾盼也。然荣奎毕生坎坷，迄未伸首舒眉，一平其牢愁抑郁之怀。今兹戏码列于中轴，或者犹以为屈，而在荣奎则为未有之异数焉。

越二夕，荣奎忽以辍演闻，原因未明，而当事者之不以其去留为意。殆可断言，歌坛"格律"，不为时重久矣，其间埋没失志者，岂仅一荣奎已哉，不禁一叹。李顺亭身怀绝技，而始终居于里子地位亦其太守规矩，不敢迁意更张之故，顾曲者之蔑视典型，所谓从来已久，不自今日始矣。余于此，忽忆春间谭富英隶沪之际，会贴《战太平》，群以久未见此靠把重头之剧，售座为之大盛。设荣奎而演此剧，试与富英相衡。功力浅深，尤显而易见，不知顾曲者聆之，又作何感想？惜不能实现耳。（周宜《顾曲杂志·张荣奎》）

张荣奎编年简表

1885年 12月，出生于北京韩家谭。

1891年 入小天仙科班学戏。

1894年 改入福寿科科班继续学戏。其间，与陈德霖、贾洪林、张永安合演《桑园寄子》。

1907年 娶孙佐臣女孙氏为妻。

8月，应邀到上海春桂春记茶园作为期一年的演出。

1908年 在上海春桂春记茶园演出至8月。

在北京文明茶园演出《定军山》、《战蒲关》。

长女小萍出生。

1909年 在北京春仙茶园演出《独木关》等。

在利喊唱片公司录制唱片《问樵·闹府》、《金沙滩》、《南阳关》。

1912年 在北京春仙茶园演出《镇潭州》等。

10月，赴上海，与王又宸、俞振庭、李寿山、九阵风、迟月亭、范宝亭等人合作演出。

1913年 1月30日至2月1日，与王又宸在法商（昌记）歌舞台演出《独木关》、《定军山》、《空城计》。

1914年 1月底至2月中旬，与王又宸、李永利、沈华轩、刘永春等人在上海共和中舞台演出。

在北京文明茶园演出《战樊城》、《桑园寄子》等。

在吉祥园演出《击鼓骂曹》。

1915年 1月6日至26日，与王又宸、林树森在上海竞舞台演出。

2月15日，长子鸿年在北京出生。

2月21日，在北京吉祥戏园与梅兰芳等演白天戏，当日与俞振庭、何佩亭合演《连营寨》。

10月17日，与谭鑫培、黄润甫在外交次长曹汝霖家堂会上合演《空城计》，饰王平。

1917年 在北京庆乐园演出《连环套》、《攻潼关》、《泗水关》、《铡美案》。

次子少奎在北京出生。

1918年 在北京丹桂园、三庆园演出《穆柯寨》、《鱼藏剑》等。

在上海老共舞台、大舞台搭班演出。

1919年 在北京同乐茶园演出《战长沙》。

在武汉参演《解宝收威》，饰程敬思，钱金福为周德威，姜妙香为大太保，慈瑞泉为老军，姚玉芙为大夫人，梅兰芳为二夫人。

幼子幼奎出生。

1920年 迁居上海。

介绍孙佐臣为孟小冬操琴共赴汉口演出，大获成功。

9月18日至12月4日，与小达子、龚云甫、尚小云、王又宸、郭仲衡、于连泉、董俊峰、盖叫天等在天蟾舞台演出。

12月10日至27日演于亦舞台。

年底，赴南通伶工学校任教。

1921年 送鸿年进私塾读书。

1922年 从南通伶工学校返沪。

5月下旬起，在大舞台搭班演出。

1923年 在大舞台与毛韵珂、小达子、贾碧云、高庆奎等人搭班演出。

年底，为励群公学扩校参演《战太平》。

1924 年	与毛韵珂、小达子、贾碧云、高庆奎、赵如泉等人在大舞台搭班演出。
1925 年	与小达子、毛韵珂、金碧艳、刘慧琴、赵如泉、张韵宸、李瑞亭、黄玉麟等人在大舞台搭班演出。 幼女小雪出生。
1926 年	与小达子、毛韵珂、李瑞亭、郑法祥、刘慧琴、小杨月楼、赵韵声等人在大舞台搭班演出。
1927 年	8月,携全家赴天津,担任长城唱片公司经理叶庸方私人教师。 同时为长子鸿年开蒙并教习京剧。
1929 年	受马连良之邀,在北京参与扶风社,合作演出《战长沙》、《捉放曹》。 送鸿年至天津公学读书。
1930 年	兄张永安在天津去世。
1931 年	在天津与王瑶卿、程继仙、郭仲衡应长城唱片公司邀录制《悦来店》,与王琴侬录制《武昭关》。 子鸿年拜叶德凤为师。
1933 年	应长女小萍和女婿李德成邀,回到上海,主要以教戏为生。 在香港大戏院演出传统京剧。 11月初,皖商朱静安假座徐园举行盛大堂会,名票顾一琴担任提调,上演程君谋的全本《琼林宴》,詹彼珊《柴桑关》,薛佳生《捉放》,沈一震、戎伯铭《庆顶珠》,俞振飞、乔醉天《群英会》,曹志功、张益斋、郭定圆《审头》,郑孟霞《花田错》,胡驾安《双狮园》,朱琴心全本《鸿鸾禧》,朱龄童全

本《空城计》，毛剑秋《玉堂春》，林树森全本《跑城》，张荣奎《战太平》，王小芳、焦鹏云之《武戴》等。

1936年　岳父孙佐臣去世。

1937年　赴天津，与周瑞安、陈少霖、李多奎、姜妙香、王福山等佐金少山松竹社演出。

1938年　长女小萍去世，葬上海伶界公墓。

1939年　12月3日下午4点，应徐朗西和慧海之请，在上海净土庵正式收张文涓为徒。

1940年　春，携徒张文涓在京演出。
9月12日，携张文涓在天津北洋戏院首演，搭班演员有侯喜瑞、周瑞安、马艳芬等。
9月22日赴京。

1941年　结束与张文涓的师徒关系，赴天津。
长女婿李德成携子女迁居常州，以教戏供子女在当地就读小学、中学。

1942年　旅居天津，与沙大风、潘经荪、叶庸方过从甚密。
11月，《申报》连续三天刊出张荣奎等将在天蟾舞台出演《大取金陵》的戏报，22至24日正式演出。

1943年　应徐慕云邀请，到上海中华国剧学校任教。

1944年　结识何时希等朋友。

1945年　离开中华国剧学校。

1946年　在青浦授徒。
10月，在湖社（湖州同乡会）与姜妙香合演《九龙山》。
在和鸣社代办的堂会上作最后一次演出，剧目为《独木关》。

1947 年 2月24日，因喘疾医治无效，卒于上海华隆中医院。同月，大殓于上海上天殡仪馆，与亡妻孙氏合葬于上海真如伶界公墓。

张荣奎上海演出记录

日期	戏码	参演者	演出时间	演出地点
光绪卅三年 1907—8—25	《鱼中藏剑》	张荣奎	夜	上海春桂茶园
光绪卅三年 1907—8—27	《打渔杀家》	张荣奎	夜	上海春桂茶园
光绪卅三年 1907—9—1	《战太平》	张荣奎	日	上海春桂茶园
光绪卅三年 1907—9—10	《战三江口》	张荣奎	夜	上海春桂茶园
光绪卅三年 1907—9—22	《杀妾犒军》	张荣奎	日	上海春桂茶园
光绪卅三年 1907—9—22	《乞丐登殿》	张荣奎	夜	上海春桂茶园
光绪卅三年 1907—9—23	《长亭会》	张荣奎	日	上海春桂茶园
光绪卅三年 1907—9—25	《打渔杀家》	张荣奎	夜	上海春桂茶园
光绪卅三年 1907—10—4	《鼎盛春秋·刺王僚》	张荣奎	夜	上海春桂茶园
光绪卅三年 1907—10—6	《金水桥》	张荣奎	日	上海春桂茶园
光绪卅三年 1907—10—13	《满堂红》	张荣奎	日	上海春桂茶园
光绪卅三年 1907—10—13	《庆顶珠》	张荣奎	夜	上海春桂茶园
光绪卅三年 1907—10—15	《鱼藏剑》	张荣奎	夜	上海春桂茶园
光绪卅三年 1907—10—23	《乐毅伐齐》	张荣奎	夜	上海春桂茶园
光绪卅三年 1907—10—27	《庆顶珠》	张荣奎	夜	上海春桂茶园
光绪卅三年 1907—11—3	《草桥关代（带）法场》	张荣奎、刘鸿升、孙剑芬	日	上海春桂春记茶园

（续表）

日期	戏码	参演者	演出时间	演出地点
光绪卅三年 1907—11—11	《乾坤宝带》	张荣奎	夜	上海春桂春记茶园
光绪卅三年 1907—11—13	《鼎盛春秋刺王僚》	刘鸿升、筱桂芬、张荣奎、许奎官	夜	上海春桂春记茶园
光绪卅三年 1907—11—19	《金台拜帅》	张荣奎	夜	上海春桂春记茶园
光绪卅三年 1907—11—20	《兵吞六国》	张荣奎	夜	上海春桂春记茶园
光绪卅三年 1907—11—25	《失街亭·空城巧计·斩马谡》	张荣奎、刘鸿升、许奎官	夜	上海春桂春记茶园
光绪卅三年 1907—11—28	《十二太保》	刘鸿升、张荣奎、陈彩林	夜	上海春桂春记茶园
光绪卅三年 1907—12—4	《怒打金枝》	张荣奎	夜	上海春桂春记茶园
光绪卅三年 1907—12—6	《大长坂坡》	张荣奎、金香玉、谢月奎、许进山	夜	上海春桂春记茶园
光绪卅三年 1907—12—7	《金光阵》	张荣奎	夜	上海春桂春记茶园
光绪卅三年 1907—12—13	《九龙山》	张荣奎	夜	上海春桂春记茶园
光绪卅三年 1907—12—19	《下河东》	孙剑芬、张荣奎、王素云	夜	上海春桂春记茶园
光绪卅四年 1908—1—2	《战蒲关》	张荣奎	夜	上海春桂春记茶园
光绪卅四年 1908—1—5	《秦英钓鱼》	张荣奎	夜	上海春桂春记茶园
光绪卅四年 1908—1—8	《翠屏山代（带）杀山》	沈韵秋、小桃红、张荣奎、冯二耷	夜	上海春桂春记茶园
光绪卅四年 1908—1—11	《下河东》	张荣奎	夜	上海春桂春记茶园
光绪卅四年 1908—1—12	《伍申会》	张荣奎	日	上海春桂春记茶园
光绪卅四年 1908—1—19	《伍申会》	张荣奎	日	上海春桂春记茶园

(续表)

日期	戏码	参演者	演出时间	演出地点
光绪卅四年 1908—1—22	《双朱砂痣》	筱桂芬、刘鸿升、张荣奎	夜	上海春桂春记茶园
光绪卅四年 1908—1—25	《十二翠屏山》	张荣奎、沈韵秋、水仙花、筱桂芬、七仙旦、冯二耄	夜	上海春桂春记茶园
光绪卅四年 1908—1—26	《长亭会》	张荣奎	日	上海春桂春记茶园
光绪卅四年 1908—1—28	《孙龙斗智》	张荣奎	夜	上海春桂春记茶园
光绪卅四年 1908—2—5	《文昭关》	张荣奎	日	上海春桂春记茶园
光绪卅四年 1908—2—5	《下河东》	张荣奎	夜	上海春桂春记茶园
光绪卅四年 1908—2—6	《武昭关》	张荣奎	日	上海春桂春记茶园
光绪卅四年 1908—2—6	《五雷阵》	张荣奎	夜	上海春桂春记茶园
光绪卅四年 1908—2—7	《金水桥》	张荣奎	日	上海春桂春记茶园
光绪卅四年 1908—2—10	《除三害》	张荣奎	日	上海春桂春记茶园
光绪卅四年 1908—2—10	《夜战蒲关》	张荣奎	夜	上海春桂春记茶园
光绪卅四年 1908—2—11	《平贵算粮》	张荣奎	日	上海春桂春记茶园
光绪卅四年 1908—2—13	《武昭关》	张荣奎	日	上海春桂春记茶园
光绪卅四年 1908—2—13	《双长坂坡·子龙救主》	刘廷玉、筱桂芬、沈韵秋、孙剑芬、郭秀华、张荣奎	夜	上海春桂春记茶园
光绪卅四年 1908—2—14	《长亭会》	张荣奎	日	上海春桂春记茶园
光绪卅四年 1908—2—16	《四郎探母代（带）回令》	筱桂芬、张荣奎	夜	上海春桂春记茶园
光绪卅四年 1908—2—17	《芦花河》	张荣奎	日	上海春桂春记茶园

（续表）

日期	戏码	参演者	演出时间	演出地点
光绪卅四年 1908—2—23	《宋十回》	张荣奎	日	上海春桂春记茶园
光绪卅四年 1908—2—28	《长亭会》	张荣奎	夜	上海春桂春记茶园
光绪卅四年 1908—3—2	《宋江闹院》	张荣奎	夜	上海春桂春记茶园
光绪卅四年 1908—3—3	《定军山·东川得胜》	筱桂芬、张荣奎	夜	上海春桂春记茶园
光绪卅四年 1908—3—7	《下河东》	张荣奎	夜	上海春桂春记茶园
光绪卅四年 1908—3—9	《泗水关》	张荣奎	夜	上海春桂春记茶园
光绪卅四年 1908—3—12	《金光大阵》	张荣奎	夜	上海春桂春记茶园
光绪卅四年 1908—3—15	《镇潭州》	张荣奎	夜	上海春桂春记茶园
光绪卅四年 1908—3—16	《武昭关》	张荣奎	夜	上海春桂春记茶园
光绪卅四年 1908—3—17	《平贵登殿》	张荣奎	夜	上海春桂春记茶园
光绪卅四年 1908—3—18	《下河东》	张荣奎	夜	上海春桂春记茶园
光绪卅四年 1908—3—24	《太平城》	张荣奎	夜	上海春桂春记茶园
光绪卅四年 1908—4—12	《收杨再兴》	张荣奎	日	上海春桂春记茶园
光绪卅四年 1908—4—18	《乾坤宝带》	张荣奎	夜	上海春桂春记茶园
光绪卅四年 1908—4—22	《金台拜帅》	张荣奎	夜	上海春桂春记茶园
光绪卅四年 1908—4—23	《解珠宝》	张荣奎	夜	上海春桂春记茶园
光绪卅四年 1908—4—29	《文昭关》	张荣奎	夜	上海春桂春记茶园

（续表）

日期	戏码	参演者	演出时间	演出地点
光绪卅四年 1908—4—29	《黄鹤楼·三江口·芦花荡代（带）水战》	刘廷玉、沈韵秋、张荣奎	夜	上海春桂春记茶园
光绪卅四年 1908—5—1	《双长坂坡·救幼主》	李福祥、筱桂芬、刘廷玉、张荣奎	夜	上海春桂春记茶园
光绪卅四年 1908—5—6	《元帅带马》	张荣奎	夜	上海春桂春记茶园
光绪卅四年 1908—5—7	《龙阁升官》	二奎官、张荣奎、沈瑞棠	夜	上海春桂春记茶园
光绪卅四年 1908—5—8	《太平城》	张荣奎	夜	上海春桂春记茶园
光绪卅四年 1908—5—9	《金台拜帅》	张荣奎	夜	上海春桂春记茶园
光绪卅四年 1908—5—17	《洪洋洞》	张荣奎	日	上海春桂春记茶园
光绪卅四年 1908—5—18	《双长坂坡》	刘廷玉、沈韵秋、筱桂芬、李福祥、张荣奎、孙剑芬	夜	上海春桂春记茶园
光绪卅四年 1908—5—19	《战太平》	张荣奎	夜	上海春桂春记茶园
光绪卅四年 1908—5—20	《黄忠代（带）剑伐东吴》	筱桂芬、张荣奎	夜	上海春桂春记茶园
光绪卅四年 1908—5—21	《金水桥》	张荣奎	夜	上海春桂春记茶园
光绪卅四年 1908—5—23	《长亭会》	张荣奎	夜	上海春桂春记茶园
光绪卅四年 1908—5—24	《打金枝》	张荣奎	日	上海春桂春记茶园
光绪卅四年 1908—5—24	《五雷阵》	张荣奎	夜	上海春桂春记茶园
光绪卅四年 1908—5—26	《泗水关》	张荣奎	夜	上海春桂春记茶园
光绪卅四年 1908—5—28	《回龙阁》	张荣奎	夜	上海春桂春记茶园
光绪卅四年 1908—5—29	《武昭关》	张荣奎	夜	上海春桂春记茶园

（续表）

日期	戏码	参演者	演出时间	演出地点
光绪卅四年 1908—5—31	《金水桥》	张荣奎	夜	上海春桂春记茶园
光绪卅四年 1908—6—1	《风云际会》	张荣奎	日	上海春桂春记茶园
光绪卅四年 1908—6—2	《长亭会》	张荣奎	夜	上海春桂春记茶园
光绪卅四年 1908—6—3	《九龙山》	张荣奎	日	上海春桂春记茶园
光绪卅四年 1908—6—5	《除三害》	张荣奎	日	上海春桂春记茶园
光绪卅四年 1908—6—8	《五雷大阵》	张荣奎	夜	上海春桂春记茶园
光绪卅四年 1908—6—9	《鱼藏剑》	张荣奎	夜	上海春桂春记茶园
光绪卅四年 1908—6—10	《芦花河》	张荣奎	夜	上海春桂春记茶园
光绪卅四年 1908—6—11	《解珠宝》	张荣奎	夜	上海春桂春记茶园
光绪卅四年 1908—6—12	《乾坤宝带》	张荣奎	夜	上海春桂春记茶园
光绪卅四年 1908—6—12	《鼎盛春秋·浣纱记·芦中人·鱼藏剑·刺王僚》	张荣奎、筱桂芬、二奎官、许奎官	夜	上海春桂春记茶园
光绪卅四年 1908—6—13	《战太平》	张荣奎	夜	上海春桂春记茶园
光绪卅四年 1908—6—14	《泗水关》	张荣奎	日	上海春桂春记茶园
光绪卅四年 1908—6—14	《风云际会》	张荣奎	夜	上海春桂春记茶园
光绪卅四年 1908—6—15	《武昭关》	张荣奎	夜	上海春桂春记茶园
光绪卅四年 1908—6—17	《回龙阁》	张荣奎	夜	上海春桂春记茶园
光绪卅四年 1908—6—19	《黄金台》	张荣奎	夜	上海春桂春记茶园

(续表)

日期	戏码	参演者	演出时间	演出地点
光绪卅四年 1908—6—20	《断密涧》	张荣奎	夜	上海春桂春记茶园
光绪卅四年 1908—6—24	《镇潭州》	张荣奎	夜	上海春桂春记茶园
光绪卅四年 1908—6—25	《双长坂坡·赵子龙救幼主》	明海亮、筱桂芬、刘廷玉、张荣奎	夜	上海春桂春记茶园
光绪卅四年 1908—6—26	《回龙阁》	张荣奎	夜	上海春桂春记茶园
光绪卅四年 1908—6—27	《武昭关》	张荣奎	夜	上海春桂春记茶园
光绪卅四年 1908—6—28	《打金枝》	张荣奎	日	上海春桂春记茶园
光绪卅四年 1908—6—28	《泗水关》	张荣奎	夜	上海春桂春记茶园
光绪卅四年 1908—6—30	《四郎探母代（带）回令》	筱桂芬、张荣奎	夜	上海春桂春记茶园
光绪卅四年 1908—7—1	《解珠宝》	张荣奎	夜	上海春桂春记茶园
光绪卅四年 1908—7—2	《战蒲关》	张荣奎	夜	上海春桂春记茶园
光绪卅四年 1908—7—5	《回龙阁》	张荣奎	日	上海春桂春记茶园
光绪卅四年 1908—7—5	《金光阵》	张荣奎	夜	上海春桂春记茶园
光绪卅四年 1908—7—6	《长亭会》	张荣奎	夜	上海春桂春记茶园
光绪卅四年 1908—7—7	《泗水关》	张荣奎	夜	上海春桂春记茶园
光绪卅四年 1908—7—9	《战蒲关》	张荣奎	夜	上海春桂春记茶园
光绪卅四年 1908—7—14	《金光阵》	张荣奎	夜	上海春桂春记茶园
光绪卅四年 1908—7—16	《风云际会》	张荣奎	夜	上海春桂春记茶园

（续表）

日期	戏码	参演者	演出时间	演出地点
光绪卅四年 1908—7—24	《长亭会》	张荣奎	夜	上海春桂春记茶园
光绪卅四年 1908—7—26	《镇潭州》	张荣奎	日	上海春桂春记茶园
光绪卅四年 1908—7—26	《蒲关吃肉》	张荣奎	夜	上海春桂春记茶园
光绪卅四年 1908—7—27	《过江赴宴·黄鹤楼》	刘鸿荣、张荣奎、周福全	夜	上海春桂春记茶园
光绪卅四年 1908—7—29	《下河东》	刘廷玉、张荣奎	夜	上海春桂春记茶园
光绪卅四年 1908—7—30	《白马坡·关公斩颜良》	何永官、刘廷玉、张荣奎	夜	上海春桂春记茶园
光绪卅四年 1908—8—1	《战蒲关》	张荣奎	夜	上海春桂春记茶园
光绪卅四年 1908—8—2	《金水桥》	张荣奎	日	上海春桂春记茶园
光绪卅四年 1908—8—2	《武昭关》	张荣奎	夜	上海春桂春记茶园
光绪卅四年 1908—8—3	《元帅带马》	水仙花、张荣奎	夜	上海春桂春记茶园
光绪卅四年 1908—8—4	《回龙阁》	张荣奎	夜	上海春桂春记茶园
光绪卅四年 1908—8—5	《战蒲关》	张荣奎	夜	上海春桂春记茶园
光绪卅四年 1908—8—6	《金光阵》	张荣奎	夜	上海春桂春记茶园
光绪卅四年 1908—8—7	《长亭会》	张荣奎	夜	上海春桂春记茶园
光绪卅四年 1908—8—8	《黄金台》	张荣奎	日	上海春桂春记茶园
光绪卅四年 1908—8—14	《下河东》	张荣奎	夜	上海春桂春记茶园
民国元年 1912 10 2	《空城计·失街亭》	刘贺男、麻穆子、福小田、张荣奎	夜	上海中华大戏院

（续表）

日期	戏码	参演者	演出时间	演出地点
民国元年 1912—10—4	《定军山·连发永如》	吴春恒、福小田、小赶三、金寿臣、张荣奎、阿福	日	上海中华大戏院
民国元年 1912—10—7	《莲花湖》	小月恒、张荣奎、宋福泰、金狸猫、董胜奎	夜	上海中华大戏院
民国元年 1912—10—9	《洪洋洞》	王又宸、张荣奎、麻穆子、小洪庆	夜	上海中华大戏院
民国元年 1912—10—10	《捉放曹》	王又宸、筱洪庆、张荣奎	夜	上海中华大戏院
民国元年 1912—10—12	《空城计·失街亭》	王又宸、筱洪庆、张荣奎	夜	上海中华大戏院
民国元年 1912—10—17	《李陵碑》	王又宸、筱洪庆、张荣奎	夜	上海中华大戏院
民国元年 1912—10—18	《大溪皇庄》	田雨农、小月恒、麻穆子、张荣奎、傅小山、李寿山	夜	上海中华大戏院
民国元年 1912—10—22	《鱼藏剑》	王又宸、筱洪庆、张荣奎	夜	上海中华大戏院
民国元年 1912—10—24	《战猊亭》	俞振庭、迟月亭、范宝亭、朱湘泉、李寿山、张荣奎	夜	上海中华大戏院
民国元年 1912—10—25	《全武行取金陵》	阎岚秋、阎岚亭、李德山、侯春兰、孙振声、张荣奎	夜	上海中华大戏院
民国元年 1912—10—27	《捉放曹操》	王又宸、筱洪庆、张荣奎	夜	上海中华大戏院
民国元年 1912—10—29	《阳平关》	俞振庭、史福奎、张荣奎、朱湘泉	夜	上海中华大戏院
民国元年 1912—10—30	《搜孤救孤》	筱洪庆、王又宸、张荣奎	夜	上海中华大戏院
民国元年 1912—11—1	《讨鱼税》	张荣奎、张文琴	夜	上海中华大戏院
民国元年 1912—11—2	《过江赴宴》	满子善、麻穆子、建德堂、张荣奎	日	上海中华大戏院
民国元年 1912—11—2	《下河东》	张荣奎	夜	上海中华大戏院
民国元年 1912—11—3	《下河东》	张荣奎、李寿山、张宝奎	日	上海中华大戏院

（续表）

日期	戏码	参演者	演出时间	演出地点
民国元年 1912—11—3	《收杨再兴》	张荣奎、麻穆子	夜	上海中华大戏院
民国元年 1912—11—3	《六泗州城》	李寿山、九阵风、张荣奎、阎岚亭、宋福泰、姚桂喜	夜	上海中华大戏院
民国元年 1912—11—4	《铡美案》	小洪庆、张荣奎	夜	上海中华大戏院
民国元年 1912—11—4	《战猇亭》	俞振庭、张荣奎、范宝亭、朱德山	夜	上海中华大戏院
民国元年 1912—11—7	《取成都》	建德堂、张荣奎	夜	上海中华大戏院
民国元年 1912—11—9	《斩子》	张荣奎	夜	上海中华大戏院
民国二年 1913—1—31	《空城计》	王又宸、张荣奎、马春甫	夜	上海法商昌记歌舞台
民国二年 1913—2—1	《双八义图》	毕德森、小麟童、张荣奎	夜	上海法商昌记歌舞台
民国三年 1914—1—31	《独木关》	张荣奎	夜	上海共和中舞台
民国三年 1914—2—1	《翠屏山》	小金猴、张荣奎、水仙花	夜	上海共和中舞台
民国三年 1914—2—2	《定军山》	张荣奎	夜	上海共和中舞台
民国三年 1914—2—3	《大八蜡庙》	李永利、张荣奎、沈华轩	夜	上海共和中舞台
民国三年 1914—2—4	《阳平关》	沈华轩、张荣奎、刘永春	夜	上海共和中舞台
民国三年 1914—2—5	《庆顶珠》	张荣奎	夜	上海共和中舞台
民国三年 1914—2—6	《八义图》	张荣奎、刘雨田、宋敦甫	夜	上海共和中舞台
民国三年 1914—2—14	《空城计·失街亭·斩马谡》	刘永春、王又宸、张荣奎	夜	上海共和中舞台
民国四年 1915—1—6	《独木关》	张荣奎	夜	上海竞舞台

（续表）

日期	戏码	参演者	演出时间	演出地点
民国四年 1915—1—7	《定军山》	张荣奎	夜	上海竞舞台
民国四年 1915—1—8	《空城计》	王又宸、张荣奎、曹甫臣	夜	上海竞舞台
民国四年 1915—1—10	《八义图》	林树森、张荣奎	日	上海竞舞台
民国四年 1915—1—11	《凤鸣关》	张荣奎	夜	上海竞舞台
民国四年 1915—1—11	《捉放曹》	王又宸、曹甫臣、张荣奎	夜	上海竞舞台
民国四年 1915—1—12	《搜孤救孤》	王又宸、曹甫臣、张荣奎	夜	上海竞舞台
民国四年 1915—1—14	《下河东》	张荣奎	夜	上海竞舞台
民国四年 1915—1—15	《朱砂痣》	王又宸、马妙侬、张荣奎	夜	上海竞舞台
民国四年 1915—1—16	《八大锤》	田雨侬、王益芳、张德禄、许奎官、张荣奎	夜	上海竞舞台
民国四年 1915—1—17	《巴骆和》	杨四立、田雨侬、张荣奎	日	上海竞舞台
民国四年 1915—1—17	《头本关公走麦城》	夏月润、夏月珊、王益芳、田雨侬、林树森、张荣奎等	夜	上海竞舞台
民国四年 1915—1—18	《二本走麦城·火烧连营代(带)哭灵》	王又宸、夏月润、夏月珊、王益芳、林树森、张荣奎等	夜	上海竞舞台
民国四年 1915—1—20	《全本鱼藏剑》	王又宸、张荣奎、许奎官	夜	上海竞舞台
民国四年 1915—1—21	《全本斩黄袍》	王又宸、马妙侬、张荣奎	夜	上海竞舞台
民国四年 1915—1—24	《李陵碑》	王又宸、曹甫臣、张荣奎	夜	上海竞舞台
民国四年 1915—1—26	《全本斩黄袍》	王又宸、张荣奎、汤双凤	夜	上海竞舞台
民国九年 1920—9—18	《九更天》	张荣奎	夜	上海天蟾舞台

（续表）

日期	戏码	参演者	演出时间	演出地点
民国九年 1920—9—19	《三本铁公鸡》	盖叫天、张荣奎、王月舫	夜	上海天蟾舞台
民国九年 1920—9—20	《钓金龟》	张荣奎	夜	上海天蟾舞台
民国九年 1920—9—21	《下河东》	张荣奎、孟燮卿	夜	上海天蟾舞台
民国九年 1920—9—24	《天雷报》	王又宸、张荣奎	夜	上海天蟾舞台
民国九年 1920—9—26	《三本铁公鸡》	盖叫天、张荣奎、王月舫	日	上海天蟾舞台
民国九年 1920—9—27	《鼎足三分》	张鹤楼、罗小宝、李宝龙、张荣奎	日	上海天蟾舞台
民国九年 1920—9—28	《神游广寒宫》	冯子和、小翠花、小达子、盖叫天、张鹤楼、张荣奎等	夜	上海天蟾舞台
民国九年 1920—9—30	《大宋历史金枪传》	冯子和、张鹤楼、张荣奎、李桂芳、周五宝等	夜	上海天蟾舞台
民国九年 1920—10—3	《一捧雪》	张荣奎	夜	上海天蟾舞台
民国九年 1920—10—4	《神仙世界》	小翠花、小达子、盖叫天、祁彩芬、董俊峰、张荣奎等	夜	上海天蟾舞台
民国九年 1920—10—6	《钓金龟》	张荣奎	夜	上海天蟾舞台
民国九年 1920—10—7	《谋命索诈》	小翠花、张荣奎、李桂芳、周五宝、明海山	夜	上海天蟾舞台
民国九年 1920—10—9	《全本杨家将》	冯子和、李春棠、陈月梅、张荣奎、张鹤楼、李桂芳等	日	上海天蟾舞台
民国九年 1920—10—9	《天雷报》	王又宸、张荣奎	日	上海天蟾舞台
民国九年 1920—10—10	《三本铁公鸡》	盖叫天、张荣奎、王月舫	日	上海天蟾舞台
民国九年 1920—10—10	《四郎探母》	王又宸、吴彩霞、罗小宝、张荣奎	夜	上海天蟾舞台
民国九年 1920—10—10	《神仙世界》	小翠花、小达子、盖叫天、祁彩分、董俊峰、张荣奎等	夜	上海天蟾舞台

(续表)

日期	戏码	参演者	演出时间	演出地点
民国九年 1920—10—11	《孟姜女》	冯子和、吴彩霞、罗小宝、李桂芳、张荣奎	夜	上海天蟾舞台
民国九年 1920—10—12	《神游广寒宫》	冯子和、小翠花、小达子、盖叫天、张鹤楼、张荣奎等	夜	上海天蟾舞台
民国九年 1920—10—16	《全本风波亭》	冯子和、小翠花、小达子、盖叫天、张鹤楼、张荣奎等	夜	上海天蟾舞台
民国九年 1920—10—17	《穆天王》	小翠花、李桂芳、张荣奎	日	上海天蟾舞台
民国九年 1920—10—18	《神仙世界》	小翠花、小达子、盖叫天、祁彩芬、董俊峰、张荣奎等	夜	上海天蟾舞台
民国九年 1920—10—19	《全本上天台》	小达子、董俊峰、刘松亭、张荣奎等	夜	上海天蟾舞台
民国九年 1920—10—19	《下河东》	张荣奎	夜	上海天蟾舞台
民国九年 1920—10—20	《三本铁公鸡》	盖叫天、张荣奎、王月舫	日	上海天蟾舞台
民国九年 1920—10—20	《一捧雪》	张荣奎	夜	上海天蟾舞台
民国九年 1920—10—21	《神游广寒宫》	冯子和、小翠花、小达子、盖叫天、张鹤楼、张荣奎等	夜	上海天蟾舞台
民国九年 1920—10—22	《黄忠十三功》	小达子、盖叫天、张鹤楼、张荣奎等	夜	上海天蟾舞台
民国九年 1920—10—23	《穆天王》	小翠花、李桂芳、张荣奎	夜	上海天蟾舞台
民国九年 1920—10—24	《穆柯寨》	小翠花、董俊峰、张荣奎等	日	上海天蟾舞台
民国九年 1920—10—24	《神仙世界》	小翠花、小达子、盖叫天、祁彩芬、董俊峰、张荣奎等	夜	上海天蟾舞台
民国九年 1920—10—25	《全本金枪传》	冯子和、张鹤楼、张荣奎、李桂芳、周五宝等	夜	上海天蟾舞台
民国九年 1920—10—25	《三本铁公鸡》	盖叫天、张荣奎、王月舫	夜	上海天蟾舞台
民国九年 1920—10—25	《谋命索诈》	小翠花、张荣奎、李桂芳、周五宝、明海山	夜	上海天蟾舞台

（续表）

日期	戏码	参演者	演出时间	演出地点
民国九年 1920—10—27	《鼎足三分》	张鹤楼、罗小宝、李宝龙、张荣奎	夜	上海天蟾舞台
民国九年 1920—10—27	《李纯自戕恨》	冯子和、小翠花、熊文通、明海山、张荣奎等	夜	上海天蟾舞台
民国九年 1920—10—28	《李纯自戕恨》	冯子和、小翠花、熊文通、明海山、张荣奎等	夜	上海天蟾舞台
民国九年 1920—10—30	《新长坂坡》	张鹤楼、吴彩霞、张荣奎	夜	上海天蟾舞台
民国九年 1920—10—31	《一捧雪》	张荣奎	日	上海天蟾舞台
民国九年 1920—11—1	《四平山》	盖叫天、张鹤楼、张荣奎等	夜	上海天蟾舞台
民国九年 1920—11—2	《大宋历史金枪传》	冯子和、张鹤楼、张荣奎、李桂芳、周五宝等	夜	上海天蟾舞台
民国九年 1920—11—4	《镇潭州》	张荣奎	夜	上海天蟾舞台
民国九年 1920—11—7	《黄鹤楼》	小达子、盖叫天、张荣奎等	日	上海天蟾舞台
民国九年 1920—11—7	《全本风波亭》	冯子和、小翠花、小达子、盖叫天、张鹤楼、张荣奎等	夜	上海天蟾舞台
民国九年 1920—11—8	《全本临阳关》	小翠花、盖叫天、张荣奎等	夜	上海天蟾舞台
民国九年 1920—11—10	《三本铁公鸡》	盖叫天、张荣奎、王月舫	夜	上海天蟾舞台
民国九年 1920—11—12	《取成都》	郭仲衡、董俊峰、张荣奎等	夜	上海天蟾舞台
民国九年 1920—11—12	《全本无情郎》	小翠花、张荣奎、孟鸿茂、李桂芳	夜	上海天蟾舞台
民国九年 1920—11—13	《三本铁公鸡》	盖叫天、张荣奎、王月舫	日	上海天蟾舞台
民国九年 1920—11—13	《下河东》	张荣奎	夜	上海天蟾舞台
民国九年 1920—11—14	《玉堂春·三堂会审》	尚小云、李桂芳、张荣奎	夜	上海天蟾舞台

(续表)

日期	戏码	参演者	演出时间	演出地点
民国九年 1920—11—17	《斩黄袍》	郭仲衡、张彦芝、张荣奎、吴彩霞、刘松亭、廖连卿	夜	上海天蟾舞台
民国九年 1920—11—18	《四平山》	盖叫天、张鹤楼、张荣奎等	夜	上海天蟾舞台
民国九年 1920—11—19	《大宋历史金枪传》	冯子和、张鹤楼、张荣奎、李桂芳、周五宝、祁彩芬等	夜	上海天蟾舞台
民国九年 1920—11—20	《九更天》	张荣奎	日	上海天蟾舞台
民国九年 1920—11—20	《全本逍遥津》	淦鸣峯（客串）、刘松亭、张荣奎	夜	上海天蟾舞台
民国九年 1920—11—21	《战长沙》	郭仲衡、刘松亭、张荣奎	日	上海天蟾舞台
民国九年 1920—11—21	《捉放曹》	郭仲衡、董俊峰、张荣奎	夜	上海天蟾舞台
民国九年 1920—11—22	《取荥阳》	张荣奎	夜	上海天蟾舞台
民国九年 1920—11—24	《取成都》	郭仲衡、杨春芳、张荣奎、小宝翠、张彦芝	夜	上海天蟾舞台
民国九年 1920—11—24	《玉堂春·三堂会审》	尚小云、李桂芳、张荣奎	夜	上海天蟾舞台
民国九年 1920—11—25	《斩黄袍》	郭仲衡、张荣奎、吴彩霞、刘松亭	夜	上海天蟾舞台
民国九年 1920—11—26	《全本红鬃烈马》	龚云甫、尚小云、郭仲衡、盖叫天、张荣奎等	夜	上海天蟾舞台
民国九年 1920—11—28	《朱砂痣》	龚云甫、郭仲衡、吴彩霞、张荣奎	日	上海天蟾舞台
民国九年 1920—11—29	《四平山》	盖叫天、张鹤楼、张荣奎等	夜	上海天蟾舞台
民国九年 1920—11—30	《御碑亭·金榜乐》	尚小云、郭仲衡、李桂芳、张荣奎	夜	上海天蟾舞台
民国九年 1920—12—2	《镇潭州》	张荣奎	夜	上海天蟾舞台
民国九年 1920—12—4	《三本铁公鸡》	盖叫天、张荣奎、王月舫	日	上海天蟾舞台

(续表)

日期	戏码	参演者	演出时间	演出地点
民国九年 1920—12—10	《九更天》	张荣奎	夜	上海亦舞台
民国九年 1920—12—11	《全本杨家将》	三麻子、张德俊、张国斌、绿牡丹、张荣奎等	日	上海亦舞台
民国九年 1920—12—12	《琼林宴》	张荣奎	日	上海亦舞台
民国九年 1920—12—12	《八义图》	张荣奎	夜	上海亦舞台
民国九年 1920—12—13	《一捧雪》	张荣奎、李逢南	夜	上海亦舞台
民国九年 1920—12—14	《秋胡戏妻》	张荣奎	夜	上海亦舞台
民国九年 1920—12—18	《黄鹤楼》	张荣奎、张宏声、陈芳甫	日	上海亦舞台
民国九年 1920—12—19	《武昭关》	张荣奎	日	上海亦舞台
民国九年 1920—12—21	《斩黄袍》	张宏声、张荣奎	夜	上海亦舞台
民国九年 1920—12—25	《南阳关》	张荣奎	日	上海亦舞台
民国九年 1920—12—27	《吃人肉·战蒲关》	张宏声、张荣奎	夜	上海亦舞台
民国十一年 1922—5—27	《头本诸葛亮做亲》	毛韵珂、贾碧云、赵如泉、刘慧琴、张荣奎等	日	上海大舞台
民国十一年 1922—5—31	《八义图》	张荣奎	日	上海大舞台
民国十一年 1922—6—2	《鼎盛春秋》	张荣奎	夜	上海大舞台
民国十一年 1922—6—3	《黄金台》	张荣奎	夜	上海大舞台
民国十一年 1922—6—7	《二本沈万山得聚宝盆》	小达子、赵如泉、毛韵珂、贾碧云、赵醉梅、张荣奎等	夜	上海大舞台
民国十一年 1922—6—9	《八义图》	张荣奎	夜	上海大舞台

(续表)

日期	戏码	参演者	演出时间	演出地点
民国十一年 1922—6—10	《大登殿》	张荣奎	夜	上海大舞台
民国十一年 1922—6—11	《秦琼卖马》	张荣奎	日	上海大舞台
民国十一年 1922—6—18	《全本辕门斩子》	毛韵珂、贾碧云、赵如泉、张荣奎等	夜	上海大舞台
民国十一年 1922—6—22	《搜孤救孤》	张荣奎	夜	上海大舞台
民国十一年 1922—6—25	《九更天》	张荣奎	日	上海大舞台
民国十一年 1922—7—29	《八义图》	张荣奎	日	上海大舞台
民国十一年 1922—8—5	《翠屏山》	金碧艳、赵醉梅、孙稚舟	日	上海大舞台
民国十一年 1922—8—6	《胭脂虎》	金碧艳、张荣奎	日	上海大舞台
民国十一年 1922—8—12	《新长坂坡》	李瑞亭、张荣奎、李胜奎	日	上海大舞台
民国十一年 1922—8—13	《下河东》	张荣奎、李胜奎	日	上海大舞台
民国十一年 1922—8—27	《武家坡》	金碧艳、张荣奎	日	上海大舞台
民国十一年 1922—8—28	《空城计》	张荣奎	夜	上海大舞台
民国十一年 1922—9—24	《阳平关》	张荣奎	日	上海大舞台
民国十一年 1922—9—30	《八义图》	张荣奎	日	上海大舞台
民国十一年 1922—10—1	《武家坡》	张荣奎	日	上海大舞台
民国十一年 1922—10—5	《唐明皇游月宫》	金碧艳、赵醉梅、张荣奎、于振亭	日	上海大舞台
民国十一年 1922—10—6	《虎将招亲》	金碧艳、张荣奎	日	上海大舞台

(续表)

日期	戏码	参演者	演出时间	演出地点
民国十一年 1922—10—7	《新长坂坡》	李瑞亭、张荣奎、李胜奎	日	上海大舞台
民国十一年 1922—10—8	《下河东》	张荣奎	日	上海大舞台
民国十一年 1922—10—10	《八义图》	张荣奎	日	上海大舞台
民国十一年 1922—10—29	《刀劈五虎》	张荣奎	日	上海大舞台
民国十一年 1922—11—4	《八义图》	张荣奎	日	上海大舞台
民国十一年 1922—11—12	《全本关公单刀赴会》	赵如泉、毛韵珂、姚俊卿、张荣奎等	日	上海大舞台
民国十一年 1922—11—18	《九更天》	张荣奎	日	上海大舞台
民国十一年 1922—11—19	《二进宫》	张荣奎	日	上海大舞台
民国十一年 1922—11—26	《搜孤救孤》	张荣奎	日	上海大舞台
民国十一年 1922—12—6	《下河东》	张荣奎	夜	上海大舞台
民国十一年 1922—12—9	《搜孤救孤》	张荣奎	日	上海大舞台
民国十一年 1922—12—24	《乌龙院》	王佳楣、张荣奎	夜	上海大舞台
民国十一年 1922—12—30	《黄金台》	张荣奎	日	上海大舞台
民国十一年 1922—12—31	《全本关云长单刀赴会》	毛韵珂、赵如泉、应宝莲、姚俊卿、李瑞亭、张荣奎	日	上海大舞台
民国十二年 1923—1—7	《战太平》	张荣奎	日	上海大舞台
民国十二年 1923—1—13	《黄金台》	张荣奎	日	上海大舞台
民国十二年 1923—1—15	《黄金台》	张荣奎	夜	上海大舞台

（续表）

日期	戏码	参演者	演出时间	演出地点
民国十二年 1923—1—19	《乌龙院》	张荣奎、王佳楣	夜	上海大舞台
民国十二年 1923—1—22	《打渔杀家》	张荣奎	夜	上海大舞台
民国十二年 1923—1—25	《打渔杀家》	张荣奎	夜	上海大舞台
民国十二年 1923—1—27	《武家坡·平贵回窑》	金碧艳、张荣奎	日	上海大舞台
民国十二年 1923—1—28	《黄忠十三功》	张荣奎、李瑞亭	日	上海大舞台
民国十二年 1923—2—10	《八义图》	张荣奎、于振亭	日	上海大舞台
民国十二年 1923—2—10	《斩黄袍》	张荣奎	夜	上海大舞台
民国十二年 1923—2—19	《关公走麦城》	毛韵珂、赵如泉、郭春华、张荣奎等	日	上海大舞台
民国十二年 1923—2—22	《忠节义》	张荣奎	日	上海大舞台
民国十二年 1923—2—23	《一捧雪》	张荣奎	日	上海大舞台
民国十二年 1923—2—25	《翠屏山》	贾碧云、金碧艳、张荣奎	日	上海大舞台
民国十二年 1923—2—26	《天雷报》	张荣奎	日	上海大舞台
民国十二年 1923—2—27	《八义图》	于振亭、张荣奎	日	上海大舞台
民国十二年 1923—2—28	《武家坡》	唐秀莲、张荣奎	夜	上海大舞台
民国十二年 1923—3—1	《黄金台》	张荣奎	日	上海大舞台
民国十二年 1923—3—2	《斩黄袍》	张荣奎	夜	上海大舞台
民国十二年 1923—3—3	《狸猫换太子·包公出世》	小达子、毛韵珂、金碧艳、张荣奎等	夜	上海大舞台

(续表)

日期	戏码	参演者	演出时间	演出地点
民国十二年 1923—3—4	《八义图》	张荣奎	日	上海大舞台
民国十二年 1923—3—4	《狸猫换太子》二本	小达子、毛韵珂、金碧艳、张荣奎等	夜	上海大舞台
民国十二年 1923—3—5	《狸猫换太子》三本	小达子、毛韵珂、金碧艳、张荣奎等	夜	上海大舞台
民国十二年 1923—3—6	《狸猫换太子》四本	小达子、毛韵珂、金碧艳、张荣奎等	夜	上海大舞台
民国十二年 1923—3—7	《狸猫换太子》五本	小达子、毛韵珂、金碧艳、张荣奎等	夜	上海大舞台
民国十二年 1923—3—8	《狸猫换太子》五本	小达子、毛韵珂、金碧艳、张荣奎等	夜	上海大舞台
民国十二年 1923—3—9	《狸猫换太子》五本	小达子、毛韵珂、金碧艳、张荣奎等	夜	上海大舞台
民国十二年 1923—3—10	《狸猫换太子》五本	小达子、毛韵珂、金碧艳、张荣奎等	夜	上海大舞台
民国十二年 1923—3—11	《狸猫换太子》五本	小达子、毛韵珂、金碧艳、张荣奎等	夜	上海大舞台
民国十二年 1923—3—12	《狸猫换太子》五本	小达子、毛韵珂、金碧艳、张荣奎等	夜	上海大舞台
民国十二年 1923—3—13	《狸猫换太子》五本	小达子、毛韵珂、金碧艳、张荣奎等	夜	上海大舞台
民国十二年 1923—3—14	《狸猫换太子》头本	小达子、毛韵珂、金碧艳、张荣奎等	夜	上海大舞台
民国十二年 1923—3—15	《狸猫换太子》二本	小达子、毛韵珂、金碧艳、张荣奎等	夜	上海大舞台
民国十二年 1923—3—16	《狸猫换太子》三本	小达子、毛韵珂、金碧艳、张荣奎等	夜	上海大舞台
民国十二年 1923—3—17	《黄金台》	张荣奎	日	上海大舞台
民国十二年 1923—3—17	《狸猫换太子》四本	小达子、毛韵珂、金碧艳、张荣奎等	夜	上海大舞台
民国十二年 1923—3—18	《下河东》	张荣奎、张春海	日	上海大舞台

（续表）

日期	戏码	参演者	演出时间	演出地点
民国十二年 1923—3—18	《狸猫换太子》五本	小达子、毛韵珂、贾碧云、金碧艳、张荣奎等	夜	上海大舞台
民国十二年 1923—3—19	《狸猫换太子》五本	小达子、毛韵珂、贾碧云、金碧艳、张荣奎等	夜	上海大舞台
民国十二年 1923—3—20	《狸猫换太子》五本	小达子、毛韵珂、贾碧云、金碧艳、张荣奎等	夜	上海大舞台
民国十二年 1923—3—21	《狸猫换太子》五本	小达子、毛韵珂、贾碧云、金碧艳、张荣奎等	夜	上海大舞台
民国十二年 1923—3—22	《狸猫换太子》五本	小达子、毛韵珂、贾碧云、金碧艳、张荣奎等	夜	上海大舞台
民国十二年 1923—3—23	《狸猫换太子》五本	小达子、毛韵珂、贾碧云、金碧艳、张荣奎等	夜	上海大舞台
民国十二年 1923—3—24	《八义图》	张荣奎、陈嘉麟	日	上海大舞台
民国十二年 1923—3—24	《武家坡》	唐秀莲、张荣奎	夜	上海大舞台
民国十二年 1923—3—25	《翠屏山》	张荣奎、唐秀莲、孙稚舟、王佳楣	日	上海大舞台
民国十二年 1923—3—26	《狸猫换太子》头本	小达子、毛韵珂、贾碧云、金碧艳、张荣奎等	夜	上海大舞台
民国十二年 1923—3—27	《狸猫换太子》二本	小达子、毛韵珂、贾碧云、金碧艳、张荣奎等	夜	上海大舞台
民国十二年 1923—3—28	《狸猫换太子》三本	小达子、毛韵珂、贾碧云、金碧艳、张荣奎等	夜	上海大舞台
民国十二年 1923—3—29	《狸猫换太子》四本	小达子、毛韵珂、贾碧云、金碧艳、张荣奎等	夜	上海大舞台
民国十二年 1923—3—30	《狸猫换太子》五本	小达子、毛韵珂、贾碧云、金碧艳、张荣奎等	夜	上海大舞台
民国十二年 1923—3—31	《秦琼卖马》	张荣奎	日	上海大舞台
民国十二年 1923—3—31	《狸猫换太子》五本	小达子、毛韵珂、贾碧云、金碧艳、张荣奎等	夜	上海大舞台
民国十二年 1923—4—1	《狸猫换太子》五本	小达子、毛韵珂、贾碧云、金碧艳、张荣奎等	夜	上海大舞台

(续表)

日期	戏码	参演者	演出时间	演出地点
民国十二年 1923—4—2	《狸猫换太子》五本	小达子、毛韵珂、贾碧云、金碧艳、张荣奎等	夜	上海大舞台
民国十二年 1923—4—3	《狸猫换太子》五本	小达子、毛韵珂、贾碧云、金碧艳、张荣奎等	夜	上海大舞台
民国十二年 1923—4—4	《狸猫换太子》五本	小达子、毛韵珂、贾碧云、金碧艳、张荣奎等	夜	上海大舞台
民国十二年 1923—4—5	《狸猫换太子》头本	小达子、毛韵珂、贾碧云、金碧艳、张荣奎等	夜	上海大舞台
民国十二年 1923—4—6	《狸猫换太子》二本	小达子、毛韵珂、贾碧云、金碧艳、张荣奎等	夜	上海大舞台
民国十二年 1923—4—7	《九更天》	张荣奎	日	上海大舞台
民国十二年 1923—4—8	《狸猫换太子》四本	小达子、毛韵珂、贾碧云、金碧艳、张荣奎等	夜	上海大舞台
民国十二年 1923—4—9	《狸猫换太子》四本	小达子、毛韵珂、贾碧云、金碧艳、张荣奎等	夜	上海大舞台
民国十二年 1923—4—10	《狸猫换太子》五本	小达子、毛韵珂、贾碧云、金碧艳、张荣奎等	夜	上海大舞台
民国十二年 1923—4—11	《狸猫换太子》五本	小达子、毛韵珂、贾碧云、金碧艳、张荣奎等	夜	上海大舞台
民国十二年 1923—4—12	《狸猫换太子》五本	小达子、毛韵珂、贾碧云、金碧艳、张荣奎等	夜	上海大舞台
民国十二年 1923—4—13	《狸猫换太子》五本	小达子、毛韵珂、贾碧云、金碧艳、张荣奎等	夜	上海大舞台
民国十二年 1923—4—14	《八义图》	张荣奎、陈嘉麟	日	上海大舞台
民国十二年 1923—4—15	《狸猫换太子》四本	小达子、毛韵珂、贾碧云、金碧艳、张荣奎等	夜	上海大舞台
民国十二年 1923—4—16	《狸猫换太子》五本	小达子、毛韵珂、贾碧云、金碧艳、张荣奎等	夜	上海大舞台
民国十二年 1923—4—17	《狸猫换太子》五本	小达子、毛韵珂、贾碧云、金碧艳、张荣奎等	夜	上海大舞台
民国十二年 1923—4—18	《狸猫换太子》五本	小达子、毛韵珂、贾碧云、金碧艳、张荣奎等	夜	上海大舞台

(续表)

日期	戏码	参演者	演出时间	演出地点
民国十二年 1923—4—19	《狸猫换太子》五本	小达子、毛韵珂、贾碧云、金碧艳、张荣奎等	夜	上海大舞台
民国十二年 1923—4—21	《八义图》	张荣奎	日	上海大舞台
民国十二年 1923—4—22	《八义图》	张荣奎	日	上海大舞台
民国十二年 1923—4—23	《狸猫换太子》六本	小达子、毛韵珂、贾碧云、金碧艳、张荣奎等	夜	上海大舞台
民国十二年 1923—4—24	《狸猫换太子》六本	小达子、毛韵珂、贾碧云、金碧艳、张荣奎等	夜	上海大舞台
民国十二年 1923—4—25	《狸猫换太子》六本	小达子、毛韵珂、贾碧云、金碧艳、张荣奎等	夜	上海大舞台
民国十二年 1923—4—26	《狸猫换太子》六本	小达子、毛韵珂、贾碧云、金碧艳、张荣奎等	夜	上海大舞台
民国十二年 1923—4—27	《狸猫换太子》六本	小达子、毛韵珂、贾碧云、金碧艳、张荣奎等	夜	上海大舞台
民国十二年 1923—4—28	《狸猫换太子》六本	小达子、毛韵珂、贾碧云、金碧艳、张荣奎等	夜	上海大舞台
民国十二年 1923—4—29	《狸猫换太子》六本	小达子、毛韵珂、贾碧云、金碧艳、张荣奎等	夜	上海大舞台
民国十二年 1923—4—30	《狸猫换太子》六本	小达子、毛韵珂、贾碧云、金碧艳、张荣奎等	夜	上海大舞台
民国十二年 1923—5—4	《狸猫换太子》六本	小达子、毛韵珂、贾碧云、金碧艳、张荣奎等	夜	上海大舞台
民国十二年 1923—5—5	《狸猫换太子》六本	小达子、毛韵珂、贾碧云、金碧艳、张荣奎等	夜	上海大舞台
民国十二年 1923—5—6	《列国志》	张荣奎、郑君麟	日	上海大舞台
民国十二年 1923—5—7	《狸猫换太子》六本	小达子、毛韵珂、贾碧云、金碧艳、张荣奎等	夜	上海大舞台
民国十二年 1923—5—8	《狸猫换太子》六本	小达子、毛韵珂、贾碧云、金碧艳、张荣奎等	夜	上海大舞台
民国十二年 1923—5—9	《狸猫换太子》六本	小达子、毛韵珂、贾碧云、金碧艳、张荣奎等	夜	上海大舞台

（续表）

日期	戏码	参演者	演出时间	演出地点
民国十二年 1923—5—10	《狸猫换太子》六本	小达子、毛韵珂、贾碧云、金碧艳、张荣奎等	夜	上海大舞台
民国十二年 1923—5—11	《狸猫换太子》六本	小达子、毛韵珂、贾碧云、金碧艳、张荣奎等	夜	上海大舞台
民国十二年 1923—5—12	《狸猫换太子》六本	小达子、毛韵珂、贾碧云、金碧艳、张荣奎等	夜	上海大舞台
民国十二年 1923—5—13	《狸猫换太子》六本	小达子、毛韵珂、贾碧云、金碧艳、张荣奎等	夜	上海大舞台
民国十二年 1923—5—14	《狸猫换太子》六本	小达子、毛韵珂、贾碧云、金碧艳、张荣奎等	夜	上海大舞台
民国十二年 1923—5—15	《狸猫换太子》六本	小达子、毛韵珂、贾碧云、金碧艳、张荣奎等	夜	上海大舞台
民国十二年 1923—5—16	《狸猫换太子》六本	小达子、毛韵珂、贾碧云、金碧艳、张荣奎等	夜	上海大舞台
民国十二年 1923—5—17	《狸猫换太子》六本	小达子、毛韵珂、贾碧云、金碧艳、张荣奎等	夜	上海大舞台
民国十二年 1923—5—18	《狸猫换太子》六本	小达子、毛韵珂、贾碧云、金碧艳、张荣奎等	夜	上海大舞台
民国十二年 1923—5—19	《八义图》	张荣奎	日	上海大舞台
民国十二年 1923—5—19	《狸猫换太子》六本	小达子、毛韵珂、贾碧云、金碧艳、张荣奎等	夜	上海大舞台
民国十二年 1923—5—20	《辕门斩子》	毛韵珂、赵竹卿、张荣奎	日	上海大舞台
民国十二年 1923—5—20	《狸猫换太子》六本	小达子、毛韵珂、贾碧云、金碧艳、张荣奎等	夜	上海大舞台
民国十二年 1923—5—21	《狸猫换太子》六本	小达子、毛韵珂、贾碧云、金碧艳、张荣奎等	夜	上海大舞台
民国十二年 1923—5—22	《狸猫换太子》六本	小达子、毛韵珂、贾碧云、金碧艳、张荣奎等	夜	上海大舞台
民国十二年 1923—5—23	《狸猫换太子》六本	小达子、毛韵珂、贾碧云、金碧艳、张荣奎等	夜	上海大舞台
民国十二年 1923—5—24	《狸猫换太子》六本	小达子、毛韵珂、贾碧云、金碧艳、张荣奎等	夜	上海大舞台

（续表）

日期	戏码	参演者	演出时间	演出地点
民国十二年 1923—5—25	《狸猫换太子》六本	小达子、毛韵珂、贾碧云、金碧艳、张荣奎等	夜	上海大舞台
民国十二年 1923—5—26	《狸猫换太子》六本	小达子、毛韵珂、贾碧云、金碧艳、张荣奎等	夜	上海大舞台
民国十二年 1923—5—27	《八义图》	张荣奎	日	上海大舞台
民国十二年 1923—5—27	《狸猫换太子》六本	小达子、毛韵珂、贾碧云、金碧艳、张荣奎等	夜	上海大舞台
民国十二年 1923—5—28	《狸猫换太子》六本	小达子、毛韵珂、贾碧云、金碧艳、张荣奎等	夜	上海大舞台
民国十二年 1923—5—29	《狸猫换太子》六本	小达子、毛韵珂、贾碧云、金碧艳、张荣奎等	夜	上海大舞台
民国十二年 1923—5—30	《狸猫换太子》六本	小达子、毛韵珂、贾碧云、金碧艳、张荣奎等	夜	上海大舞台
民国十二年 1923—5—31	《狸猫换太子》六本	小达子、毛韵珂、贾碧云、金碧艳、张荣奎等	夜	上海大舞台
民国十二年 1923—6—1	《狸猫换太子》六本	小达子、毛韵珂、贾碧云、金碧艳、张荣奎等	夜	上海大舞台
民国十二年 1923—6—2	《八义图》	张荣奎	日	上海大舞台
民国十二年 1923—6—2绪	《狸猫换太子》六本	小达子、毛韵珂、贾碧云、金碧艳、张荣奎等	夜	上海大舞台
民国十二年 1923—6—3	《华云代(带)箭》	张荣奎	日	上海大舞台
民国十二年 1923—6—4	《狸猫换太子》六本	小达子、毛韵珂、贾碧云、金碧艳、张荣奎等	夜	上海大舞台
民国十二年 1923—6—5	《狸猫换太子》六本	小达子、毛韵珂、贾碧云、金碧艳、张荣奎等	夜	上海大舞台
民国十二年 1923—6—6	《狸猫换太子》六本	小达子、毛韵珂、贾碧云、金碧艳、张荣奎等	夜	上海大舞台
民国十二年 1923—6—7	《狸猫换太子》六本	小达子、毛韵珂、贾碧云、金碧艳、张荣奎等	夜	上海大舞台
民国十二年 1923—6—10	《八义图》	张荣奎	日	上海大舞台

（续表）

日期	戏码	参演者	演出时间	演出地点
民国十二年 1923—6—10	《二本走麦城》	毛韵珂、赵如泉、张荣奎等	夜	上海大舞台
民国十二年 1923—6—12	《三本铁公鸡》	张荣奎、于振亭、李胜奎	夜	上海大舞台
民国十二年 1923—6—17	《全本乌龙院》	王佳楣、赵如泉、张荣奎等	日	上海大舞台
民国十二年 1923—6—18	《忠节义》	张荣奎	日	上海大舞台
民国十二年 1923—6—19	《武家坡》	张荣奎	日	上海大舞台
民国十二年 1923—6—23	《天雷报》	张荣奎	日	上海大舞台
民国十二年 1923—6—24	《黄金台》	张荣奎	日	上海大舞台
民国十二年 1923—6—29	《狸猫换太子》六本	小达子、高庆奎、毛韵珂、贾碧云、金碧艳、张荣奎等	夜	上海大舞台
民国十二年 1923—6—30	《狸猫换太子》六本	小达子、高庆奎、毛韵珂、贾碧云、金碧艳、张荣奎等	夜	上海大舞台
民国十二年 1923—7—1	《狸猫换太子》六本	小达子、高庆奎、毛韵珂、贾碧云、金碧艳、张荣奎等	夜	上海大舞台
民国十二年 1923—7—2	《狸猫换太子》六本	小达子、高庆奎、毛韵珂、贾碧云、金碧艳、张荣奎等	夜	上海大舞台
民国十二年 1923—7—8	《八义图》	张荣奎	日	上海大舞台
民国十二年 1923—7—18	《狸猫换太子》七本	小达子、高庆奎、毛韵珂、贾碧云、金碧艳、张荣奎等	夜	上海大舞台
民国十二年 1923—7—19	《狸猫换太子》七本	小达子、高庆奎、毛韵珂、贾碧云、金碧艳、张荣奎等	夜	上海大舞台
民国十二年 1923—7—20	《狸猫换太子》七本	小达子、高庆奎、毛韵珂、贾碧云、金碧艳、张荣奎等	夜	上海大舞台
民国十二年 1923—7—21	《全本红鬃烈马》	高庆奎、毛韵珂、贾碧云、金碧艳、张荣奎等	日	上海大舞台
民国十二年 1923—7—21	《狸猫换太子》七本	小达子、高庆奎、毛韵珂、贾碧云、金碧艳、张荣奎等	夜	上海大舞台

(续表)

日期	戏码	参演者	演出时间	演出地点
民国十二年 1923—7—22	《狸猫换太子》七本	小达子、高庆奎、毛韵珂、贾碧云、金碧艳、张荣奎等	夜	上海大舞台
民国十二年 1923—7—23	《狸猫换太子》七本	小达子、高庆奎、毛韵珂、贾碧云、金碧艳、张荣奎等	夜	上海大舞台
民国十二年 1923—7—24	《狸猫换太子》七本	小达子、高庆奎、毛韵珂、贾碧云、金碧艳、张荣奎等	夜	上海大舞台
民国十二年 1923—7—25	《狸猫换太子》七本	小达子、高庆奎、毛韵珂、贾碧云、金碧艳、张荣奎等	夜	上海大舞台
民国十二年 1923—7—26	《狸猫换太子》七本	小达子、高庆奎、毛韵珂、贾碧云、金碧艳、张荣奎等	夜	上海大舞台
民国十二年 1923—7—27	《狸猫换太子》七本	小达子、高庆奎、毛韵珂、贾碧云、金碧艳、张荣奎等	夜	上海大舞台
民国十二年 1923—8—4	《二进宫》	张荣奎	日	上海大舞台
民国十二年 1923—8—5	《胭脂虎》	唐秀莲、张荣奎	日	上海大舞台
民国十二年 1923—8—11	《全本红鬃烈马》	高庆奎、贾碧云、赵如泉、张荣奎等	日	上海大舞台
民国十二年 1923—8—12	《战蒲关》	张荣奎	日	上海大舞台
民国十二年 1923—9—2	《斩黄袍》	张荣奎	日	上海大舞台
民国十二年 1923—9—8	《镇潭州》	张荣奎	日	上海大舞台
民国十二年 1923—9—9	《四郎探母》	高庆奎、金碧艳、张荣奎等	日	上海大舞台
民国十二年 1923—9—19	《狸猫换太子》八本	小达子、高庆奎、毛韵珂、贾碧云、金碧艳、张荣奎等	夜	上海大舞台
民国十二年 1923—9—20	《狸猫换太子》八本	小达子、高庆奎、毛韵珂、贾碧云、金碧艳、张荣奎等	夜	上海大舞台
民国十二年 1923—9—21	《狸猫换太子》八本	小达子、高庆奎、毛韵珂、贾碧云、金碧艳、张荣奎等	夜	上海大舞台
民国十二年 1923—9—22	《辕门斩子》	朱八音（客串）、张桂芬、张荣奎	日	上海大舞台

(续表)

日期	戏码	参演者	演出时间	演出地点
民国十二年 1923—9—22	《狸猫换太子》八本	小达子、高庆奎、毛韵珂、贾碧云、金碧艳、张荣奎等	夜	上海大舞台
民国十二年 1923—10—6	《斩黄袍》	张荣奎	日	上海大舞台
民国十二年 1923—10—14	《乌龙院》	张荣奎	日	上海大舞台
民国十二年 1923—10—20	《八义图》	张荣奎	日	上海大舞台
民国十二年 1923—10—28	《战蒲关》	张荣奎	日	上海大舞台
民国十二年 1923—11—3	《忠节义》	张荣奎	日	上海大舞台
民国十二年 1923—11—4	《斩黄袍》	张荣奎	日	上海大舞台
民国十二年 1923—11—11	《宋江吃屎》	张荣奎、赵如泉、王佳楣等	日	上海大舞台
民国十二年 1923—11—17	《战太平》	张荣奎	日	上海大舞台
民国十二年 1923—11—25	《黄金台》	张荣奎	日	上海大舞台
民国十二年 1923—12—1	《八义图》	张荣奎	日	上海大舞台
民国十二年 1923—12—2	《斩黄袍》	张荣奎	日	上海大舞台
民国十二年 1923—12—15	《武家坡》	张荣奎		上海大舞台
民国十二年 1923—12—26	《战太平》	张荣奎	日	上海大舞台
民国十三年 1924—1—6	《九更天》	张荣奎	日	上海大舞台
民国十三年 1924—1—7	《狸猫换太子》头本	小达子、高庆奎、毛韵珂、贾碧云、金碧艳、张荣奎等	夜	上海大舞台
民国十三年 1924—1—8	《狸猫换太子》二本	小达子、高庆奎、毛韵珂、贾碧云、金碧艳、张荣奎等	夜	上海大舞台

(续表)

日期	戏码	参演者	演出时间	演出地点
民国十三年 1924—1—9	《狸猫换太子》三本	小达子、高庆奎、毛韵珂、贾碧云、金碧艳、张荣奎等	夜	上海大舞台
民国十三年 1924—1—10	《狸猫换太子》四本	小达子、高庆奎、毛韵珂、贾碧云、金碧艳、张荣奎等	夜	上海大舞台
民国十三年 1924—1—11	《狸猫换太子》五本	小达子、高庆奎、毛韵珂、贾碧云、金碧艳、张荣奎等	夜	上海大舞台
民国十三年 1924—1—13	《浣纱记》	张荣奎、孙庆芬	日	上海大舞台
民国十三年 1924—1—14	《狸猫换太子》头本	小达子、高庆奎、毛韵珂、贾碧云、金碧艳、张荣奎等	夜	上海大舞台
民国十三年 1924—1—15	《狸猫换太子》二本	小达子、高庆奎、毛韵珂、贾碧云、金碧艳、张荣奎等	夜	上海大舞台
民国十三年 1924—1—16	《狸猫换太子》三本	小达子、高庆奎、毛韵珂、贾碧云、金碧艳、张荣奎等	夜	上海大舞台
民国十三年 1924—1—17	《狸猫换太子》四本	小达子、高庆奎、毛韵珂、贾碧云、金碧艳、张荣奎等	夜	上海大舞台
民国十三年 1924—1—18	《狸猫换太子》五本	小达子、高庆奎、毛韵珂、贾碧云、金碧艳、张荣奎等	夜	上海大舞台
民国十三年 1924—1—21	《狸猫换太子》头本	小达子、高庆奎、毛韵珂、贾碧云、金碧艳、张荣奎等	夜	上海大舞台
民国十三年 1924—1—22	《狸猫换太子》二本	小达子、高庆奎、毛韵珂、贾碧云、金碧艳、张荣奎等	夜	上海大舞台
民国十三年 1924—1—23	《狸猫换太子》三本	小达子、高庆奎、毛韵珂、贾碧云、金碧艳、张荣奎等	夜	上海大舞台
民国十三年 1924—1—24	《狸猫换太子》四本	小达子、高庆奎、毛韵珂、贾碧云、金碧艳、张荣奎等	夜	上海大舞台
民国十三年 1924—1—25	《狸猫换太子》五本	小达子、高庆奎、毛韵珂、贾碧云、金碧艳、张荣奎等	夜	上海大舞台
民国十三年 1924—1—29	《狸猫换太子》九、十本	小达子、高庆奎、毛韵珂、贾碧云、金碧艳、张荣奎等	夜	上海大舞台
民国十三年 1924—2—8	《三本关公走麦城》	张春海、姚俊卿、赵如泉、毛韵珂、张荣奎等	日	上海大舞台
民国十三年 1924—2—8	《八义图》	张荣奎	夜	上海大舞台

（续表）

日期	戏码	参演者	演出时间	演出地点
民国十三年 1924—2—11	《下河东》	张春海、张荣奎	日	上海大舞台
民国十三年 1924—2—11	《狸猫换太子》二本	小达子、高庆奎、毛韵珂、贾碧云、金碧艳、张荣奎等	夜	上海大舞台
民国十三年 1924—2—12	《卖黄马》	张荣奎	日	上海大舞台
民国十三年 1924—2—12	《狸猫换太子》三本	小达子、高庆奎、毛韵珂、贾碧云、金碧艳、张荣奎等	夜	上海大舞台
民国十三年 1924—2—13	《一捧雪》	张荣奎	日	上海大舞台
民国十三年 1924—2—14	《桑园会》	张荣奎	日	上海大舞台
民国十三年 1924—2—14	《狸猫换太子》五本	小达子、高庆奎、毛韵珂、贾碧云、金碧艳、张荣奎等	夜	上海大舞台
民国十三年 1924—2—15	《孝义节》	张荣奎	日	上海大舞台
民国十三年 1924—2—17	《雪杯圆》	张荣奎	日	上海大舞台
民国十三年 1924—2—18	《四郎探母》	高庆奎、张桂芬、张荣奎	日	上海大舞台
民国十三年 1924—2—18	《狸猫换太子》九、十本	小达子、高庆奎、毛韵珂、贾碧云、金碧艳、张荣奎等	夜	上海大舞台
民国十三年 1924—2—19	《朱砂痣》	张荣奎	日	上海大舞台
民国十三年 1924—2—19	《狸猫换太子》九、十本	小达子、高庆奎、毛韵珂、贾碧云、金碧艳、张荣奎等	夜	上海大舞台
民国十三年 1924—2—20	《狸猫换太子》九、十本	小达子、高庆奎、毛韵珂、贾碧云、金碧艳、张荣奎等	夜	上海大舞台
民国十三年 1924—2—21	《狸猫换太子》九、十本	小达子、高庆奎、毛韵珂、贾碧云、金碧艳、张荣奎等	夜	上海大舞台
民国十三年 1924—2—22	《狸猫换太子》九、十本	小达子、高庆奎、毛韵珂、贾碧云、金碧艳、张荣奎等	夜	上海大舞台
民国十三年 1924—2—23	《狸猫换太子》九、十本	小达子、高庆奎、毛韵珂、贾碧云、金碧艳、张荣奎等	夜	上海大舞台

(续表)

日期	戏码	参演者	演出时间	演出地点
民国十三年 1924—2—24	《狸猫换太子》九、十本	小达子、高庆奎、毛韵珂、贾碧云、金碧艳、张荣奎等	夜	上海大舞台
民国十三年 1924—2—25	《狸猫换太子》九、十本	小达子、高庆奎、毛韵珂、贾碧云、金碧艳、张荣奎等	夜	上海大舞台
民国十三年 1924—2—26	《狸猫换太子》九、十本	小达子、高庆奎、毛韵珂、贾碧云、金碧艳、张荣奎等	夜	上海大舞台
民国十三年 1924—2—27	《狸猫换太子》九、十本	小达子、高庆奎、毛韵珂、贾碧云、金碧艳、张荣奎等	夜	上海大舞台
民国十三年 1924—2—28	《狸猫换太子》九、十本	小达子、高庆奎、毛韵珂、贾碧云、金碧艳、张荣奎等	夜	上海大舞台
民国十三年 1924—2—29	《狸猫换太子》九、十本	小达子、高庆奎、毛韵珂、贾碧云、金碧艳、张荣奎等	夜	上海大舞台
民国十三年 1924—3—1	《桑园会》	张荣奎、孙庆芬	日	上海大舞台
民国十三年 1924—3—1	《狸猫换太子》九、十本	小达子、高庆奎、毛韵珂、贾碧云、金碧艳、张荣奎等	夜	上海大舞台
民国十三年 1924—3—2	《列国志》	张荣奎	日	上海大舞台
民国十三年 1924—3—2	《狸猫换太子》九、十本	小达子、高庆奎、毛韵珂、贾碧云、金碧艳、张荣奎等	夜	上海大舞台
民国十三年 1924—3—3	《狸猫换太子》九、十本	小达子、高庆奎、毛韵珂、贾碧云、金碧艳、张荣奎等	夜	上海大舞台
民国十三年 1924—3—4	《狸猫换太子》九、十本	小达子、高庆奎、毛韵珂、贾碧云、金碧艳、张荣奎等	夜	上海大舞台
民国十三年 1924—3—5	《狸猫换太子》九、十本	小达子、高庆奎、毛韵珂、贾碧云、金碧艳、张荣奎等	夜	上海大舞台
民国十三年 1924—3—6	《狸猫换太子》九、十本	小达子、高庆奎、毛韵珂、贾碧云、金碧艳、张荣奎等	夜	上海大舞台
民国十三年 1924—3—8	《狸猫换太子》九、十本	小达子、高庆奎、毛韵珂、贾碧云、金碧艳、张荣奎等	夜	上海大舞台
民国十三年 1924—3—9	《黄金台》	张荣奎	日	上海大舞台
民国十三年 1924—3—9	《狸猫换太子》九、十本	小达子、高庆奎、毛韵珂、贾碧云、金碧艳、张荣奎等	夜	上海大舞台

(续表)

日期	戏码	参演者	演出时间	演出地点
民国十三年 1924—3—10	《狸猫换太子》九、十本	小达子、高庆奎、毛韵珂、贾碧云、金碧艳、张荣奎等	夜	上海大舞台
民国十三年 1924—3—11	《狸猫换太子》九、十本	小达子、高庆奎、毛韵珂、贾碧云、金碧艳、张荣奎等	夜	上海大舞台
民国十三年 1924—3—12	《狸猫换太子》九、十本	小达子、高庆奎、毛韵珂、贾碧云、金碧艳、张荣奎等	夜	上海大舞台
民国十三年 1924—3—13	《狸猫换太子》九、十本	小达子、高庆奎、毛韵珂、贾碧云、金碧艳、张荣奎等	夜	上海大舞台
民国十三年 1924—3—14	《狸猫换太子》九、十本	小达子、高庆奎、毛韵珂、贾碧云、金碧艳、张荣奎等	夜	上海大舞台
民国十三年 1924—3—15	《下河东》	张荣奎	日	上海大舞台
民国十三年 1924—3—15	《狸猫换太子》九、十本	小达子、高庆奎、毛韵珂、贾碧云、金碧艳、张荣奎等	夜	上海大舞台
民国十三年 1924—3—16	《虎将招亲》	王佳楣、张荣奎	日	上海大舞台
民国十三年 1924—3—16	《狸猫换太子》九、十本	小达子、高庆奎、毛韵珂、贾碧云、金碧艳、张荣奎等	夜	上海大舞台
民国十三年 1924—3—17	《狸猫换太子》九、十本	小达子、高庆奎、毛韵珂、贾碧云、金碧艳、张荣奎等	夜	上海大舞台
民国十三年 1924—3—18	《狸猫换太子》九、十本	小达子、高庆奎、毛韵珂、贾碧云、金碧艳、张荣奎等	夜	上海大舞台
民国十三年 1924—3—19	《狸猫换太子》九、十本	小达子、高庆奎、毛韵珂、贾碧云、金碧艳、张荣奎等	夜	上海大舞台
民国十三年 1924—3—20	《狸猫换太子》九、十本	小达子、高庆奎、毛韵珂、贾碧云、金碧艳、张荣奎等	夜	上海大舞台
民国十三年 1924—3—21	《狸猫换太子》九、十本	小达子、高庆奎、毛韵珂、贾碧云、金碧艳、张荣奎等	夜	上海大舞台
民国十三年 1924—3—22	《朱砂痣》	张荣奎	日	上海大舞台
民国十三年 1924—3—22	《狸猫换太子》九、十本	小达子、高庆奎、毛韵珂、贾碧云、金碧艳、张荣奎等	夜	上海大舞台
民国十三年 1924—3—23	《狸猫换太子》九、十本	小达子、高庆奎、毛韵珂、贾碧云、金碧艳、张荣奎等	夜	上海大舞台

(续表)

日期	戏码	参演者	演出时间	演出地点
民国十三年 1924—3—24	《狸猫换太子》九、十本	小达子、高庆奎、毛韵珂、贾碧云、金碧艳、张荣奎等	夜	上海大舞台
民国十三年 1924—3—25	《狸猫换太子》九、十本	小达子、高庆奎、毛韵珂、贾碧云、金碧艳、张荣奎等	夜	上海大舞台
民国十三年 1924—3—29	《全本红鬃烈马》	高庆奎、毛韵珂、张荣奎等	日	上海大舞台
民国十三年 1924—3—30	《天雷报》	张荣奎	日	上海大舞台
民国十三年 1924—4—5	《大登殿》	张荣奎、孙庆芬	日	上海大舞台
民国十三年 1924—4—6	《朱砂痣》	张荣奎、孙庆芬	日	上海大舞台
民国十三年 1924—4—13	《忠节义》	张荣奎	日	上海大舞台
民国十三年 1924—4—19	《下河东》	张荣奎	日	上海大舞台
民国十三年 1924—4—20	《三本关公走麦城》	毛韵珂、赵如泉、郭春华、张荣奎等	日	上海大舞台
民国十三年 1924—4—24	《狸猫换太子》十一、十二本	小达子、高庆奎、毛韵珂、贾碧云、金碧艳、张荣奎等	夜	上海大舞台
民国十三年 1924—4—25	《狸猫换太子》十一、十二本	小达子、高庆奎、毛韵珂、贾碧云、金碧艳、张荣奎等	夜	上海大舞台
民国十三年 1924—4—26	《全本红鬃烈马》	贾碧云、高庆奎、毛韵珂、金碧艳、张荣奎等	日	上海大舞台
民国十三年 1924—4—26	《狸猫换太子》十一、十二本	小达子、高庆奎、毛韵珂、贾碧云、金碧艳、张荣奎等	夜	上海大舞台
民国十三年 1924—4—27	《狸猫换太子》十一、十二本	小达子、高庆奎、毛韵珂、贾碧云、金碧艳、张荣奎等	夜	上海大舞台
民国十三年 1924—4—28	《狸猫换太子》十一、十二本	小达子、高庆奎、毛韵珂、贾碧云、金碧艳、张荣奎等	夜	上海大舞台
民国十三年 1924—4—29	《狸猫换太子》十一、十二本	小达子、高庆奎、毛韵珂、贾碧云、金碧艳、张荣奎等	夜	上海大舞台
民国十三年 1924—4—30	《狸猫换太子》十一、十二本	小达子、高庆奎、毛韵珂、贾碧云、金碧艳、张荣奎等	夜	上海大舞台

(续表)

日期	戏码	参演者	演出时间	演出地点
民国十三年 1924—5—1	《狸猫换太子》十一、十二本	小达子、高庆奎、毛韵珂、贾碧云、金碧艳、张荣奎等	夜	上海大舞台
民国十三年 1924—5—2	《狸猫换太子》十一、十二本	小达子、高庆奎、毛韵珂、贾碧云、金碧艳、张荣奎等	夜	上海大舞台
民国十三年 1924—5—3	《狸猫换太子》十一、十二本	小达子、高庆奎、毛韵珂、贾碧云、金碧艳、张荣奎等	夜	上海大舞台
民国十三年 1924—5—4	《狸猫换太子》十一、十二本	小达子、高庆奎、毛韵珂、贾碧云、金碧艳、张荣奎等	夜	上海大舞台
民国十三年 1924—5—5	《狸猫换太子》十一、十二本	小达子、高庆奎、毛韵珂、贾碧云、金碧艳、张荣奎等	夜	上海大舞台
民国十三年 1924—5—6	《狸猫换太子》十一、十二本	小达子、高庆奎、毛韵珂、贾碧云、金碧艳、张荣奎等	夜	上海大舞台
民国十三年 1924—5—7	《狸猫换太子》十一、十二本	小达子、高庆奎、毛韵珂、贾碧云、金碧艳、张荣奎等	夜	上海大舞台
民国十三年 1924—5—8	《狸猫换太子》十一、十二本	小达子、高庆奎、毛韵珂、贾碧云、金碧艳、张荣奎等	夜	上海大舞台
民国十三年 1924—5—9	《狸猫换太子》十一、十二本	小达子、高庆奎、毛韵珂、贾碧云、金碧艳、张荣奎等	夜	上海大舞台
民国十三年 1924—5—10	《狸猫换太子》十一、十二本	小达子、高庆奎、毛韵珂、贾碧云、金碧艳、张荣奎等	夜	上海大舞台
民国十三年 1924—5—11	《黄金台》	张荣奎	日	上海大舞台
民国十三年 1924—5—11	《狸猫换太子》十一、十二本	小达子、高庆奎、毛韵珂、贾碧云、金碧艳、张荣奎等	夜	上海大舞台
民国十三年 1924—5—12	《狸猫换太子》十一、十二本	小达子、高庆奎、毛韵珂、贾碧云、金碧艳、张荣奎等	夜	上海大舞台
民国十三年 1924—5—13	《狸猫换太子》十一、十二本	小达子、高庆奎、毛韵珂、贾碧云、金碧艳、张荣奎等	夜	上海大舞台
民国十三年 1924—5—14	《狸猫换太子》十一、十二本	小达子、高庆奎、毛韵珂、贾碧云、金碧艳、张荣奎等	夜	上海大舞台
民国十三年 1924—5—15	《狸猫换太子》十一、十二本	小达子、高庆奎、毛韵珂、贾碧云、金碧艳、张荣奎等	夜	上海大舞台
民国十三年 1924—5—16	《狸猫换太子》十一、十二本	小达子、高庆奎、毛韵珂、贾碧云、金碧艳、张荣奎等	夜	上海大舞台

（续表）

日期	戏码	参演者	演出时间	演出地点
民国十三年 1924—5—17	《华云代（带）箭》	张荣奎	日	上海大舞台
民国十三年 1924—5—17	《狸猫换太子》 十一、十二本	小达子、高庆奎、毛韵珂、 贾碧云、金碧艳、张荣奎等	夜	上海大舞台
民国十三年 1924—5—18	《雪杯圆》	张荣奎	日	上海大舞台
民国十三年 1924—5—18	《狸猫换太子》 十一、十二本	小达子、高庆奎、毛韵珂、 贾碧云、金碧艳、张荣奎等	夜	上海大舞台
民国十三年 1924—5—19	《狸猫换太子》 十一、十二本	小达子、高庆奎、毛韵珂、 贾碧云、金碧艳、张荣奎等	夜	上海大舞台
民国十三年 1924—5—20	《狸猫换太子》 十一、十二本	小达子、高庆奎、毛韵珂、 贾碧云、金碧艳、张荣奎等	夜	上海大舞台
民国十三年 1924—5—21	《狸猫换太子》 十一、十二本	小达子、高庆奎、毛韵珂、 贾碧云、金碧艳、张荣奎等	夜	上海大舞台
民国十三年 1924—5—22	《狸猫换太子》 十一、十二本	小达子、高庆奎、毛韵珂、 贾碧云、金碧艳、张荣奎等	夜	上海大舞台
民国十三年 1924—5—23	《狸猫换太子》 十一、十二本	小达子、高庆奎、毛韵珂、 贾碧云、金碧艳、张荣奎等	夜	上海大舞台
民国十三年 1924—5—24	《全本红鬃烈马》	贾碧云、高庆奎、毛韵珂、 金碧艳、张荣奎等	日	上海大舞台
民国十三年 1924—5—24	《狸猫换太子》 十一、十二本	小达子、高庆奎、毛韵珂、 贾碧云、金碧艳、张荣奎等	夜	上海大舞台
民国十三年 1924—5—25	《打渔杀家》	张荣奎	日	上海大舞台
民国十三年 1924—5—25	《狸猫换太子》 十一、十二本	小达子、高庆奎、毛韵珂、 贾碧云、金碧艳、张荣奎等	夜	上海大舞台
民国十三年 1924—5—26	《狸猫换太子》 十一、十二本	小达子、高庆奎、毛韵珂、 贾碧云、金碧艳、张荣奎等	夜	上海大舞台
民国十三年 1924—5—27	《狸猫换太子》 十一、十二本	小达子、高庆奎、毛韵珂、 贾碧云、金碧艳、张荣奎等	夜	上海大舞台
民国十三年 1924—5—28	《狸猫换太子》 十一、十二本	小达子、高庆奎、毛韵珂、 贾碧云、金碧艳、张荣奎等	夜	上海大舞台
民国十三年 1924—5—29	《狸猫换太子》 十一、十二本	小达子、毛韵珂、贾碧云、 金碧艳、张荣奎等	夜	上海大舞台

（续表）

日期	戏码	参演者	演出时间	演出地点
民国十三年 1924—5—30	《狸猫换太子》十一、十二本	小达子、毛韵珂、贾碧云、金碧艳、张荣奎等	夜	上海大舞台
民国十三年 1924—5—31	《战蒲关》	张荣奎	日	上海大舞台
民国十三年 1924—5—31	《狸猫换太子》十一、十二本	小达子、毛韵珂、贾碧云、金碧艳、张荣奎等	夜	上海大舞台
民国十三年 1924—6—1	《忠保国》	张荣奎	日	上海大舞台
民国十三年 1924—6—1	《狸猫换太子》十一、十二本	小达子、毛韵珂、贾碧云、金碧艳、张荣奎等	夜	上海大舞台
民国十三年 1924—6—2	《狸猫换太子》十一、十二本	小达子、毛韵珂、贾碧云、金碧艳、张荣奎等	夜	上海大舞台
民国十三年 1924—6—3	《狸猫换太子》十一、十二本	小达子、毛韵珂、贾碧云、金碧艳、张荣奎等	夜	上海大舞台
民国十三年 1924—6—4	《狸猫换太子》十一、十二本	小达子、毛韵珂、贾碧云、金碧艳、张荣奎等	夜	上海大舞台
民国十三年 1924—6—5	《狸猫换太子》十一、十二本	小达子、毛韵珂、贾碧云、金碧艳、张荣奎等	夜	上海大舞台
民国十三年 1924—6—6	《狸猫换太子》十一、十二本	小达子、毛韵珂、贾碧云、金碧艳、张荣奎等	夜	上海大舞台
民国十三年 1924—6—7	《狸猫换太子》十一、十二本	小达子、毛韵珂、贾碧云、金碧艳、张荣奎等	夜	上海大舞台
民国十三年 1924—6—8	《狸猫换太子》十一、十二本	小达子、毛韵珂、贾碧云、金碧艳、张荣奎等	夜	上海大舞台
民国十三年 1924—6—9	《狸猫换太子》十一、十二本	小达子、毛韵珂、贾碧云、金碧艳、张荣奎等	夜	上海大舞台
民国十三年 1924—6—10	《狸猫换太子》十一、十二本	小达子、毛韵珂、贾碧云、金碧艳、张荣奎等	夜	上海大舞台
民国十三年 1924—6—11	《狸猫换太子》十一、十二本	小达子、毛韵珂、贾碧云、金碧艳、张荣奎等	夜	上海大舞台
民国十三年 1924—6—12	《狸猫换太子》十一、十二本	小达子、毛韵珂、贾碧云、金碧艳、张荣奎等	夜	上海大舞台
民国十三年 1924—6—13	《狸猫换太子》十一、十二本	小达子、毛韵珂、贾碧云、金碧艳、张荣奎等	夜	上海大舞台

(续表)

日期	戏码	参演者	演出时间	演出地点
民国十三年 1924—6—14	《狸猫换太子》十一、十二本	小达子、毛韵珂、贾碧云、金碧艳、张荣奎等	夜	上海大舞台
民国十三年 1924—6—15	《列国志》	张荣奎	日	上海大舞台
民国十三年 1924—6—15	《狸猫换太子》十一、十二本	小达子、毛韵珂、贾碧云、金碧艳、张荣奎等	夜	上海大舞台
民国十三年 1924—6—16	《狸猫换太子》十一、十二本	小达子、毛韵珂、贾碧云、金碧艳、张荣奎等	夜	上海大舞台
民国十三年 1924—6—17	《狸猫换太子》十一、十二本	小达子、毛韵珂、贾碧云、金碧艳、张荣奎等	夜	上海大舞台
民国十三年 1924—6—18	《狸猫换太子》十一、十二本	小达子、毛韵珂、贾碧云、金碧艳、张荣奎等	夜	上海大舞台
民国十三年 1924—6—19	《狸猫换太子》十一、十二本	小达子、毛韵珂、贾碧云、金碧艳、张荣奎等	夜	上海大舞台
民国十三年 1924—6—20	《狸猫换太子》十一、十二本	小达子、毛韵珂、贾碧云、金碧艳、张荣奎等	夜	上海大舞台
民国十三年 1924—6—21	《全本红鬃烈马》	小达子、毛韵珂、贾碧云、金碧艳、张荣奎等	日	上海大舞台
民国十三年 1924—6—21	《狸猫换太子》十一、十二本	小达子、毛韵珂、贾碧云、金碧艳、张荣奎等	夜	上海大舞台
民国十三年 1924—6—22	《狸猫换太子》十一、十二本	小达子、毛韵珂、贾碧云、金碧艳、张荣奎等	夜	上海大舞台
民国十三年 1924—6—23	《狸猫换太子》十一、十二本	小达子、毛韵珂、贾碧云、金碧艳、张荣奎等	夜	上海大舞台
民国十三年 1924—6—24	《狸猫换太子》十一、十二本	小达子、毛韵珂、贾碧云、金碧艳、张荣奎等	夜	上海大舞台
民国十三年 1924—6—25	《狸猫换太子》十一、十二本	小达子、毛韵珂、贾碧云、金碧艳、张荣奎等	夜	上海大舞台
民国十三年 1924—6—26	《狸猫换太子》十一、十二本	小达子、毛韵珂、贾碧云、金碧艳、张荣奎等	夜	上海大舞台
民国十三年 1924—6—27	《狸猫换太子》十一、十二本	小达子、毛韵珂、贾碧云、金碧艳、张荣奎等	夜	上海大舞台
民国十三年 1924—6—28	《狸猫换太子》十一、十二本	小达子、毛韵珂、贾碧云、金碧艳、张荣奎等	夜	上海大舞台

(续表)

日期	戏码	参演者	演出时间	演出地点
民国十三年 1924—6—29	《狸猫换太子》 十一、十二本	小达子、毛韵珂、贾碧云、金碧艳、张荣奎等	夜	上海大舞台
民国十三年 1924—6—30	《狸猫换太子》 十一、十二本	小达子、毛韵珂、贾碧云、金碧艳、张荣奎等	夜	上海大舞台
民国十三年 1924—7—1	《狸猫换太子》 十一、十二本	小达子、毛韵珂、贾碧云、金碧艳、张荣奎等	夜	上海大舞台
民国十三年 1924—7—19	《全本红鬃烈马》	毛韵珂、贾碧云、金碧艳、刘慧琴、张荣奎等	日	上海大舞台
民国十三年 1924—7—26	《杀女报恩》	张荣奎	日	上海大舞台
民国十三年 1924—7—27	《全本伍子胥》	张韵宸、张荣奎	日	上海大舞台
民国十三年 1924—8—2	《全本李陵碑》	毛韵珂、贾碧云、金碧艳、张荣奎	夜	上海大舞台
民国十三年 1924—8—23	《全本红鬃烈马》	毛韵珂、贾碧云、张荣奎等	日	上海大舞台
民国十三年 1924—8—24	《八义图》	张韵宸、张荣奎	日	上海大舞台
民国十三年 1924—8—30	《南天门》	张荣奎	日	上海大舞台
民国十三年 1924—8—31	《九更天》	张荣奎		上海大舞台
民国十三年 1924—9—4	《狸猫换太子》 头本	小达子、毛韵珂、贾碧云、金碧艳、张荣奎等	夜	上海大舞台
民国十三年 1924—9—5	《狸猫换太子》 二本	小达子、毛韵珂、贾碧云、金碧艳、张荣奎等	夜	上海大舞台
民国十三年 1924—9—6	《全本李陵碑》	毛韵珂、贾碧云、金碧艳、张荣奎	日	上海大舞台
民国十三年 1924—9—6	《狸猫换太子》 三本	小达子、毛韵珂、贾碧云、金碧艳、张荣奎等	夜	上海大舞台
民国十三年 1924—9—7	《雪杯圆》	张荣奎	日	上海大舞台
民国十三年 1924—9—7	《狸猫换太子》 四本	小达子、毛韵珂、贾碧云、金碧艳、张荣奎等	夜	上海大舞台

(续表)

日期	戏码	参演者	演出时间	演出地点
民国十三年 1924—9—8	《狸猫换太子》五本	小达子、毛韵珂、贾碧云、金碧艳、张荣奎等	夜	上海大舞台
民国十三年 1924—9—9	《狸猫换太子》六本	小达子、毛韵珂、贾碧云、金碧艳、张荣奎等	夜	上海大舞台
民国十三年 1924—9—12	《狸猫换太子》九、十本	小达子、毛韵珂、贾碧云、金碧艳、张荣奎等	夜	上海大舞台
民国十三年 1924—9—13	《狸猫换太子》十一、十二本	小达子、毛韵珂、贾碧云、金碧艳、张荣奎等	夜	上海大舞台
民国十三年 1924—9—14	《九更天》	张荣奎	日	上海大舞台
民国十三年 1924—9—17	《狸猫换太子》头本	小达子、毛韵珂、贾碧云、金碧艳、张荣奎等	夜	上海大舞台
民国十三年 1924—9—18	《狸猫换太子》二本	小达子、毛韵珂、贾碧云、金碧艳、张荣奎等	夜	上海大舞台
民国十三年 1924—9—19	《狸猫换太子》三本	小达子、毛韵珂、贾碧云、金碧艳、张荣奎等	夜	上海大舞台
民国十三年 1924—9—20	《全本红鬃烈马》	贾碧云、金碧艳、刘慧琴、张荣奎等	日	上海大舞台
民国十三年 1924—9—21	《狸猫换太子》五本	小达子、毛韵珂、贾碧云、金碧艳、张荣奎等	夜	上海大舞台
民国十三年 1924—9—22	《狸猫换太子》六本	小达子、毛韵珂、贾碧云、金碧艳、张荣奎等	夜	上海大舞台
民国十三年 1924—9—23	《狸猫换太子》七本	小达子、毛韵珂、贾碧云、金碧艳、张荣奎等	夜	上海大舞台
民国十三年 1924—9—24	《狸猫换太子》八本	小达子、毛韵珂、贾碧云、金碧艳、张荣奎等	夜	上海大舞台
民国十三年 1924—9—26	《狸猫换太子》十一、十二本	小达子、毛韵珂、贾碧云、金碧艳、张荣奎等	夜	上海大舞台
民国十三年 1924—9—27	《雪杯圆》	张荣奎	日	上海大舞台
民国十三年 1924—9—29	《沈万山得聚宝盆》头本	小达子、毛韵珂、贾碧云、张荣奎等	日	上海大舞台
民国十三年 1924—10—5	《九更天》	张荣奎	日	上海大舞台

(续表)

日期	戏码	参演者	演出时间	演出地点
民国十三年 1924—10—7	《全本红鬃烈马》	毛韵珂、贾碧云、金碧艳、张荣奎等	日	上海大舞台
民国十三年 1924—10—11	《全本李陵碑》	毛韵珂、贾碧云、金碧艳、张荣奎等	日	上海大舞台
民国十三年 1924—10—26	《定军山》	张荣奎	日	上海大舞台
民国十三年 1924—10—30	《狸猫换太子》十五、十六本	小达子、毛韵珂、贾碧云、金碧艳、张荣奎等	夜	上海大舞台
民国十三年 1924—10—31	《狸猫换太子》十五、十六本	小达子、毛韵珂、贾碧云、金碧艳、张荣奎等	夜	上海大舞台
民国十三年 1924—11—1	《狸猫换太子》十五、十六本	小达子、毛韵珂、贾碧云、金碧艳、张荣奎等	夜	上海大舞台
民国十三年 1924—11—2	《全本列国志》	张韵宸、张荣奎	日	上海大舞台
民国十三年 1924—11—2	《狸猫换太子》十五、十六本	小达子、毛韵珂、贾碧云、金碧艳、张荣奎等	夜	上海大舞台
民国十三年 1924—11—3	《狸猫换太子》十五、十六本	小达子、毛韵珂、贾碧云、金碧艳、张荣奎等	夜	上海大舞台
民国十三年 1924—11—4	《狸猫换太子》十五、十六本	小达子、毛韵珂、贾碧云、金碧艳、张荣奎等	夜	上海大舞台
民国十三年 1924—11—5	《狸猫换太子》十五、十六本	小达子、毛韵珂、贾碧云、金碧艳、张荣奎等	夜	上海大舞台
民国十三年 1924—11—6	《狸猫换太子》十五、十六本	小达子、毛韵珂、贾碧云、金碧艳、张荣奎等	夜	上海大舞台
民国十三年 1924—11—7	《狸猫换太子》十五、十六本	小达子、毛韵珂、贾碧云、金碧艳、张荣奎等	夜	上海大舞台
民国十三年 1924—11—8	《全本红鬃烈马》	刘慧琴、毛韵珂、贾碧云、赵文连、张荣奎等	日	上海大舞台
民国十三年 1924—11—8	《狸猫换太子》十五、十六本	小达子、毛韵珂、贾碧云、金碧艳、张荣奎等	夜	上海大舞台
民国十三年 1924—11—9	《战太平》	张荣奎	日	上海大舞台
民国十三年 1924—11—9	《狸猫换太子》十五、十六本	小达子、毛韵珂、贾碧云、金碧艳、张荣奎等	夜	上海大舞台

(续表)

日期	戏码	参演者	演出时间	演出地点
民国十三年 1924—11—10	《狸猫换太子》十五、十六本	小达子、毛韵珂、贾碧云、金碧艳、张荣奎等	夜	上海大舞台
民国十三年 1924—11—22	《黄金台》	张荣奎	日	上海大舞台
民国十三年 1924—11—23	《战太平》	张荣奎	日	上海大舞台
民国十三年 1924—11—28	《狸猫换太子》十一、十二本	小达子、毛韵珂、贾碧云、金碧艳、张荣奎等	夜	上海大舞台
民国十三年 1924—11—29	《八义图》	张荣奎	日	上海大舞台
民国十三年 1924—12—6	《雪杯圆》	张荣奎	日	上海大舞台
民国十三年 1924—12—7	《黄金台》	张荣奎	日	上海大舞台
民国十三年 1924—12—10	《雪杯圆》	张荣奎	日	上海大舞台
民国十三年 1924—12—15	《狸猫换太子》三本	小达子、毛韵珂、刘慧琴、贾碧云、金碧艳、张荣奎等	夜	上海大舞台
民国十三年 1924—12—16	《狸猫换太子》四本	小达子、毛韵珂、贾碧云、金碧艳、张荣奎等	夜	上海大舞台
民国十三年 1924—12—17	《狸猫换太子》五本	小达子、毛韵珂、贾碧云、金碧艳、张荣奎等	夜	上海大舞台
民国十三年 1924—12—18	《狸猫换太子》六本	小达子、毛韵珂、贾碧云、金碧艳、张荣奎等	夜	上海大舞台
民国十三年 1924—12—19	《狸猫换太子》七本	小达子、毛韵珂、贾碧云、金碧艳、张荣奎等	夜	上海大舞台
民国十三年 1924—12—20	《牧羊卷》	张荣奎	日	上海大舞台
民国十三年 1924—12—20	《狸猫换太子》八本	小达子、毛韵珂、贾碧云、刘慧琴、赵如泉、张荣奎等	夜	上海大舞台
民国十三年 1924—12—21	《沈万山得聚宝盆》头本	小达子、毛韵珂、贾碧云、金碧艳、张荣奎等	日	上海大舞台
民国十三年 1924—12—21	《狸猫换太子》九、十本	小达子、毛韵珂、贾碧云、金碧艳、张荣奎等	夜	上海大舞台

(续表)

日期	戏码	参演者	演出时间	演出地点
民国十四年 1925—1—4	《三本走麦城》	毛韵珂、赵如泉、张荣奎等	日	上海大舞台
民国十四年 1925—1—5	《狸猫换太子》三本	小达子、毛韵珂、刘慧琴、金碧艳、张荣奎等	夜	上海大舞台
民国十四年 1925—1—6	《狸猫换太子》四本	小达子、毛韵珂、贾碧云、金碧艳、张荣奎等	夜	上海大舞台
民国十四年 1925—1—7	《狸猫换太子》五本	小达子、毛韵珂、贾碧云、金碧艳、张荣奎等	夜	上海大舞台
民国十四年 1925—1—8	《狸猫换太子》六本	小达子、毛韵珂、贾碧云、金碧艳、张荣奎等	夜	上海大舞台
民国十四年 1925—1—9	《狸猫换太子》七本	小达子、毛韵珂、贾碧云、金碧艳、张荣奎等	夜	上海大舞台
民国十四年 1925—1—10	《狸猫换太子》八本	小达子、毛韵珂、贾碧云、金碧艳、张荣奎等	夜	上海大舞台
民国十四年 1925—1—11	《关公走麦城》	毛韵珂、赵如泉、张荣奎等	日	上海大舞台
民国十四年 1925—1—11	《狸猫换太子》九、十本	小达子、毛韵珂、贾碧云、金碧艳、张荣奎等	夜	上海大舞台
民国十四年 1925—1—12	《狸猫换太子》十一、十二本	小达子、毛韵珂、贾碧云、金碧艳、张荣奎等	夜	上海大舞台
民国十四年 1925—1—13	《狸猫换太子》十三、十四本	小达子、毛韵珂、贾碧云、金碧艳、张荣奎等	夜	上海大舞台
民国十四年 1925—1—15	《狸猫换太子》十五、十六本	小达子、毛韵珂、贾碧云、金碧艳、张荣奎等	夜	上海大舞台
民国十四年 1925—1—16	《狸猫换太子》十五、十六本	小达子、毛韵珂、贾碧云、金碧艳、张荣奎等	夜	上海大舞台
民国十四年 1925—1—17	《狸猫换太子》十五、十六本	小达子、毛韵珂、贾碧云、金碧艳、张荣奎等	夜	上海大舞台
民国十四年 1925—1—18	《忠节义》	张韵宸、张荣奎	日	上海大舞台
民国十四年 1925—1—27	《关公走麦城》	毛韵珂、赵如泉、张荣奎等	日	上海大舞台
民国十四年 1925—1—30	《大登殿》	张荣奎	夜	上海大舞台

(续表)

日期	戏码	参演者	演出时间	演出地点
民国十四年 1925—1—31	《天堂州》	张荣奎	日	上海大舞台
民国十四年 1925—2—5	《天雷报》	张荣奎	日	上海大舞台
民国十四年 1925—2—6	《天水关》	张韵宸、张荣奎	日	上海大舞台
民国十四年 1925—2—7	《搜孤救孤》	张韵宸、张荣奎	日	上海大舞台
民国十四年 1925—2—8	《华云代（带）箭》	张荣奎	日	上海大舞台
民国十四年 1925—2—14	《三本关公走麦城》	毛韵珂、赵如泉、张荣奎等	日	上海大舞台
民国十四年 1925—2—14	《四郎探母》	黄玉麟、赵韵声、贾碧云、张荣奎等	日	上海大舞台
民国十四年 1925—2—21	《全本辕门斩子》	黄玉麟、赵韵声、贾碧云、张荣奎等	日	上海大舞台
民国十四年 1925—2—28	《全本红鬃烈马》	赵韵声、黄玉麟、毛韵珂、贾碧云、张荣奎等	日	上海大舞台
民国十四年 1925—3—7	《全本乌龙院》	赵如泉、姚俊卿、贾宝山、张荣奎等	日	上海大舞台
民国十四年 1925—3—7	《四郎探母》	黄玉麟、赵韵声、贾碧云、张荣奎等	日	上海大舞台
民国十四年 1925—3—8	《九更天》	张荣奎	日	上海大舞台
民国十四年 1925—3—15	《武家坡》	张荣奎	日	上海大舞台
民国十四年 1925—3—28	《南阳关》	张荣奎	日	上海大舞台
民国十四年 1925—4—4	《全本红鬃烈马》	赵韵声、黄玉麟、毛韵珂、贾碧云、张荣奎等	日	上海大舞台
民国十四年 1925—4—10	《全本李陵碑》	李瑞亭、张韵宸、张荣奎、赵文连	日	上海大舞台
民国十四年 1925—4—12	《忠节义》	张荣奎	日	上海大舞台

（续表）

日期	戏码	参演者	演出时间	演出地点
民国十四年 1925—5—2	《忠节义》	张荣奎	日	上海大舞台
民国十四年 1925—5—9	《新长坂坡》	毕小楼、张荣奎、张春海	日	上海大舞台
民国十四年 1925—5—10	《全本四郎探母》	黄玉麟、赵韵声、贾碧云、张荣奎等	日	上海大舞台
民国十四年 1925—5—16	《全本红鬃烈马》	赵韵声、黄玉麟、毛韵珂、贾碧云、张荣奎等	日	上海大舞台
民国十四年 1925—5—18	《新长坂坡》	张荣奎、毕小楼、李胜奎	日	上海大舞台
民国十四年 1925—5—20	《狸猫换太子》三本	小达子、黄玉麟、毛韵珂、张荣奎等	夜	上海大舞台
民国十四年 1925—5—21	《狸猫换太子》四本	小达子、黄玉麟、毛韵珂、张荣奎等	夜	上海大舞台
民国十四年 1925—5—22	《狸猫换太子》五本	小达子、黄玉麟、毛韵珂、张荣奎等	夜	上海大舞台
民国十四年 1925—5—23	《战太平》	张荣奎	日	上海大舞台
民国十四年 1925—5—23	《黄金台》	张荣奎	夜	上海大舞台
民国十四年 1925—5—24	《狸猫换太子》七本	小达子、黄玉麟、毛韵珂、张荣奎等	夜	上海大舞台
民国十四年 1925—5—31	《李陵碑》	张荣奎、李瑞亭、张韵宸、王佳楣	日	上海大舞台
民国十四年 1925—6—27	《大登殿》	张荣奎	夜	上海大舞台
民国十四年 1925—6—28	《朱砂痣》	张荣奎	日	上海大舞台
民国十四年 1925—7—18	《全本李陵碑》	毛韵珂、赵韵声、贾碧云、张荣奎等	日	上海大舞台
民国十四年 1925—8—29	《状元谱》	张荣奎、赵东昇	日	上海大舞台
民国十四年 1925 8 30	《全本三国志》	毛韵珂、赵韵声、张荣奎等	日	上海大舞台

(续表)

日期	戏码	参演者	演出时间	演出地点
民国十四年 1925—9—6	《列国志》	张荣奎、孙玉泉	日	上海大舞台
民国十四年 1925—9—19	《全本乌龙院》	赵如泉、刘慧琴、张荣奎等	日	上海大舞台
民国十四年 1925—9—20	《南天门》	张荣奎	夜	上海大舞台
民国十四年 1925—10—17	《全本红鬃烈马》	黄玉麟、毛韵珂、赵韵声、贾碧云、张荣奎等	日	上海大舞台
民国十四年 1925—10—31	《黄金台》	张荣奎	日	上海大舞台
民国十四年 1925—11—1	《讨渔税》	张荣奎	日	上海大舞台
民国十四年 1925—11—1	《狸猫换太子》头本	小达子、黄玉麟、毛韵珂、张荣奎等	夜	上海大舞台
民国十四年 1925—11—2	《狸猫换太子》二本	小达子、黄玉麟、毛韵珂、张荣奎等	夜	上海大舞台
民国十四年 1925—11—7	《黄金台》	张荣奎	日	上海大舞台
民国十四年 1925—11—8	《下河东》	张荣奎	日	上海大舞台
民国十四年 1925—11—14	《新长坂坡》	殷春虎、李瑞亭、毕小楼、张荣奎	日	上海大舞台
民国十四年 1925—11—15	《南天门》	张荣奎	日	上海大舞台
民国十四年 1925—11—21	《全本乌龙院》	赵如泉、刘慧琴、张荣奎等	日	上海大舞台
民国十四年 1925—12—6	《天雷报》	张荣奎	日	上海大舞台
民国十四年 1925—12—20	《打渔杀家》	张荣奎、陈月梅	日	上海大舞台
民国十四年 1925—12—25	《庆顶珠》	张荣奎	日	上海大舞台
民国十四年 1925—12—26	《南天门》	张荣奎、孙庆芬	日	上海大舞台

（续表）

日期	戏码	参演者	演出时间	演出地点
民国十五年 1926—1—10	《华云代（带）箭》	张荣奎	日	上海大舞台
民国十五年 1926—1—18	《狸猫换太子》头本	小达子、黄玉麟、毛韵珂、张荣奎等	夜	上海大舞台
民国十五年 1926—1—19	《狸猫换太子》二本	小达子、黄玉麟、毛韵珂、张荣奎等	夜	上海大舞台
民国十五年 1926—1—20	《狸猫换太子》三本	小达子、黄玉麟、毛韵珂、张荣奎等	夜	上海大舞台
民国十五年 1926—1—21	《狸猫换太子》四本	小达子、黄玉麟、毛韵珂、张荣奎等	夜	上海大舞台
民国十五年 1926—1—22	《狸猫换太子》五本	小达子、黄玉麟、毛韵珂、张荣奎等	夜	上海大舞台
民国十五年 1926—1—24	《讨渔税》	张荣奎、陈月梅	日	上海大舞台
民国十五年 1926—1—24	《狸猫换太子》七本	小达子、黄玉麟、毛韵珂、张荣奎等	夜	上海大舞台
民国十五年 1926—1—26	《狸猫换太子》九本、十本	小达子、黄玉麟、毛韵珂、张荣奎等	夜	上海大舞台
民国十五年 1926—1—27	《狸猫换太子》十一、十二本	小达子、黄玉麟、毛韵珂、张荣奎等	夜	上海大舞台
民国十五年 1926—1—28	《狸猫换太子》十三、十四本	小达子、黄玉麟、毛韵珂、张荣奎等	夜	上海大舞台
民国十五年 1926—1—29	《狸猫换太子》十五、十六本	小达子、黄玉麟、毛韵珂、张荣奎等	夜	上海大舞台
民国十五年 1926—1—30	《狸猫换太子》十七、十八本	小达子、黄玉麟、毛韵珂、张荣奎等	夜	上海大舞台
民国十五年 1926—1—31	《狸猫换太子》十九、二十本	小达子、黄玉麟、毛韵珂、张荣奎等	夜	上海大舞台
民国十五年 1926—2—1	《狸猫换太子》二十一、二十二本	小达子、黄玉麟、毛韵珂、张荣奎等	夜	上海大舞台
民国十五年 1926—2—2	《狸猫换太子》二十三、二十四本	小达子、黄玉麟、毛韵珂、张荣奎等	夜	上海大舞台
民国十五年 1926 2 24	《四郎探母》	黄玉麟、赵韵声、张荣奎等	日	上海大舞台

(续表)

日期	戏码	参演者	演出时间	演出地点
民国十五年 1926—2—27	《李陵碑》	李瑞亭、张荣奎等	日	上海大舞台
民国十五年 1926—3—6	《四郎探母》	黄玉麟、赵韵声、张荣奎等	日	上海大舞台
民国十五年 1926—3—13	《双代（带）箭》	张荣奎	日	上海大舞台
民国十五年 1926—3—27	《乌龙院》	张荣奎、吴君瑞	日	上海大舞台
民国十五年 1926—4—3	《胭脂虎》	王佳楣、张荣奎	日	上海大舞台
民国十五年 1926—4—10	《列国志》	张荣奎、马俊山	日	上海大舞台
民国十五年 1926—4—24	《朱砂痣》	张荣奎、陈月梅	日	上海大舞台
民国十五年 1926—4—26	《狸猫换太子》三本	小达子、黄玉麟、毛韵珂、张荣奎等	夜	上海大舞台
民国十五年 1926—4—28	《狸猫换太子》四本	小达子、黄玉麟、毛韵珂、张荣奎等	夜	上海大舞台
民国十五年 1926—5—7	《打渔杀家》	张荣奎、陈月梅	日	上海大舞台
民国十五年 1926—5—8	《打渔杀家》	张荣奎、陈月梅	日	上海大舞台
民国十五年 1926—5—21	《双狮图》	张荣奎、赵东昇	日	上海大舞台
民国十五年 1926—5—22	《双狮图》	张荣奎、赵东昇	日	上海大舞台
民国十五年 1926—6—5	《乌龙院》	张荣奎、吴君瑞	日	上海大舞台
民国十五年 1926—6—12	《黄金台》	张荣奎	日	上海大舞台
民国十五年 1926—6—19	《讨渔税》	张荣奎	日	上海大舞台
民国十五年 1926—7—3	《全本李陵碑》	李瑞亭、张荣奎、陈月梅等	日	上海大舞台

（续表）

日期	戏码	参演者	演出时间	演出地点
民国十五年 1926—7—17	《全本红鬃烈马》	赵韵声、毛韵珂、张荣奎等	日	上海大舞台
民国十五年 1926—7—30	《战蒲关》	张荣奎	夜	上海大舞台
民国十五年 1926—7—31	《雪杯圆》	张荣奎	日	上海大舞台
民国十五年 1926—8—6	《姜子牙做亲》	小达子、贾碧云、张荣奎等	夜	上海大舞台
民国十五年 1926—8—7	《全本红鬃烈马》	小杨月楼、毛韵珂、贾碧云、赵韵声、郑法祥、张荣奎等	日	上海大舞台
民国十五年 1926—8—7	《花木兰》	小杨月楼、李瑞亭、张荣奎等	夜	上海大舞台
民国十五年 1926—8—10	《乌龙院》	张荣奎、吴君瑞	夜	上海大舞台
民国十五年 1926—8—14	《下河东》	张荣奎、张春海	日	上海大舞台
民国十五年 1926—8—15	《打渔杀家》	张荣奎	日	上海大舞台
民国十五年 1926—8—15	《雪杯圆》	张荣奎	夜	上海大舞台
民国十五年 1926—8—15	《花木兰》	小杨月楼、李瑞亭、张荣奎等	夜	上海大舞台
民国十五年 1926—8—16	《全本石头人做亲》	小杨月楼、贾碧云、毛韵珂、张荣奎、刘慧琴等	夜	上海大舞台
民国十五年 1926—8—17	《石头人做亲》	小杨月楼、贾碧云、毛韵珂、张荣奎、刘慧琴等	夜	上海大舞台
民国十五年 1926—8—17	《后本石头人做亲》	小杨月楼、贾碧云、毛韵珂、张荣奎、刘慧琴等	夜	上海大舞台
民国十五年 1926—8—21	《全本李陵碑》	赵韵声、贾碧云、刘慧琴、张荣奎等	日	上海大舞台
民国十五年 1926—8—28	《二进宫》	张荣奎	日	上海大舞台
民国十五年 1926 8 29	《花木兰》	小杨月楼、李瑞亭、张荣奎等	日	上海大舞台

（续表）

日期	戏码	参演者	演出时间	演出地点
民国十五年 1926—9—4	《打渔杀家》	张荣奎、孙庆芬	日	上海大舞台
民国十五年 1926—9—5	《全本珠帘寨》	赵韵声、贾碧云、李瑞亭、张荣奎等	日	上海大舞台
民国十五年 1926—9—12	《狸猫换太子》头本	小杨月楼、贾碧云、毛韵珂、张荣奎等	日	上海大舞台
民国十五年 1926—9—19	《狸猫换太子》二本	小杨月楼、贾碧云、毛韵珂、赵韵声、张荣奎等	日	上海大舞台
民国十五年 1926—9—26	《狸猫换太子》三本	小杨月楼、贾碧云、毛韵珂、赵韵声、张荣奎等	日	上海大舞台
民国十五年 1926—10—2	《全本李陵碑》	赵韵声、贾碧云、张荣奎等	日	上海大舞台
民国十五年 1926—10—9	《双投庵》	张荣奎	日	上海大舞台
民国十五年 1926—10—16	《打渔杀家》	张荣奎	日	上海大舞台
民国十五年 1926—10—23	《全本乌龙院》	姚俊卿、赵如泉、刘慧琴、张荣奎等	日	上海大舞台
民国十五年 1926—11—20	《八义图》	张荣奎	日	上海大舞台
民国十五年 1926—11—21	《狸猫换太子》十三、十四本	小达子、小杨月楼、贾碧云、毛韵珂、赵韵声、张荣奎等	日	上海大舞台
民国十五年 1926—11—21	《狸猫换太子》二本	小达子、小杨月楼、贾碧云、毛韵珂、赵韵声、张荣奎等	夜	上海大舞台
民国十五年 1926—12—4	《全本红鬃烈马》	小杨月楼、毛韵珂、贾碧云、赵韵声、赵如泉、张荣奎等	日	上海大舞台
民国十六年 1927—1—15	《狸猫换太子》头本	小达子、小杨月楼、贾碧云、毛韵珂、赵韵声、张荣奎等	夜	上海大舞台
民国十六年 1927—1—16	《狸猫换太子》二本	小达子、小杨月楼、贾碧云、毛韵珂、赵韵声、张荣奎等	夜	上海大舞台
民国十六年 1927—1—17	《狸猫换太子》三本	小达子、小杨月楼、贾碧云、毛韵珂、赵韵声、张荣奎等	夜	上海大舞台
民国十六年 1927—1—18	《狸猫换太子》四本	小达子、小杨月楼、贾碧云、毛韵珂、赵韵声、张荣奎等	夜	上海大舞台

(续表)

日期	戏码	参演者	演出时间	演出地点
民国十六年 1927—1—19	《狸猫换太子》五本	小达子、小杨月楼、贾碧云、毛韵珂、赵韵声、张荣奎等	夜	上海大舞台
民国十六年 1927—1—20	《狸猫换太子》六本	小达子、小杨月楼、贾碧云、毛韵珂、赵韵声、张荣奎等	夜	上海大舞台
民国十六年 1927—1—21	《狸猫换太子》七本	小达子、小杨月楼、贾碧云、毛韵珂、赵韵声、张荣奎等	夜	上海大舞台
民国十六年 1927—2—19	《全本单刀赴会》	毛韵珂、赵如泉、姚俊卿、张荣奎等	日	上海大舞台
民国十六年 1927—3—5	《二月二龙抬头》	毛韵珂、杨慧侬、赵韵声、贾碧云、张荣奎等	日	上海大舞台
民国十六年 1927—3—26	《全本红鬃烈马》	赵韵声、杨慧侬、毛韵珂、贾碧云、张荣奎等	日	上海大舞台
民国十六年 1927—5—13	《全本凤凰山救驾》	毛燕秋、张荣奎、殷春虎	夜	上海大舞台
民国十六年 1927—5—14	《全本红鬃烈马》	赵如泉、毛韵珂、贾碧云、张荣奎等	日	上海大舞台
民国十六年 1927—5—15	《胭脂虎》	王佳楣、张荣奎	日	上海大舞台
民国十六年 1927—5—15	《打渔杀家》	张荣奎	夜	上海大舞台
民国十六年 1927—5—17	《大登殿》	张荣奎	夜	上海大舞台
民国十六年 1927—5—19	《全本凤凰山救驾》	陈筱穆、张荣奎、殷春虎	夜	上海大舞台
民国十六年 1927—6—4	《行善得子》	张荣奎	日	上海大舞台
民国十六年 1927—6—4	《打渔杀家》	张荣奎	夜	上海大舞台
民国十六年 1927—6—11	《战太平》	张荣奎	日	上海大舞台
民国十六年 1927—6—23	《头二本侠客奇中奇》	毛韵珂、欧阳予倩、张荣奎等	夜	上海大舞台
民国十六年 1927—6—24	《头二本侠客奇中奇》	毛韵珂、欧阳予倩、张荣奎等	夜	上海大舞台

(续表)

日期	戏码	参演者	演出时间	演出地点
民国十六年 1927—6—25	《全本红鬃烈马》	欧阳予倩、毛韵珂、陈筱穆、张荣奎等	日	上海大舞台
民国十六年 1927—6—25	《头二本侠客奇中奇》	毛韵珂、欧阳予倩、张荣奎等	夜	上海大舞台
民国十六年 1927—6—26	《头二本侠客奇中奇》	毛韵珂、欧阳予倩、张荣奎等	夜	上海大舞台
民国十六年 1927—6—27	《头二本侠客奇中奇》	毛韵珂、欧阳予倩、张荣奎等	夜	上海大舞台
民国十六年 1927—6—28	《头二本侠客奇中奇》	毛韵珂、欧阳予倩、张荣奎等	夜	上海大舞台
民国十六年 1927—6—29	《头二本侠客奇中奇》	毛韵珂、欧阳予倩、张荣奎等	夜	上海大舞台
民国十六年 1927—6—30	《头二本侠客奇中奇》	毛韵珂、欧阳予倩、张荣奎等	夜	上海大舞台
民国十六年 1927—7—1	《头二本侠客奇中奇》	毛韵珂、欧阳予倩、张荣奎等	夜	上海大舞台
民国十六年 1927—7—2	《定军山》	张荣奎	日	上海大舞台
民国十六年 1927—7—3	《头二本侠客奇中奇》	毛韵珂、欧阳予倩、张荣奎等	夜	上海大舞台
民国十六年 1927—7—4	《头二本侠客奇中奇》	毛韵珂、陈筱穆、张荣奎等	夜	上海大舞台
民国十六年 1927—7—5	《头二本侠客奇中奇》	毛韵珂、陈筱穆、张荣奎等	夜	上海大舞台
民国十六年 1927—7—6	《头二本侠客奇中奇》	毛韵珂、陈筱穆、张荣奎等	夜	上海大舞台
民国十六年 1927—7—7	《头二本侠客奇中奇》	毛韵珂、陈筱穆、张荣奎等	夜	上海大舞台
民国十六年 1927—7—9	《全本红鬃烈马》	毛韵珂、陈筱穆、张荣奎等	日	上海大舞台
民国十六年 1927—7—10	《狸猫换太子》头本	毛韵珂、陈筱穆、张荣奎等	夜	上海大舞台
民国十六年 1927—7—28	《狸猫换太子》三十五、三十六本	吴桂芬、毛韵珂、陈筱穆、张荣奎等	夜	上海大舞台

（续表）

日期	戏码	参演者	演出时间	演出地点
民国十六年 1927—7—29	《狸猫换太子》三十五、三十六本	毛韵珂、陈筱穆、张荣奎等	夜	上海大舞台
民国十六年 1927—7—30	《狸猫换太子》三十五、三十六本	毛韵珂、陈筱穆、张荣奎等	夜	上海大舞台
民国十六年 1927—7—31	《狸猫换太子》三十五、三十六本	毛韵珂、陈筱穆、张荣奎等	夜	上海大舞台
民国十六年 1927—8—1	《狸猫换太子》三十五、三十六本	毛韵珂、陈筱穆、张荣奎等	夜	上海大舞台
民国十六年 1927—8—2	《狸猫换太子》三十五、三十六本	毛韵珂、陈筱穆、张荣奎等	夜	上海大舞台
民国十六年 1927—8—6	《全本红鬃烈马》	毛韵珂、陈筱穆、陈佩卿、张荣奎等	日	上海大舞台
民国廿七年 1938—11—23	《镇潭州》	张荣奎、李君亭	夜	上海天蟾舞台
民国廿七年 1938—11—24	《河东救驾》	张荣奎	夜	上海天蟾舞台
民国廿七年 1938—11—25	《武昭关》	张荣奎、王幼琴	夜	上海天蟾舞台
民国廿七年 1938—11—26	《大报仇》	张荣奎	夜	上海天蟾舞台
民国廿七年 1938—11—27	《黄忠十三功》	杨瑞亭、张荣奎	夜	上海天蟾舞台

参考和引用资料

著作

吴新雷、朱栋霖主编《中国昆曲艺术》，江苏教育出版社2004年版

顾笃璜著《昆剧漫笔》，上海人民出版社2009年版

刘建春、姜浩峰著《中国昆曲地图》，上海文化出版社2009年版

齐如山著《京剧之变迁》，辽宁教育出版社2008年版

赵山林著《中国近代戏曲编年：1840—1919》，华东师范大学出版社2008年版

傅谨主编 《京剧历史文献汇编·清代卷·续编》，凤凰出版社2013年12月版

王芷章 《中国京剧编年史》，中国戏剧出版社2003年10月版

北京市政协文史资料研究委员会编《京剧谈往录·续编》，北京出版社1996年5月版

北京市政协文史资料研究委员会编《京剧谈往录·三编》，北京出版社1996年6月版

《中国戏曲志·天津卷》，文化艺术出版社1990年版

刘嵩崑著《京师梨园故居》，江西美术出版社2007年版

刘嵩崑著《京师梨园世家》，江西美术出版社2007年版

刘嵩崑著《京师梨园轶事》，江西美术出版社2007年版

徐城北、韩伍著《过往的君子听我言：京剧闲闲说》，陕西人民出版社2008年版

徐城北著《京剧春秋》，台湾商务印书馆2001年版

赵致远著《我的三位老师：侯喜瑞、裘盛戎、侯宝林》，文化艺术出版社2006年版

上海市文史馆编《京剧在上海》，上海三联书店2009年版

梅绍武、梅卫东编《梅兰芳自述》，中华书局2005年版

齐崧著《谈梅兰芳》，黄山书社2008年版

朱家溍著《梅兰芳年谱未定草》，《故宫退食录》，北京出版社1999年版

翁思再著《翁思再评说谭鑫培》，安徽文艺出版社2011年版

丁秉鐩著《孟小冬与言高谭马》，山东人民出版社2009年版

谢宜仁主编《京剧票友》，金盾出版社2008年版

徐慕云著《梨园外记》，三联书店2006年版

许姬传著《许姬传艺坛漫录》，中华书局2007年版

吴小如著《吴小如戏曲文录》，北京大学出版社1995年版

吴小如著《吴小如戏曲随笔集补编》，天津古籍出版社2006年版

吴小如著《吴小如戏曲随笔集》，天津古籍出版社2005年版

吴小如著《京剧老生流派宗说》，中华书局2004年版

丁秉鐩著《菊坛旧闻录》，中国戏剧出版社1995年版

董维贤著《京剧流派》，文化艺术出版社1981年版

张瀛德著《裘盛戎与京剧花脸艺术》，百花文艺出版社1984年版

吴乾浩、谭志湘著《二十世纪中国戏剧舞台》，青岛出版社1993年版

槛外人著《京剧见闻录》，宝文堂书店1987年版

刘静沅著《京剧艺术发展史简编》，安徽文艺出版社1984年版

中国政协文史资料委员会编《戏曲菁英（上）》，上海人民出版社1989年版

江上行著《六十年京剧见闻》，学林出版社1986年版

陈巨来著《安持人物琐忆》，上海书画出版社2011年版

黄钧、徐希博编《京剧小辞典》，上海辞书出版社2009年版
吴同宾编《京剧知识辞典》，天津人民出版社2007年版
朱瘦竹《修竹庐剧话》，江南印刷所1949年
张肖伧、凌善清《菊部丛潭》，大东书局民国十五年（1926）
陈志明、王维贤著《立言画刊京剧资料选编》，学苑出版社2009年版
宋学琦《谭鑫培艺术年表》，《戏曲研究》第十五辑，文化艺术出版社1985年版
《中国戏曲志》北京卷，中国ISBN中心2000年版
《民国京昆史料丛书》，学苑出版社2010年版
《海上梨园杂志·名伶列传》

报刊、网站

傅谨《南通伶工学社的兴衰及启示》，《戏剧》2010年第1期
《民国画报·天津卷》第4册、21册、34册
《立言画刊》113期、117期、129期、145期
《戏剧报》1987年第5期
《中国京剧》2007年第5期
甄光俊《漫话唱片与京剧》，《中国京剧》2012年12期
《半月戏剧》第六卷（1938年5月1日第四期）
《著名扎靠老生张荣奎》，《北洋画报》1928年8月12日
《谈配角中之生与旦》，《新申报》1924年7月25日
老靖《沪伶选评》，《申报》1925年1月25日
靖陶《看云楼剧话》，《申报》1925年8月1日
周宜《顾曲杂志·张荣奎》，《申报》1938年12月5日

徐慕云《故都宫闱梨园秘史》，《申报》1939年1月2日
南腔北调人《张文涓拜张荣奎为师》，《申报》1939年12月25日
徐慕云《张荣奎老当益壮》，《申报》1940年1月23、24日
梅花馆主《张文涓的前途》，《申报》1940年5月8日
傅学斌《台下拾得稀罕谱》，中国网《傅学斌专栏》

修订版后记

十几年前，张荣奎的外孙女李曼华、孙女张莲华萌生为张荣奎写一点东西的念头，任务交代给了我。在张荣奎的嫡孙张华威先生陪同下，我专程探访了从美国回沪探亲访友的著名文武老生、张荣奎的弟子张文涓老师。从那个时候起，我开始接触京昆史料，为自己设计了一个业余学习研究的计划。

这本书是由一个特殊的团队共同完成的。其中，中枢人物是李曼华。在她小的时候，曾和书中的几位长辈都有过接触。此外，张荣奎的二媳妇当时也还健在，能够回想起点点滴滴的事件。这二位老太太的好记性，对史实的梳理起到了重要的作用。团队中的骨干是张莲华。几年来，她感念爷爷的艺事艺德，锲而不舍，多方奔走，收集资料，还与一些作者、相关人士的子女、朋友取得联系，尽可能了解当时的情况，不放过点滴依据，为本书的写作打下了很好的基础，做出了重要贡献。写作工程正式开始后，刚刚从上海京剧院退休的国家一级演员、文武老生、张荣奎的曾外孙刘长江也积极加入，陪着张莲华泡图书馆，查资料复印资料，还提出了很多艺术上的建议。

写张荣奎，最大的困难是细节缺乏。事隔久远，他的同辈人早都不在世了，加之关于张荣奎的文字记载又不丰富，我常常为资料的零星、残缺而纠结，因此，只能多多参考别人的研究成果，借用一些历史事件和其他人的故事，对照、考证，把本来不容易串联的历史比较有序地描述出来。书中所列以及因为疏忽遗漏而没有列上的一些参考资料，或多或少都对本书的形成殊有贡献，在此一并向这些未曾谋面的作者深深致谢！

对张荣奎，我们在叙述时，尽可能归纳、利用现有资料，但绝不随意添加主观判断，以求客观地呈现这个历史人物。书中有些内容，看似与张荣奎不直接有关，但为了对那段历史和张荣奎的生存环境有相对完整的交代，同时，也借助于此书把一些不太可能单独成书立传的人和事介绍给读者，所以，还是尽可能吸收进来。本书有不少注释涉及老辈知名梨园人士，已有相关辞书可查，之所以列上，为的是方便对京剧艺术发展还不太了解的那些读者免去索查资料之累，通过花时不多的浏览，顺便留下初步的印象，以便有机会深入了解。

写作得到了很多师长和朋友的支持。因为书中有些内容的关联，我最早把写书的事告诉了尚长荣老师，得到了他的热情鼓励。华东师范大学上海研究中心的姜进教授和她的学生任卫东一直在从事上海戏剧史的相关研究工作，当得知我在做这件小事的时候，主动、积极地为我查找有关史料，提供了很重要的帮助；上海社会科学院的丁影和图书馆的老师热情奔走，为我查找了有价值的资料；京剧研究专家王家熙老师多次提出愿意为我校正史实，还嘱其助手张斯琦为我提供了有关资料，所幸的是，在他有生之年，看到了本书的出版。

书稿初成后，经马博敏老师联络，在王涌石、庄顺海先生陪同下，我再次拜访了回沪探亲访友的张文涓老师，并且，在她回美国之前，又拜晤领教。九十多岁的她不仅回忆了当年的经历，核对了当年媒体上的一些描述细节，还亲自为我示范张荣奎的"玩意儿"，赠送她的演出录像让我体会。交谈中，文涓老师的豁达、内敛、谦虚、挚诚和艺术大家特有的气韵都给我留下了极为深刻的印象。同时，她对青年一代京剧演员成长的深切关注也让我感慨不已。

李蔷华老师是张文涓老师的好友。文涓老师回沪，她们都会相聚数次。我曾和李老师谈起写书的事，她记在心里，特意向我推荐她和文涓老师合演的《武家坡》录相，让我直观地感受文涓老师的风采和风格。尤其需要提及的是本书的第一版责任编辑毛小曼女士，她以高度负责的态度和优秀的专业素质，不辞辛劳，为本书查对补充了重要的注释，提出了不少建设性的修改意见。

本书序言作者上海文史馆馆员王家范教授是我在华东师范大学历史系读书时的老师。他当年教授明清史，深受我等晚生后辈尊敬，这本书算是三十年后交给他的一份作业吧！非常感谢老师拨冗对史学研究发表了引人深思的论述，为这本书增色。

本书初版于2013年，受到业内外读者的关注。他们有的给予热情洋溢的鼓励，有的提出了很好的建议，有的提出了善意的批评，也有的热心提供原始资料，帮助编著者进一步发现了书中的错误和遗漏，寻找到修改依据。修订版力求在各方的支持下，更多地反映历史线索，纠正原书中的缺漏，以回应读者的关切。

本书修订首先得益于张莲华女士在资料检索和与读者沟通等方面的努力，还要特别感谢与我们素昧平生的陈德霖先生的嫡孙陈志明先生的无私帮助和真诚指点；感谢戏剧爱好者申子尧同学在资料上的热情帮助。修订过程，得到了上海文化出版社黄慧鸣编辑的精心指导和帮助，爱岗敬业如她，是出版业之幸；修订版的出版，不仅得到了上海文化出版社一如既往的支持，也蒙上海文化发展基金会的大力资助；在此一并对出版单位、对上海文化发展基金会以及相关评委表达由衷的感谢。

  《老伶工张荣奎》是从家族的视角整理出来的历史片段，有很多局限：一是事隔久远，对一些人和事的理解、描述和评价难免片面和不准确；二是作者以业余眼光描述一个专业命题，危险性很大，这常常使我们很担心甚至不安。但作为对诸多艺术界前辈迟到的纪念，我们都把对历史资料的抢救这一目的放在了首位，这是本书最重要的价值所在！同时，通过写作这本书，也想对京剧和艺术研究事业作绵薄的服务。愿荣奎和前辈艺人们能够被更多人了解、理解，宽慰于九泉，愿京剧艺术在众人的推动下健康发展，也恳请读者指出书中的错误，以便纠正。

宋　妍

2018年1月